Unsere Innere Uhr

Mabuse-Verlag

Erste Hilfen Band 1

Jürgen Zulley, Prof. Dr., ist Diplom-Ingenieur und Diplom-Psychologe sowie Buchautor, Professor für Biologische Psychologie und seit über 40 Jahren in der Schlafforschung und Chronobiologie tätig. (www.zulley.de)

Barbara Knab, Dr., Dipl.-Psych., ist Expertin für das, was in unserem Kopf so vorgeht, vom hochkonzentrierten Denken bis zum Tiefschlaf. Als approbierte Psychologische Psychotherapeutin konzentriert sie sich auf Schlaf und Schlafstörungen, als Wissenschaftsautorin und Rednerin ist sie spezialisiert auf alles rund um Schlaf, Chronobiologie und mentale Leistungen. (www.barbara-knab.de)
Blog zu Schlaf und Chronobiologie: psychologie-blog.barbara-knab.de

Jürgen Zulley, Barbara Knab

Unsere Innere Uhr

Natürliche Rhythmen nutzen
und der Non-Stop-Belastung entgehen

Mabuse-Verlag
Frankfurt am Main

**Bibliografische Information der
Deutschen Nationalbibliothek**

Die Deutsche Nationalbibliothek verzeichnet diese Publikation in der Deutschen Nationalbibliografie; detaillierte bibliografische Angaben sind im Internet unter http://dnb.d-nb.de abrufbar.

2. Auflage 2014
© 2009 Mabuse-Verlag GmbH
Kasseler Str. 1a
60486 Frankfurt am Main
Tel.:   069 – 70 79 96-13
Fax: 069 – 70 41 52
verlag@mabuse-verlag.de
www.mabuse-verlag.de

Umschlaggestaltung: Karin Dienst, Frankfurt am Main
Umschlagmotiv: © vision photos/Vladimir Rolov

Druck: CPI – Clausen & Bosse GmbH, Leck
ISBN: 978-3-940529-32-9
Printed in Germany
Alle Rechte vorbehalten

Inhalt

Einleitung 11

Kapitel 1
Chronobiologie – das Leben in der Zeit 13

Alte Ideen zur Chronobiologie im Abendland 14
Klinische Rhythmusforschung 15
Der Blutdruck 18
Schmerzempfindung 19
Chronopharmakologie 21
Chronobiologie – die Grundlagenwissenschaft 21
Die elementarsten Rhythmen 22
Jahresrhythmen 24

Kapitel 2
Erde und Sonne, Zeit und Mensch 26

Die Tage der Menschen 26
Astronomische Tageszeit und Zeitmessung 28
Tag und Nacht – zirkadiane Rhythmen bei
unseren Vorfahren 30
Jahreszeiten und Jahreszeitstunden 32
Die Globalisierung der Zeit: von Zeitzonen
bis Internet 35

5

Kapitel 3
Unsere Verwandten – Rhythmisches bei Tieren 38

Jahreszeiten als Herausforderung – Überwintern 38
Übers Jahr gesehen – selbst Kinderstuben
sind festgelegt 40
Der Schlaf – Prototyp der zirkadianen Rhythmik 40
Dösen 42
Welche Tiere schlafen? 43
Unterschiedliche Schlafdauern bei Säugetieren –
warum? 45
Delphine und Enten – Schlaf mit einer
Gehirnhälfte 47
Tageszeiten – wann Warmblüter schlafen 48

Kapitel 4
Von Null bis Hundertzwanzig – Rhythmusänderungen
im Laufe des Menschenlebens 50

Fötale Rhythmen 50
Säuglinge und Kleinkinder 52
Kinder und Jugendliche 54
Erwachsene mittleren Alters 56
Ältere Menschen 57

Kapitel 5
Der natürlichen Rhythmik auf der Spur –
die Andechser Versuche 60

Der Andechser Bunker 61
Am Anfang war die Neugier. Aus einem Bericht
über Erfahrungen in der Zeitlosigkeit 62
Wem keine Stunde schlägt.
Ein Tag in zeitlicher Isolation 66

Kapitel 6
Menschen in zeitloser Umgebung –
wenn Rhythmen frei laufen 72

Anders als der Erdentag 73
Ungleichzeitigkeiten – Körpertemperatur
und Schlaf-Wach-Rhythmus 75
Zeitisolation in der Gruppe 78
Ultradiane Rhythmen – Tagschlaf bei
„Freilauf"-Versuchen 80
Chronochaos – Langeweile und Tagschlaf 82

Kapitel 7
Zeitgeber – wie die unterschiedlichen
Rhythmen zusammenkommen 85

Gewöhnliches Licht 86
Die soziale Situation 89
Regelmäßige andere Signale 91
Gesucht: wirklich helles Licht 92
Plötzliche Zeitverschiebungen 94
Zeitgeber im Alltag 95

Kapitel 8
Was den Takt schlägt – Innere Uhren 98

Gene und die Tagesperiodik 98
Ein winziges Stück Hirn koordiniert die
Inneren Uhren 99
Eine untergeordnete Steuerungsinstanz –
die Zirbeldrüse 102
Das Zirbeldrüsen-Hormon Melatonin 103
Melatonin – chronobiologisch wirksam,
aber kein Wundermittel 106
Ist die Innere Uhr wirklich eine Uhr? 108

Kapitel 9
Schlafen und Wachen als zirkadianer Rhythmus 111

Die Erfindung des Schlaf-EEGs 111
Die Aktivität des Großhirns –
das Elektroenzephalogramm 113
Schlafstadien – die rhythmische Hirnaktivität
im Schlaf 115
Schlafzyklen – die ultradiane Rhythmik
der Nacht 117
Der Schlaf im Alter 118
Die Schlafdauer – Menschen sind
unterschiedlich 119
Wie lange dauert der gesunde Schlaf? 122
Die Chronobiologie des Schlafs – wann ist
der optimale Zeitpunkt? 124
Morgen- und Abendtypen 127

Kapitel 10
Siesta – die Chronobiologie rehabilitiert
den Mittagsschlaf 129

Der Mittagsschlaf in anderen Kulturen 129
Der Mittagsschlaf im christlichen Abendland 131
Die Wissenschaft vom Mittagsschlaf 133
Einige Daten und Fakten 137
Die Segnungen des Nickerchens 139
Eine neue Siesta-Kultur? 140
Stehen Sie zu Ihrem Mittagsschlaf! 142

Kapitel 11
Schlafentzug – warum schlafen wir eigentlich? 143

Zwischen Marter und Erleuchtung 144
Freiwilliger Schlafentzug für die Wissenschaft 145
Müdigkeit und Schläfrigkeit 147
Körperliche Folgen 149
Psychische Folgen 151
Wozu also der Schlaf? 153

Kapitel 12
Es werde Licht – Sonne, Lampen und Gesundheit 156

Die heilige Sonne 157
Winterdepression 158
Das heilende Sonnenlicht 160
Die physikalische Natur des Lichts 161
Lichttherapie – eine alte Idee wird perfektioniert 163
Das Licht in der Kniekehle 166

Kapitel 13
Wenn Rhythmen gestört werden –
Schichtarbeit, Jet-Lag und Sommerzeit 168

Nachtarbeit in der Geschichte 168
Schichtarbeit heute 169
Schichtarbeit und Gesundheit 170
Schichtarbeit im Einzelfall – ja oder nein? 173
Auf Schicht – was kann man selbst tun? 174
Die jüngste Rhythmus-Störung: der Jet-Lag 175
Mittel gegen Jet-Lag 177
Die Sommerzeit als Mini-Jet-Lag 179
Chronobiologische Schlafstörungen 180

Kapitel 14
Unfälle – die Kosten der Müdigkeit in der
Non-Stop-Gesellschaft 182

Einschlafen am Steuer 183
Was es kostet, dass wir die Rhythmen ignorieren 186
Die Stockholmer Erklärung 190

Kapitel 15
Schlafend in die Katastrophe? – Nein danke! 193

Arbeitszeit-Regelungen 193
Aufgaben der Wissenschaft 196
Chronobiologie und Zeiteinteilung 197
Freizeit, Pausen und Beschleunigung 198
Uhrzeit – Ereigniszeit – biologische Zeit 201

Weiterführende Literatur 204

Glossar 206

Anmerkungen 213

Dank 217

Personenregister 218

Sachregister 220

Einleitung

Es dauerte gut fünfundzwanzig Jahre. Nacheinander lebten vierhundertsiebenundvierzig Versuchspersonen in einem Bergbunker neben dem Kloster Andechs bei München, freiwillig und oft mehrere Wochen. Sie lebten ohne Tageslicht, trafen keinen Menschen, redeten mit keinem, führten kein angenehmes Gespräch und keinen Streit. Viele beschäftigten sich ausschließlich allein, schliefen und wachten, wann ihnen danach war, und durchmaßen dabei nichts als ihre eigenen Tage. Sie erlebten ein Experiment für sich selbst, und das lieferte der jungen Wissenschaft Chronobiologie Daten über Daten. Die waren spektakulär.

Seitdem wissen wir, dass der Mensch eine Innere Uhr hat; wir wissen auch, dass diese Uhr sehr eigenwillig und gleichzeitig erstaunlich flexibel ist. Von Natur aus im 25-Stunden-Rhythmus, passt sie sich aber problemlos dem um eine Stunde kürzeren Rhythmus der Erdumdrehung an.

Wir wissen außerdem, dass die Innere Uhr nie unbeteiligt bleibt, wenn wir unser Leben umorganisieren. Ändern sich äußere Rhythmen, so irritiert das die Innere Uhr für kurze Zeit; langfristig passt sie sich an, sobald die äußeren Bedingungen wieder stabil sind. Wenn wir uns jedoch von Tag und Nacht nicht beeindrucken lassen, wenn wir Arbeit, Spaß oder beides mal so, mal anders organisieren und immer rund um den 24-Stunden-Tag agieren – non-stop –, dann reagiert die Innere Uhr. Diese Reaktionen sind vielfältig. Keine davon macht Spaß, viele machen krank.

Ob Nachtschichten oder Zeitzonenflüge, durchgemachte Samstagnächte oder der Beginn der Sommerzeit: alles belastet die Innere Uhr, und das hat nicht selten Folgen. Große technische Katastrophen wie gesunkene Tanker oder Defekte in Atomkraftwerken, mittlere Störungen in Industrieanlagen mit nachfolgenden Produktionsausfällen, im Vergleich dazu „kleine" Unfälle auf der Autobahn, die aber tödlich ausgehen: all das geschieht viel häufiger nachts als tags; dann, wenn unsere Innere Uhr auf Schlaf steht. Auch wenn wir uns heldenhaft über sie hinwegzusetzen meinen – sie zwingt uns zum Gehorchen und wir schlafen ein, am Steuer, am Monitor und auf der Kommandobrücke. Selbstverständlich auch am Schreibtisch.

Niemand will in die Steinzeit zurück. Doch je „großzügiger" wir unsere biologische Ausstattung ignorieren, umso höher steigt der Preis dafür. Aber wir können ihn kleiner halten: mit Vernunft – biologischer Vernunft. Sie kann der ökonomischen durchaus widersprechen. Doch was ist uns mehr wert?

Kapitel 1
Chronobiologie – das Leben in der Zeit

Was ist rhythmisch

„Die einfachste Mannigfaltigkeit der Zeitfolge ist allemal die rhythmische und wir dürfen nur die Augen auf das große Licht der Gestirne gen Himmel wenden, um der einfachsten rhythmischen Fortschreitungen und Bewegungen gewahr zu werden. Der Rhythmus dieser Welt, der Gestirne, dieser Makrokosmos, bestimmt aber wieder den großen Rhythmus der Erscheinungen des Erdenlebens. Tag und Nacht, Wechsel der Jahreszeiten, Ebbe und Flut des Meeres und die tägliche Ebbe und Flut, welche uns der Barometer in dem uns umgebenden Luftmeere anzeigt, werden in ihrer gesetzmäßig wechselnden Folge, in ihrem Rhythmus vom Wechsel jener Himmelsbewegungen bedingt, und bedingen hinwiederum die Entwicklung und das Leben der Erdenbewohner."

Ganz so einfach ist es zwar nicht, wie es im Jahre 1831 Carl Gustav Carus vermerkte, der als Arzt, Philosoph und Maler in der Nachfolge Caspar David Friedrichs bekannt ist. Aber dennoch konnte und kann sich das Leben auf der Erde nur im Licht und in der Wärme der Sonne entwickeln. Sieht man einmal von der noch nicht einmal zwanzig Jahre alten Gentechnik ab, fand diese Entwicklung mehr als vier Millionen Jahre lang ausschließlich innerhalb der natürlichen Umwelt statt, mit der sich jedes Lebewesen ständig austauscht. Zu den elementarsten Merkmalen dieser Umwelt gehörten die rhythmische Zeit und ganz allgemein rhythmische Vorgänge.

Alte Ideen zur Chronobiologie im Abendland

Zeit heißt auf griechisch *Chronos*, und die *Chronobiologie* erforscht, wie die Zeit und das Leben auf der Erde zusammenhängen. Sie beobachtet, wie biologische Prozesse im zeitlichen Rhythmus verlaufen, ob beim Einzeller, bei der Taube oder beim Menschen. Sie untersucht, wie die Zeit auf der Erde biologische Funktionen unmittelbar beeinflusst und wie sich der Mensch als biologisches Wesen an die Zeit auf der Erde anpasste oder ob er sie in seinen eigenen Bauplan aufgenommen hat. Sie fragt, ob wir der Zeit auf der Erde ausgeliefert und unterworfen sind oder ob wir zeitlich auch so etwas wie teil-autonom sind: sie fragt, ob wir „Innere Uhren" haben, sich unser Organismus also zeitlich selbst steuert, oder ob unsere biologische Zeit vollständig von äußeren Informationen über die Zeit auf der Erde abhängt.

Vieles im menschlichen Leben geht mit der Tageszeit einher, und am augenfälligsten tun das Schlafen und Wachen. Schon im Jahre 1811 allerdings beschränkt sich der Neurophysiologe Karl-Friedrich Burdach in seinem Buch „Diätetik für Gesunde" keineswegs auf Schlafen und Wachen, wenn er körperliche Funktionen mit der Tageszeit in Verbindung bringt. So beschreibt er den „langsamen und kräftigen Gang von *Puls und Atmung*" in den Morgenstunden, in denen „Urteilskraft und Vernunft das Übergewicht haben über andere Vermögen", und eine „beinahe fieberhafte Schnelligkeit des Pulses des Abends, der den geselligen Freuden und den heiteren Spielen der Phantasie gewidmet" sei. Darüber hinaus beobachtete Burdach den *Gemütszustand* des Menschen im Laufe eines Tages: „Der Mensch ist verschieden nach der Tageszeit ... und so gut wie Linné[1] als Pflanzenbeobachter nach dem Zustande der Pflanzen die Tageszeit bestimmt angab und so eine Pflanzenuhr sich schuf: ebenso kann man eine Menschenuhr sich bilden und vorhersehen, wie ein Individuum, welches man genau kennt, von einem gewissen Gegenstand des Morgens oder des Abends affiziert werden wird."

Burdach war überzeugt, die Tageszeit verursache diese

Phänomene, vor allem aber, die Nacht verursache den Schlaf – und viele seiner medizinischen Zeitgenossen dachten genauso. Daran hinderte sie auch nicht das Wissen, dass Menschen nördlich des Polarkreises in aller Regel genau wie wir einmal „täglich" schlafen, selbst wenn es in den Zeiten von Mitternachtssonne und Polarnacht durchgehend hell oder dunkel ist (siehe dazu Kapitel 2). Allerdings variieren Menschen, die zwischen Pol und Polarkreis leben, ihre Schlafdauer über das Jahr tatsächlich mehr als die, die Richtung Äquator leben.

Gleichzeitig gab es auch noch die viel ältere Idee, der Mensch verfüge über eine Art „Innerer Uhr", die ihm mitteile, wann welche Tätigkeit fällig ist. Der Göttinger Physiker und Schriftsteller Georg Christoph Lichtenberg formulierte 1793 eine solche Idee: „Die sogenannten Leute nach der Uhr werden gewöhnlich alt", sagt er und schließt daraus auf die Existenz einer Inneren Uhr: „Das Handeln nach der Uhr aber *setzt innere uhrmäßige Anlagen voraus*." Kurz danach schrieb der Tübinger Mediziner Johann Heinrich Ferdinand Autenrieth im *Handbuch der empirischen, menschlichen Physiologie* 1801: „Im ganzen Körper erscheint also, auch im Zustande der Gesundheit, einige wenngleich nur bey verminderter Lebenskraft stärkere, *von dem Kreislauf unabhängige belebte Oszillation*." (Hervorhebungen d. Verf.).

Klinische Rhythmusforschung

Mit diesen Gegenthesen zu Burdach postulierten die europäischen Naturwissenschaftler schon früh „Innere Uhren", und um die Wende zum neunzehnten Jahrhundert datieren auch die Wurzeln der empirischen Rhythmusforschung. So beschrieb Claude Bernhard 1800 in seiner Dissertation an der Pariser Sorbonne, wie systematisches Oszillieren verschiedener Funktionen das Gleichgewicht im Organismus aufrechterhält. Der Stockholmer Johanson konnte zeigen, dass Chinin unterschiedlich wirkt, je nachdem, um welche Tageszeit es eingenommen wurde. Auch Herrmann von Helmholtz wies

1848 auf den rhythmischen Verlauf der verschiedenen Funktionen hin, und Arthur Jores fand heraus, dass die Aktivität der Leber einem Tagesrhythmus gehorcht. Schließlich gelangte der Rhythmusgedanke in die Lehrbücher: 1848 legte der Mediziner Johannes Müller ein Physiologie-Lehrbuch vor, in dem er die Funktionen des gesamten Organismus als rhythmisch beschrieb.

Als echte Geburtsstunde der Chronobiologie aber gilt das Jahr 1937. Damals fand in dem kleinen Seeort Ronneby in Südschweden ein Kongress statt, auf dem die „International Society for Biological Rhythms" gegründet wurde. Vorsitzender der Internationalen Gesellschaft wurde der damals vierzigjährige Chefarzt einer schwedischen Tuberkulose-Klinik, Erik Forsgren. Der hatte schon im Jahre 1917 begonnen, die rhythmische Arbeitsweise der Leber zu beschreiben, aber erst 1927 nahmen die Stockholmer Universitätsbehörden seine Arbeit als Dissertation an. Zu ungewohnt klangen seine Ergebnisse, zu deren Kernaussagen gehörte, die Leber könne nicht gleichzeitig Glykogen und Galle produzieren und es sei ausschließlich die Tageszeit, die bestimme, wann welcher Stoff an der Reihe ist. Bis zu diesem Zeitpunkt war – trotz Jores früher Arbeiten zu diesem Thema – Lehrmeinung gewesen, die Leber beginne genau dann zu arbeiten, wenn der Mensch etwas gegessen habe. Später wies Forsgren noch nach, dass die Körpertemperatur von der Tageszeit abhängt, dass die Niere morgens, abends und nachts unterschiedlich viel Urin produziert und dass auch andere Körperfunktionen ihre Aktivität gezielt über den Tag verteilen.

So brachten die frühen Rhythmusforscher die Idee in den klinischen Alltag, dass der menschliche Körper rhythmisch funktioniert und von der Tageszeit gesteuert wird. Das stand im Gegensatz zu der damals üblichen Vorstellung vom Körper als einer Maschine, hängt doch die Leistungsfähigkeit einer Maschine von allem möglichen ab, nur nicht von der Tageszeit. Methodisch verstanden sich diese Forscher als medizinisch-klinische „Empiristen", die klinische Einzelfälle beobachteten. Naturgemäß lenkten sie ihren Blick primär auf kranke Menschen, beschrieben deren Rhythmen im Vergleich zu Gesunden und sammelten auf diese Weise Unmengen von Material.

Was die klinischen Rhythmusforscher auch untersuchten, eine Größe war immer dabei: die Körper-Kern-Temperatur. Als Rektaltemperatur ist sie schon lange leicht zu messen und deshalb gehört eines der Ergebnisse der frühen Rhythmusforschung inzwischen zum Allgemeingut: Die Körpertemperatur schwankt im Laufe eines Tages um etwa ein Grad Celsius. Bei Gesunden beträgt sie zwischen zwei und vier Uhr morgens etwa 36,5 Grad Celsius, steigt dann zwölf Stunden lang kontinuierlich auf etwa 37,5 Grad und fällt anschließend wieder; bei Frauen im gebärfähigen Alter ist sie in der zweiten Zyklushälfte um etwa ein halbes Grad Celsius nach oben verschoben. Die klinischen Rhythmusforscher wiesen außerdem nach, dass sich die meisten körperlichen Funktionen bei gesunden Erwachsenen in 24-Stunden-Rhythmen bewegen. Erst unter „zeitgeberfreien" Bedingungen konnte man allerdings herausfinden, dass es auch dafür äußere Bedingungen gibt (Kapitel 5 und 6).

Im Jahr 1947 prägte dann der Internist Ludwig R. Grote den Begriff „Chronopathologie", um direkt die rhythmischen Aspekte bestimmter Krankheiten des Menschen zu bezeichnen. So sind etwa Asthma und Phantomschmerzen je nach Tageszeit verschieden intensiv – und das jeden Tag von neuem. Sie sind rhythmisch.

Heute weiß man, dass die Rhythmen kranker Menschen, die die frühen klinischen Rhythmusforscher untersuchten, weniger klar im 24-Stunden-Takt schwingen als die Rhythmen Gesunder. Kranke zeigen zusätzlich kürzere Rhythmen, und zwar umso deutlicher, je kränker sie sind, nämlich im Zwölf-, Acht- oder gar Vier-Stunden-Takt.

Der Blutdruck

Eine Variable, die das Wohlbefinden von Menschen ungemein beeinflussen kann, ist der Blutdruck. Auch wenn „120 zu 80" als Inbegriff des „normalen" Blutdrucks gilt, sind nicht alle Abweichungen gleich bedenklich, ganz im Gegensatz zur Körpertemperatur, bei der schon relativ kleine Abweichungen das Leben bedrohen können. Menschen mit zu niedrigem Blutdruck kommen morgens nur schlecht in Schwung und nach bestimmten Bewegungen wird ihnen leicht schwarz vor den Augen. Zu hoher Blutdruck ist besonders in den reichen Ländern des Westens weit verbreitet, und er kann durchaus gefährlich werden. Überleben kann man aber trotzdem mit beiden Varianten, was für abweichende Körpertemperaturen nicht ohne weiteres zutrifft.

Unabhängig vom mittleren Wert ist der Blutdruck bei jedem Menschen morgens besonders hoch. Danach sinkt er bis zum frühen Nachmittag wieder, um anschließend bis zum Abend kontinuierlich wieder anzusteigen und in der Nacht wieder abzufallen. Er ist also eine rhythmische Größe mit zwei Gipfeln im Verlauf von 24 Stunden, einem am Morgen und einem am Abend.

Das ist aber nur dann so, wenn ein Mensch lebt, wie es die Natur vorsieht – wenn er tagsüber wacht und nachts schläft. Bei Schichtarbeitern, vor allem wenn sie Nachtschichten leisten, ist dieser Tagesverlauf gestört: ihr Blutdruck ist morgens und abends besonders niedrig, nachmittags und nachts besonders hoch. Die Frage, wie gut der menschliche Organismus Schichtarbeit verkraftet, ist deshalb schon vom Blutdruck her gesehen weder banal noch akademisch (mehr zu rhythmischen Gesundheitsfragen rund um die Schichtarbeit in Kapitel 13).

Bei Menschen mit bestimmten Bluthochdruck-Erkrankungen fällt der Blutdruck auch nachts nicht auf das eigentlich normale Niveau ab. Man vermutet, dass damit ein seit längerem bekanntes Phänomen zusammenhängt: Herzinfarkte und der plötzliche Tod durch Herzversagen sind keineswegs gleichmäßig über den Tag verteilt; sie ereignen sich vorzugsweise frühmorgens. Dasselbe gilt für Schlaganfälle, also die Infarkte im Hirn. Beides trifft vor allem Menschen mit Bluthochdruck.

Schmerzempfindung

Schmerz ist unangenehm bis kaum erträglich, und alle wollen ihn vermeiden. Dennoch ist er objektiv nicht leicht zu erfassen. Er ist eine subjektive Größe – was man niemals mit „eingebildet" verwechseln sollte – und ein Paradebeispiel für leib-seelische Zusammenhänge.

Wissenschaftlich unterscheiden wir die Schmerzschwelle von der Schmerztoleranz, und beides kann man messen. Dafür benutzt man experimentelle Reize, die ab einer gewissen Intensität schmerzen können. Meistens sind es Kältereize, zum Beispiel kaltes Wasser, in das die Versuchsperson einen Arm taucht. Die Wassertemperatur lässt sich leicht messen, damit ist der Reiz definiert und für alle gleich. Auch der subjektive Ausgangswert ist gleich, nämlich die Körpertemperatur. Dann kühlt man das Wasser weiter ab und protokolliert, wie die Versuchsperson das bewertet. Die Schmerzschwelle ist dann erreicht, wenn das kalte Wasser nicht mehr nur als kalt, sondern auch als schmerzhaft erlebt wird.

Die Schmerztoleranz endet dann, wenn die Versuchsperson den Schmerzreiz nicht mehr auszuhalten glaubt. Wann diese Grenze erreicht ist, hängt zunächst von der Stärke des Reizes ab, aber nicht ausschließlich. Dazu tragen zwei weitere Faktoren bei: zum einen, wie es einem seelisch gerade geht oder wie konzentriert man sich mit etwas beschäftigt; das lenkt nämlich von der Schmerzwahrnehmung ab. Zum andern, in welcher „Schmerz-Kultur" man groß wurde und wie man den Schmerz kognitiv oder emotional bewertet. Wer als Kind ständig hört, dass ein „Indianer keinen Schmerz kennt" und sich selbst gerne als „Indianer" sehen möchte, toleriert später auch mehr Schmerzen[2].

All das modifiziert die Art und Weise, wie verschiedene Menschen Schmerzen empfinden und ertragen. Dennoch ist es mehr als die Persönlichkeit, was die Schmerzempfindung beeinflusst. Selbst ein und derselbe Mensch ist nicht überall gleich empfindlich. So ist etwa der linke Arm kälteempfindlicher als der rechte, und das hat vermutlich mit den zugehörigen Hirnhälften zu tun – die rechte Hirnhälfte steuert den linken Arm, empfängt von ihm die Schmerzsignale und ist emotional etwas „empfindsamer". Im Tiefschlaf ist jede Schmerzempfindung drastisch herabgesetzt, eine sinnvolle Maßnahme der Natur, sonst könnte man bei Schmerzen schließlich überhaupt nicht schlafen.

Wir sind auch nicht jederzeit gleich schmerzempfindlich. So hängt es von der Tageszeit ab, ob wir ein und denselben akuten Schmerzreiz noch tolerieren oder nicht. Viele von uns kennen die Kältereize am Zahnschmelz als Test dafür, ob der Nerv noch lebt; diese Kälte ist am frühen Nachmittag noch am wenigsten unangenehm und am frühen Morgen besonders schmerzhaft. Auch Nadelstiche auf der Haut schmerzen morgens bis mittags besonders stark.

Ähnlich verhält es sich mit chronischen Schmerzen, wie sie Menschen mit Rheuma oder Arthrose haben, aber auch Krebspatienten oder Personen mit amputierten Gliedmaßen, die unter Phantomschmerzen leiden. So klagen Rheuma-Patienten vor allem am Morgen über Gelenksteifigkeit und damit über Schmerzen. Im Verlauf des Tages werden ihre Schmerzen schwächer und die Gelenke beweglicher. Auch zwei Drittel der Patienten mit Rückenschmerzen klagen über ihre stärksten Schmerzen am Morgen und nur ein Drittel am Nachmittag. Dagegen haben Patienten mit Arthrose an Beinen und Füßen ihre stärksten Schmerzen gegen Abend.

Chronopharmakologie

Es liegt also nahe, zu untersuchen, ob sich nicht nur die Symptome charakteristisch über den Tag verändern, sondern auch die Reaktion auf Arzneimittel. Damit befasst sich die Chronopharmakologie. Nicht zuletzt vom Alkohol – durchaus ein pharmakologisch wirksamer Stoff – ist wohl jedem vertraut, dass er morgens unvergleichlich stärker wirkt als abends. Tatsächlich wissen wir heute, dass Schmerzmittel wie etwa Aspirin gegen Abend erheblich stärker wirken als am Vormittag – bei gleicher Schmerzintensität genügt abends sehr viel weniger Wirkstoff, um den Schmerz zu lindern. Ähnliches gilt für örtliche Betäubungsmittel – sie wirken nachmittags dreimal so lange wie morgens. Auch Arzneimittel gegen Asthma wirken abends besser. Eine chronobiologisch optimierte Medikamentengabe unterstützt sogar die Chemotherapie bösartiger Tumore: So ist die sogenannte „maximal tolerable Dosis" bei Darmkrebs viermal so hoch, wenn sie zur richtigen Tageszeit verabreicht wird; hierdurch sind weniger Nebenwirkungen zu erwarten. Dadurch kann die Therapie effizienter werden. In Deutschland arbeiten auf dem Gebiet der Chronopharmakologie Björn Lemmer in Heidelberg und Ekkehard Haen in Regensburg.

Chronobiologie – die Grundlagenwissenschaft

Während die Kliniker die eine Richtung der Chronobiologie voranbrachten, begannen nach dem Zweiten Weltkrieg die wissenschaftlichen Physiologen mit der Grundlagenforschung in Sachen Chronobiologie. Grundlagenforschung heißt, sie arbeiten mit gesunden Lebewesen – vor allem Tieren, aber auch Menschen[3] –, und zwar experimentell und theoretisch. Die bekanntesten im deutschsprachigen Raum waren die Professoren Jürgen Aschoff (1913 bis 1998) in Andechs bei München und Gunther Hildebrandt (1924 bis 1999) in Marburg.

Speziell Jürgen Aschoff hatte sich ganz gezielt auf die

Suche nach den „Inneren Uhren" begeben. Er war überzeugt, dass die Rhythmen von Mensch und Tier von äußeren Bedingungen weitgehend unabhängig sind und von innen kommen. Also begann der Physiologe zusammen mit seinem Mitarbeiter Rütger Wever zu experimentieren. In gutem Forschergeist machte er sich selbst zu seiner ersten Versuchsperson, begab sich „unter Tage" und verzichtete auf jede Information über die Zeit, einfach um herauszufinden, was dabei passierte.

Im Laufe der folgenden Jahre veranlasste Aschoff hunderte Freiwilliger dazu, dasselbe zu tun; die wichtigsten Ergebnisse seiner Forschungen stehen in den Kapiteln 5 und 6. Auch Gunther Hildebrandt führte seit den fünfziger Jahren Isolationsversuche einschließlich Freilaufexperimenten durch, später auch in Klimakammern an der Universitätsklinik Marburg. Leider wurden seine Ergebnisse immer nur einem kleinen Kreis bekannt. Die Pioniere der Chronobiologie in den USA waren Franz Halberg aus Minnesota und Colin Pittendrigh aus Kalifornien. Auch einer der Altväter der Schlafforschung hatte sich schon in den zwanziger Jahren mit den biologischen Rhythmen befasst und dies sogar in seiner „Bibel" der Schlafforschung beschrieben, die „Sleep and Wakefulness" heißt: Nathaniel Kleitman (1895 bis 1999) aus Chicago.

Die elementarsten Rhythmen

Tatsächlich verläuft also vieles im Körper des Menschen und aller anderen Lebewesen rhythmisch. Die Rhythmik mancher dieser Funktionen erfährt jeder Mensch unmittelbar, wie Atmung, Herzschlag oder Wachen und Schlafen. Rhythmen wie Wachen und Schlafen, die sich regelmäßig nach etwa 24 Stunden wiederholen, heißen *zirkadian (circa*, lat. „ungefähr", *dies*, lat. „Tag"). Da eine zirkadiane Funktion genau einmal pro Tag ein Maximum und ein Minimum hat oder genau einmal pro Tag auftritt, spricht man auch von einem *monophasischen* oder *unimodalen* Muster (*monos*, gr. „einzig, einmalig"; *unus*, lat. „eins", *modus*, lat. „Maß, Menge").

Zirkadiane Rhythmen – wie die bereits aus der klinischen Forschung bekannte Körpertemperatur – waren die ersten, deren Ursachen Aschoff und seine Mitarbeiter naturwissenschaftlich untersuchten. Noch heute stehen sie im Zentrum des Interesses. Deshalb bezeichnet man die Chronobiologie mitunter auch als *zirkadiane Forschung*. Inzwischen weiß man, dass praktisch alle Funktionen des Körpers einem zirkadianen Tagesgang folgen, nicht nur Körpertemperatur, Schlafen und Wachen; auch Leistungsfähigkeit und Hormonproduktion haben je einen absoluten Hoch- und Tiefpunkt in 24 Stunden.

Was Burdach als *Menschenuhr* beschreibt, sind Rhythmen von wenigen Stunden. Sie heißen heute *ultradian* (*ultra*, lat. „über"), da ihre Frequenz über der zirkadianen liegt. Zum Beispiel essen und trinken wir in ultradianen Rhythmen, und unsere allgemeine Aktivität verläuft genauso ultradian wie die Tätigkeit der Blase und anderer innerer Organe. Konzentrations- und Leistungsfähigkeit schwanken mehrmals am Tag, und auch der Blutdruck hat zwei Tiefpunkte, einen gegen drei Uhr morgens und einen am frühen Nachmittag. Ganz ähnlich verläuft übrigens die Kurve der Todesfälle. Nachts und nachmittags sterben mehr Menschen als zu anderen Tageszeiten. Zu den kürzesten ultradianen Rhythmen zählen die der Nervenzellen, die regelmäßig in Abständen von Hunderstel- bis Zehntelsekunden „feuern".

Alle Rhythmen, die länger als 24 Stunden dauern, bezeichnet die Chronobiologie als *infradian* (*infra*, lat. „unter"), ihre Frequenz liegt unter der zirkadianen. Die infradianen Rhythmen haben häufig spezifischere Namen: Einiges ist bekannt über die Rhythmen von sieben Tagen, die Zirkaseptan-Rhythmen (*septem*, lat. „sieben"), die vor allem Gunther Hildebrandt intensiv erforscht hat. So verlaufen verschiedene Krankheiten zirkaseptan, vor allem Infektionen mit Fieber; aber auch das Immunsystem scheint einen Zirkaseptan-Rhythmus zu haben – selbst nach Nieren-Transplantationen gibt es am siebten, vierzehnten und einundzwanzigsten Tag erheblich mehr Abstoßungen als an den übrigen Tagen. Noch längere Rhythmen sind der Menstruationszyklus als *zirkalunarer* (*luna*, lat.

„Mond") oder der Zyklus von Gewebeveränderungen als *zirkannualer* (*annus*, lat. „Jahr").

Jahresrhythmen

Zirkannuale Rhythmen – Jahresrhythmen – treten fast ausschließlich in Gebieten mit unterscheidbaren Jahreszeiten auf. In tropischen Regionen sind sie praktisch nicht vorhanden, hängen also offensichtlich mit den geographischen Bedingungen zusammen, wie sie in Kapitel 2 näher beschrieben sind. Daraus kann man bereits schließen, dass die Jahresrhythmen nicht unmittelbar von einer „Inneren Uhr" gesteuert sein können.

Mittelbar allerdings schon; die „Inneren Uhren" des Menschen ticken nämlich langsamer, wenn seine Körpertemperatur niedriger ist. Obwohl der menschliche Organismus immer bestrebt ist, die Temperatur auf gleicher Höhe zu halten, senken ständig niedrige Außentemperaturen wie in echten Wintern auch die Körpertemperatur – minimal, aber messbar. Dort, wo es Jahreszeiten gibt, ist die Körpertemperatur der Menschen in Herbst und Winter niedriger als sonst, am niedrigsten im November; besonders ausgeprägt ist der Unterschied zwischen Sommer und Winter bei den Frauen. Wer sich im Winter zu lange ungeschützt draußen aufhält und dabei auskühlt, benötigt auch mehr Zeit als in Frühjahr und Sommer, um sich wieder aufzuwärmen.

Im Winter essen wir etwas mehr als im Sommer. Die Folge: Wir wiegen etwas mehr und auch der Blutzuckerspiegel ist etwas höher. Selbst die Pupillengröße passt sich dem Winter an, sie schrumpft; das fällt besonders stark in der Antarktis auf – der Weltgegend, die wegen ihrer Dauerkälte immer nur expeditionsmäßig „besiedelt" ist. Strengen wir uns körperlich an, steigen im Winter Puls und Blutdruck mehr als im Sommer. Umgekehrt erkranken im Winter mehr Menschen an Herz und Kreislauf als im Sommer, und es sterben auch mehr an Herz-Kreislauf-Erkrankungen.

Jahreszeiten spiegeln sich auch in der Stimmung der Menschen: In Gegenden mit deutlich unterscheidbaren Jahreszeiten sind die Menschen in Herbst und Winter nervöser als in Frühjahr und Sommer. Gleichzeitig sind sie schlechter gestimmt und ihr Blut enthält mehr Melatonin (Kapitel 8). Allgemein sind Menschen im Winter etwas weniger fit als sonst, können sich schlechter konzentrieren und reagieren etwas langsamer. Während am Äquator Menschen im astronomischen Winter etwa gleich viel und gleich tief schlafen wie im Sommer, führen die langen Winternächte des Nordens (Kapitel 2) dazu, dass der Nachtschlaf im Winter erheblich länger dauert und tiefer ist als im Sommer – selbst wenn es kein Winterschlaf ist. Das gilt vor allem für „Morgentypen", die im Winter früher schlafen gehen als im Sommer.

Kapitel 2
Erde und Sonne, Zeit und Mensch

Jede Zeitstruktur auf der Erde, die wir wahrnehmen können, hat astronomisch-geographische Ursachen. Beteiligt daran sind bestimmte Eigenheiten unseres „blauen Planeten" selbst sowie die Sonne. Sie verursacht Tag und Nacht, Mondphasen und Jahreszeiten und damit indirekt unsere Erfahrung von Zeit überhaupt. Die Zeit auf der Erde ist relativ und zyklisch: Tag und Nacht kehren regelmäßig und in gleichem Abstand wieder, genauso wie der sechsstündige Ebbe-und-Flut-Zyklus und die Jahreszeiten. Insofern ist es nicht verwunderlich, dass viele Kulturen auch ein zyklisches Verständnis der menschlichen Existenz wie der Erde selbst haben.

Die Tage der Menschen

Vor der Erfindung der Uhren teilten die Menschen ihre Zeit danach ein, ob es hell war oder dunkel, Tag oder Nacht. Wollten sie sich zu einer bestimmten Zeit verabreden, so wurde dies gemäß den Rhythmen der Natur beschrieben: Der Zeitpunkt war, wenn das Vieh trinken geht, wenn sich bestimmte Pflanzen öffnen oder ähnliches. Gerade der Morgen ist gut definierbar, und nicht nur in ganz alten Schriften ist die Rede vom Zeitpunkt, an dem Farben wieder unterscheidbar sind. Damit dürfte auch zusammenhängen, dass die satisfaktionslüsternen Herren vergangener Jahrhunderte ihre Duelle auf den Tagesbeginn legten; da wusste man genau, wann man zu erscheinen hatte, konnte den Gegner aber auch schon gut erkennen. Wurde es dunkel, ging man schlafen, und im Morgengrauen stand man wieder auf. Das galt jedenfalls für das einfache Volk und für normale Zeiten. Nächtliche Gelage und Feste wurden bei Kerzenschein gefeiert – aber außerhalb der Volksfeste nur von den wenigen, die es sich leisten konnten.

Unser Grundmaß für die Zeit auf der Erde ist das, was man *astronomischer Tag* nennt. Der umfasst einen hellen Tag und eine Nacht, die gemeinsam immer 24 Stunden dauern. Diese Anzahl führten die Babylonier ein und man vermutet, sie könne auf die zwölf Tierkreiszeichen zurückgehen. Unseren Zweck würden sechzehn oder vierzig Stunden pro astronomischem Tag genauso erfüllen – den Zweck, mit kürzeren, überschaubaren Zeitabschnitten zu hantieren. Die alten Chinesen etwa teilten den Tag gemäß dem Lauf der Sonne in einhundert gleich lange Zeitabschnitte ein, die sie „Ke" nannten, und außerdem in Nacht-Schlaf und Tag-Wachheit. Beidem maßen sie große Bedeutung in ihrem Gesundheitssystem bei.

Das gesamte Mittelalter hindurch bis weit in die Neuzeit gab es keinen einheitlichen Beginn des Tages. Die Orte konnten ihre Zeit mehr oder minder autonom einteilen, und so begannen die einen ihren Tag morgens, die anderen mittags und wieder andere um Mitternacht. Erst seit dem neunzehnten Jahrhundert hat sich ganz Europa und inzwischen die ganze Welt auf die Mitternacht als Tagesbeginn geeinigt – den Zeitpunkt, der nicht nur im alten Rom galt, sondern auch im klassischen China.

Dass die Sonne unseren Planeten bescheint, führt allein allerdings noch nicht zu Tag und Nacht. Sie könnte auch eine Seite der Erde ständig und die andere nie bescheinen, dann nämlich, wenn die Erde starr um die Sonne kreisen würde. Aber während die Erde die Sonne umläuft, dreht sie sich gleichzeitig 365mal um ihre eigene Achse, um den Durchmesser durch die Erdkugel vom Nordpol zum Südpol. Ein astronomischer Tag ist genau die Zeit, die sie für eine Umdrehung benötigt. Auch jeder Globus hat eine „Erd-"Achse, um die er sich drehen lässt. Die steht schräg auf der Grundfläche, weil die Erde um 23,5 Grad gegen ihre eigene Umlaufbahn um die Sonne geneigt ist. Diese Schiefstellung verursacht vor allem die Jahreszeiten – mehr dazu weiter unten in diesem Kapitel.

Astronomische Tageszeit und Zeitmessung

Die Sonnenstrahlen treffen in einem Winkel auf die Erde, der im Tagesverlauf wechselt. Im Morgengrauen ist er sehr klein beziehungsweise flach und wird bis mittags immer größer oder steiler. Je steiler der Winkel, umso mehr Licht und Wärme gibt die Sonne ab. Astronomisch definiert der Mittag die „wahre Ortszeit". An einem Ort ist dann „wahrer" Mittag, wenn die Sonne seinen Längengrad „passiert", also am steilsten steht. Die wahre Ortszeit hängt deshalb ausschließlich vom Längengrad des Ortes ab, ändert sich also bei jeder Bewegung in westlicher oder östlicher Richtung. Ist etwa in Berlin nach der „wahren Ortszeit" gerade Mittag, ist es in Köln noch nicht so weit, weil Köln weiter im Westen liegt und deshalb von der Sonne später erreicht wird. Der astronomische Mittag fällt deshalb nur an wenigen Orten mit zwölf Uhr zusammen – den Orten auf dem „Mittelmeridian" einer Zeitzone.

Jahrtausendelang war das anders: Die Menschen orientierten sich am astronomischen Mittag und am tatsächlichen Sonnenstand – auch wenn sie die Erde für eine Scheibe und das Zentrum der Welt hielten und dachten, die Sonne werde vom Pferdewagen des Sonnengottes über das Firmament gezogen oder vom christlichen Gott dort entlang geschickt. Selbst nach der Erfindung mechanischer Uhren – noch bis weit ins neunzehnte Jahrhundert hinein – definierte jeder Ort seine eigene Zeit. Das war in der Regel genau die wahre Ortszeit, die Sonnenzeit, und sie bestimmte „Handel und Wandel".

Gerade der Handel jedoch – wie zum Beispiel regelmäßige Märkte – machte es notwendig, den Tag genauer einzuteilen. Die Chinesen waren die ersten, die zu diesem Zweck Sonnenuhren benutzten. Bereits vor dreitausendfünfhundert Jahren befestigten sie Stöcke so in der Erde oder an Wänden, dass deren Schatten systematisch mit der Sonne wandert und damit auf einem festen Kreis Stunden anzeigen kann. Fünf Jahrhunderte später begannen auch die Griechen, Sonnenuhren zu bauen und nannten sie passend „Schattenjäger".

Erst einige Jahrhunderte nach den ersten Sonnenuhren

konstruierte man Wasseruhren und Sanduhren. Die funktionierten nach dem Prinzip, dass eine bestimmte Menge Wasser oder Sand durch ein kleines Loch floss und dafür immer die gleiche Zeit benötigte. Wasseruhren benutzt man noch heute in den Oasen Nordafrikas; die „Wasserverteiler" bemessen damit die Zeit, die jedem für die Entnahme des wertvollen Wassers zusteht. Diese Wasseruhren sollen bis auf fünf Sekunden genau gehen. Auch genormte Kerzen ermöglichten die Zeitmessung: War die Flamme bei einer Markierung angekommen, so war etwa eine Stunde vergangen. Die Chinesen benutzten auch Räucherstäbchen genormter Länge und Brenndauer, und alte chinesische Meditationsanleitungen gaben Zeiten in „Räucherstäbchen" an. Zusätzlich hatten die Räucherstäbchen in China je nach Tageszeit eine eigene Duftnote, und so konnte man die Zeit quasi riechen.

Im europäischen Mittelalter interessierte sich besonders der christliche Klerus für die Messung der Zeit, sahen doch vor allem die Ordensregeln genaue Gebetszeiten vor. Man legte sie mit Hilfe von Stundengläsern fest, und in jedem Kloster waren bestimmte Personen dafür verantwortlich, die Sanduhren umzudrehen, sobald sie „abgelaufen" waren. Auch die jüdische Religion legt viel Wert auf zeitliche Abläufe und feste Gebetszeiten, allerdings nicht nur für den Klerus, sondern für alle.

Je intensiver der Handel wurde und je mehr die Städte anwuchsen, umso mehr zeitliche Verbindlichkeit benötigte auch die Wirtschaft. Insbesondere musste man sich zuverlässig verabreden und überhaupt die ökonomischen und die Handelsaktivitäten koordinieren können. Deshalb war eine spätmittelalterliche Erfindung überall sehr willkommen und trat spätestens im vierzehnten Jahrhundert ihren Siegeszug durch ganz Europa an: eine Scheibe mit einem Stift, der die „Uhr" anzeigte[4]. Schließlich nannte man das ganze Ding Uhr. Es war eine mechanische Maschine und wurde mit einem Gewicht betrieben. Bald waren alle Kirchtürme mit diesen Uhren bestückt und gaben die Uhrzeit auch noch per Glocke bekannt. Spätestens da stiegen sie zu einer verbindlichen Instanz in

Sachen Tageszeit auf, nicht nur für geistige Belange wie den Beginn der Messe, sondern auch für weltliche wie Öffnung und Schließung des Marktes.

Ende des sechzehnten Jahrhunderts entdeckte Galileo Galilei die Eigenschaft des Pendels, und bereits um 1700 wurde dieses Wissen zum Bau der ersten Pendeluhr eingesetzt. Sie ging auf zehn Sekunden genau und verfügte auch über einen Minutenzeiger. Seitdem konnte man nicht nur nach der Stunde leben, sondern sogar nach der Minute – und wie immer blieb es nicht bei der Möglichkeit: Wir alle leben zumindest zeitweise nach der Minute. Die ersten Armbanduhren mit der heute üblichen Position des Zifferblattes tauchten um 1850 auf.

In der Entwicklungsgeschichte dieser äußeren Uhren kamen die Uhren den Menschen immer näher: Von den mächtigen, aber entfernten mittelalterlichen Kirchturmuhren über große respektheischende Pendeluhren im Haus bis hin zu tragbaren Taschenuhren und Armbanduhren. Die Kehrseite der Medaille: Seit wir ständig genau wissen, wie spät es ist, kommen wir rund um die Uhr in Zeitnot.

Tag und Nacht – zirkadiane Rhythmen bei unseren Vorfahren

Das augenfälligste chronobiologische Verhalten war schon immer der Schlaf, der dem Tag-Nacht-Wechsel parallel ist – und dazu hatten unsere Altvorderen in aller Welt ihre je eigenen Ansichten[5].

In Europa betrachtete man den Schlaf als „Bruder des Todes". Nun war der Tod in unserer christlichen Kultur schon immer besonders schlecht beleumundet, und das dürfte nicht unwesentlich zum dürftigen Ansehen des Schlafes vor allem in Mittel- und Nordeuropa beigetragen haben. Man war überzeugt, zu viel Schlaf oder gar ein Mittagsschlaf beeinflusse den Menschen negativ, vor allem seine moralische Standfestigkeit. Insbesondere hielt man es für unerlässlich, so früh wie möglich aufzustehen – genau wie es das altbekannte Sprichwort sagt: Morgenstund' hat Gold im Mund.

So heißt es in einem Sittenhandbuch von Jean-Baptiste de La Salle aus dem Jahre 1703: „Es ist schändlich und verwerflich, wenn uns die Sonne bei ihrem Aufgang noch im Bett vorfindet. Es heißt auch die Ordnung der Natur ändern und umkehren, wenn man den Tag zur Nacht und die Nacht zum Tage macht, wie es etliche tun." Man setzte die Schlafensstunde auf „etwa zwei Stunden nach dem Abendmahl" fest, und es hieß: „Etwa sieben Stunden sind ausreichend, um den Körper auszuruhen, sofern man nicht außergewöhnlich schwer arbeiten hat müssen." Zudem müsse „man es sich selbst zum ehernen Gesetz machen, in aller Frühe aufzustehn und seine Kinder daran zu gewöhnen" – eindeutig ein moralisches, kein gesundheitliches Gebot. Weiterhin hielt man es für „sehr unschicklich und wenig sittsam, im Bett zu plaudern, zu scherzen oder zu spielen" und empfahl dringend: „Bleibt niemals im Bett, wenn ihr nicht mehr schlaft, es wird eurer Tugend sehr zugute kommen." Und überhaupt sei ein langer Schlummer schädlich, weil er „Geist und Körper schwächt".

Im alten China dagegen galt der Schlaf-Wach-Wechsel als Ausdruck von Yin und Yang und damit des Universums. Im Yin-Yang-System hat alles Yin- oder Yang-Charakter, trägt aber gleichzeitig das jeweils andere in sich. So ist etwa Yang unter anderem der Himmel, das Helle, das Männliche, das Positive, Yin dagegen die Erde, das Dunkle, das Weibliche und das Negative. Yin und Yang sind beide lebensnotwendig und immer gleichzeitig vorhanden, wenn auch je nach Zeitpunkt unterschiedlich intensiv. Chronobiologisch ist Yang das Wachen und Yin das Schlafen; über den 24-Stunden-Tag hinweg ist deshalb nachts das Yin stärker und tags das Yang, und Schlafen und Wachen ergänzen sich gegenseitig. Schlaf gilt als erholsam, angenehm und natürlich. Der klassisch-chinesische Arzt Zhu Zhen-Heng (1281 bis 1385) schrieb zum Schlaf übers Jahr hinweg: „Frühes Aufstehen und spätes Zubettgehen sind natürlich für den bequemen Sommer, während frühes Zubettgehen und spätes Aufstehen natürlich sind für den Winter."

Auch über den Schlaf-Wach-Rhythmus hinaus kennt die chinesische Medizin ausgeprägte chronobiologische Zusammenhänge. Zunächst setzt sie Tages- und Jahreszeiten in Beziehung, und zwar den Morgen zum Frühling, den Mittag zum Sommer, den Abend zum Herbst und die Nacht zum Winter. Zusätzlich kannte die alte chinesische Medizin auch zirkadiane Krankheitserscheinungen: Man lehrte, dass Fieber am Abend steigt und asthmatische Anfälle bevorzugt nachts stattfinden, aber auch, dass sich die Schmerzempfindung am Tag und in der Nacht unterscheidet.

Nach der indischen Heilkunde *Ayurveda* gibt es sieben Ursachen für den Schlaf, von denen zwei kompensatorisch sind – sie folgen auf Anstrengung – und zwei unmittelbarer Ausdruck akuter Krankheit. Die wichtigste aber ist rein zirkadian: die Nacht. Sie sei der ideale Zeitpunkt für den Schlaf, und wer das nicht beherzige, schade seiner Gesundheit. Guter Schlaf, nicht zu wenig und nicht zu viel, sei begleitet von Glück und langem Leben. Ein zusätzliches Schläfchen tagsüber befürwortet die Ayurveda-Medizin im Sommer bei allen Menschen, winters gesteht sie es aber nur Kindern, schwachen, kranken und müden (sic!) Menschen zu. Nach der altindischen Philosophie des Vedanta – seit dem achten vorchristlichen Jahrhundert – entspringt die Welt der nächtlichen Träume der Schöpferkraft der Seele. Doch erst im traumlosen Schlaf kehrt die (Einzel)-Seele – Atman – endlich befreit von allen Trübungen des Bewusstseins, zurück zu ihrer wahren Heimat, der all-umfassenden (Welt)-Seele – Brahman: Für die Dauer des Tiefschlafs genießt Atman – zeitlos – die Wonnen von Brahman.

Jahreszeiten und Jahreszeitstunden

Wegen der Schiefstellung der Erdachse bescheint die Sonne die Gebiete um den Äquator das ganze Jahr über im Wesentlichen gleichmäßig intensiv und relativ steil, und die Länge der Tage schwankt nur wenig. In allen anderen Weltgegenden aber scheint die Sonne je nach Jahreszeit unterschiedlich lange und unterschiedlich steil, und die Unterschiede sind umso deutlicher, je näher diese dem Nord- oder dem Südpol sind[6].

Nur zweimal im Jahr dauern Tag und Nacht überall auf der Erde genau gleich lange. Diese „Tag-und-Nacht-Gleichen" sind am 21. März und am 23. September; dann steht die Sonne genau über dem Äquator senkrecht und astronomisch beginnen Frühling beziehungsweise Herbst. Dazwischen sind bei uns ein halbes Jahr die Tage länger als die Nächte, und genau in der Mitte liegt der längste Tag, die Sommersonnwende am 21. Juni. Den kürzesten Tag des Jahres gibt es am Tag der Wintersonnwende, dem 21. Dezember, zur Halbzeit des Halbjahres, in dem die Nächte länger sind als die Tage. Auf der Südhalbkugel ist es genau umgekehrt.

Das meiste davon ist seit langer Zeit bekannt – schon seit Jahrtausenden betreiben Menschen aller Kulturkreise Astronomie. Sie alle haben und hatten Kalender, die sich auf Sonnen- und Mondstand beziehen. In allen alten Kulturen feierte man zu jedem astronomisch bedeutenden Sonnenstand große Feste – zu Sommer- und Wintersonnwende, zu Frühjahrs- und Herbstbeginn. Sie gehörten zu den wichtigsten Ereignissen im Jahresverlauf – und folgerichtig schafften die Hochreligionen diese alten Feste nicht ab, sondern bezogen sie in ihren eigenen Kult ein und versahen sie mit ihrem eigenen, neuen Sinn; so liegt Weihnachten nicht zufällig direkt nach der Wintersonnwende und Ostern nach dem ersten Frühjahrsvollmond.

Reisen wir auf der Nordhalbkugel nach Norden, verlängern sich Sommer-Tage und Winter-Nächte, bis nördlich des Polarkreises die Sonne in der hochwinterlichen Polarnacht überhaupt nicht, im Hochsommer dagegen als Mitternachtssonne ununterbrochen scheint. Auch Abenddämmerung und Morgengrauen dauern länger, je näher man dem Pol ist. Umgekehrt ist es Richtung Äquator: Je näher der Äquator, umso gleichmäßiger verteilen sich Tag und Nacht auf die 24 Stunden, und umso plötzlicher wechseln sie sich ab. Schon in Süditalien bricht die Dunkelheit für unser Gefühl fast übergangslos herein, während man an Nord- und Ostsee die Abenddämmerung lange genießen kann. Je näher ein Ort an einem Pol liegt, umso ausgeprägter sind auch die Unterschiede zwischen den Jahreszeiten.

Die Babylonier teilten den astronomischen Tag in vierundzwanzig Stunden ein. Nachdem sie aber den hellen Tag und die Nacht als prinzipiell verschieden betrachteten, ordneten sie folgerichtig beiden jeweils zwölf Stunden davon zu. Nun lag auch Babylon – im heutigen Irak, etwa zweiunddreißig Grad nördlicher Breite – weit nördlich des Äquators, ja sogar jenseits des nördlichen Wendekreises, so dass es je nach Jahreszeit verschieden lange hell war. Deshalb musste bei dieser Einteilung eine Tag-Stunde je nach Jahreszeit unterschiedlich lange dauern. Babylons Sonnenuhren hatten deshalb verschiedene Bogenlängen und Beschriftungen, und zu jeder Jahreszeit wurde eine andere benutzt. Die längste Stunde dauerte fünfundsiebzig Minuten – das entspricht fünfzehn Stunden Helligkeit – und die kürzeste vierundvierzig Minuten – das entspricht knapp neun Stunden Helligkeit.

In Mitteleuropa – also fünfzehn bis zwanzig Breitengrade weiter nördlich – unterscheiden sich die Tageslängen zwischen Sommer und Winter noch mehr. Dennoch gab es auch hier die jahreszeitabhängige Zeitmessung bis ins Mittelalter, das kurze „Winterstunden" von den wesentlich längeren „Sommerstunden" unterschied. Noch heute kann man am Regensburger Dom eine derartige vertikale Sonnenuhr besichtigen. Sie zeigt untereinander verschieden lange Zwölf-Stunden-Felder, für jeden Monat ein anderes. Dabei ist sie gerade mal fünfhundert Jahre alt. Ihre Inschrift trägt die Jahreszahl 1487 – eine Zeit, in der es bereits mechanische Uhren gab – und den Text: LONGITUDO DIERUM HORAE INAEQUALES (lat.: „die Länge der Tage [macht] ungleiche Stunden").

Die Globalisierung der Zeit: von Zeitzonen bis Internet

Solange die Menschen sich nur im Schritttempo und höchstens mit einer Pferdestärke fortbewegten, gab es mit der „wahren Ortszeit" keine Probleme. Maßstab war ohnehin der Sonnenstand, und bei der Geschwindigkeit von Pferden waren Zeitumstellungen gemächlich und problemlos.

Das änderte sich, als Mitte des neunzehnten Jahrhunderts einerseits die Fortbewegung durch die Eisenbahn schneller wurde und andererseits die Reisenden ihre mechanischen Uhren bei sich trugen. Die mussten sie jetzt nämlich immer neu stellen, sobald sie in einen anderen Ort mit seiner individuellen Zeit kamen. Das Hantieren mit den Ortszeiten stellte sich schnell als so kompliziert heraus, dass die Staaten reagierten. Im neunzehnten Jahrhundert wurden deshalb in ganz Europa Nationalzeiten eingeführt, die in der Regel der Ortszeit der jeweiligen Hauptstadt entsprachen. Doch bei häufigeren Reisen und schnelleren Geschwindigkeiten musste man auch da ständig umrechnen, und so definierte man 1911 international die noch heute gültigen vierundzwanzig Zeitzonen.

Sie richten sich nicht mehr nach der Politik, sondern nach der Geographie, und zwar nach den Längengraden der Erdkugel. Von Ost nach West beginnt der Tag in jeder Zeitzone um jeweils eine Stunde später. Die Londoner Sternwarte in Greenwich liegt auf dem Längengrad Null; ihre Ortszeit heißt „Westeuropäische Zeit" und ist gleichzeitig Weltzeit, der zeitliche Bezugspunkt der ganzen Erde (GMT – Greenwich Mean Time). Nach dieser Zeit werden internationale Ereignisse festgelegt, zum Beispiel Live-Übertragungen der Rundfunk- und Fernsehanstalten. Unsere „Mitteleuropäische Zeit" (MEZ) ist immer eine Stunde weiter als die GMT. Sie ist die Orts- oder Sonnenzeit des fünfzehnten Längengrads Ost, des „Mittelmeridians" der MEZ, der zwischen Prag und Wien verläuft. Da die MEZ nicht nur im mittleren Europa, sondern bis in den Westen Frankreichs gilt, steht demnach an vielen MEZ-Orten die Sonne erst lange nach zwölf Uhr mittags am höchsten. Im

Pazifik treffen sich Ost- und West-Längengrade an der Datumsgrenze.

Seit 1980 gilt in ganz Europa im Sommerhalbjahr nicht die MEZ, sondern die „Mitteleuropäische Sommerzeit", MESZ: Am letzten Märzwochenende springt die Uhr nachts statt auf zwei gleich auf drei Uhr, dann haben wir Sommerzeit. Ende Oktober geht sie statt auf drei Uhr wieder auf zwei Uhr zurück, dann „liegen" wir wieder einigermaßen parallel zur Sonne.

Schon während der beiden Weltkriege und von 1945 bis 1949 hatte es in Deutschland Sommerzeit gegeben. Ihr Zweck: Energiesparen. Die Idee: Im Sommer wird es früher hell, deshalb fällt es leichter, früher aufzustehen und den hellen Tag besser ausnutzen, so dass man Beleuchtungsenergie spart. Der englische Begriff sagt das auch unverblümt: *daylight saving time*. Mag die Idee während der Kriege funktioniert haben – heute tut sie das nicht mehr. Im Gegenteil: An den verlängerten Abenden benötigen wir eher mehr Energie, nicht nur zum Heizen, auch für Freizeitvergnügen jeder Art. Obwohl man das inzwischen genau weiß, gibt es die Sommerzeit noch immer. Lediglich das Umweltbundesamt überlegt, die Zeitumstellungen abzuschaffen – um Energie zu sparen.

Ob Sommerzeit oder nicht – biologisch sind die Zeitzonen inzwischen immer stärker in den Blickpunkt geraten, da es üblich geworden ist, sie mit Flugzeugen zu überqueren. Für unsere Innere Uhr allerdings ist das eine echte Aufgabe, weil es sie schlicht und einfach aus dem Takt bringt. Diesen *Jet-Lag* genannten physischen und psychischen Zustand hätte man noch vor einhundert Jahren höchstens unter Tage simulieren können, und es wäre einem überflüssig vorgekommen (alles zum Jet-Lag in Kapitel 13).

Doch selbst die vierundzwanzig Zeitzonen stoßen heute an ihre Grenzen. Im Internet kommunizieren wir ständig weltweit. Das Internet ist im Gegensatz zum Telefon geräuschlos, und deshalb ist es gleichgültig, wann man seine E-Mails losschickt. Es wird von Menschen benutzt, aber weil es immer warten kann, ist es von der Biologie und vom Menschen als biologischem Wesen völlig abgekoppelt. Deshalb gibt es inzwischen schon Überlegungen, eine Internet-Zeit einzuführen, und die Schweizer Firma Swatch hat bereits eine Internet-Uhr auf den Markt gebracht. Die Internet-Zeit hat keine Stunden, Minuten und Sekunden mehr, sondern eintausend *Beats* pro Tag, und *Beat Eins* ist überall auf der ganzen Welt immer zum gleichen Zeitpunkt, völlig unabhängig vom Sonnenstand. Es ist gar nicht unwahrscheinlich, dass wir in Zukunft nicht mehr nachrechnen müssen, wo auf der Welt es gerade wie spät ist, sondern dass wir einfach nur zwei Zeiten im Kopf haben – die Internet-Zeit und unsere eigene.

Kapitel 3
Unsere Verwandten – Rhythmisches bei Tieren

Wir Menschen begegnen der kalten Jahreszeit, indem wir rechtzeitig vorsorgen, Nahrung speichern, warme Kleidung anfertigen und Behausungen bauen, die wärmen oder sogar heizbar sind.

Aber wir sind nicht alleine auf dieser Welt, und rundum einzigartig sind wir auch nicht: Besonders nah verwandt sind uns Primaten, relativ nahe verwandt die anderen Säugetiere. Sämtliche Tiere müssen auf die Jahreszeiten reagieren, wachsen doch ihre Energie-Ressourcen Wärme und Nahrung gegen Sommer ins Verschwenderische und verringern sich dem Winter zu oder verschwinden gar völlig. In unseren Breiten zieht sich im Winter fast die gesamte Vegetation zurück, und das wirkt sich nicht nur auf pflanzenfressende Tiere aus. Vom Bär bis zur Biene finden sie im Winter nur Bruchteile dessen vor, was sie zu ihrer Ernährung benötigen. Wie wir Menschen müssen sie deshalb auf den Gang der Jahreszeiten reagieren; sie zeigen selbst saisonale Rhythmen.

Jahreszeiten als Herausforderung – Überwintern

Verzichten Tiere unserer Breitengrade nicht gleich wie die Maikäfer auf das Überleben des Individuums und sichern nur die Art an sich, indem lediglich Eier oder Larven erfolgreich überwintern, dann können sie den knappen Ressourcen in der kalten Jahreszeit nur auf wenige Weisen begegnen. Die erste praktizieren die Zugvögel: Sie verlassen die unwirtliche Gegend. Die zweite: Die Tiere fahren Körpertemperatur und Energiebedarf herunter. Die dritte: Sie unternehmen mehr Anstrengungen, um die vorhandenen Ressourcen besser auszunutzen, also die geringe Wärme und die wenige vorhandene Nahrung; das tun zum Beispiel die Vögel, die im Winter hier bleiben. Oder sie mischen Strategie zwei und drei: Dann ist das Lebewesen besonders aktiv, so lange es warm und hell ist und sorgt in dieser Zeit für die kalten, dunklen Zeiten vor – Methode Eichhörnchen.

Zur zweiten Methode gehört der Winterschlaf, den fast nur Säugetiere halten, vorwiegend Nagetiere und Insektenfresser. Sie suchen einen frostsicheren Platz dafür auf und bewegen sich nicht mehr. Körper-Kern-Temperatur und Stoffwechsel fallen drastisch ab. Der Grundumsatz, also der Energieverbrauch pro Tag, sinkt bis auf einen Bruchteil des Normalen, und die Körpertemperatur nähert sich dem Gefrierpunkt. Winterschlaf ist zwar ein spezifischer biologischer Zustand, der sich aber bezüglich der Änderungen der Körperfunktionen grundsätzlich nicht vom normalen Schlaf unterscheidet. Er ist sozusagen eine Extremform – ein besonders tiefer Schlaf. Der NREM-Schlaf (also alle Schlafstadien außer dem REM-Schlaf – siehe dazu Kapitel 9) weist nämlich eine gewisse Ähnlichkeit mit dem Winterschlaf auf. Was dem Winterschlaf aber fehlt, ist der zyklische Wechsel von REM-(engl. *Rapid Eye Movement,* Schlafstadium mit raschen Augenbewegungen) und NREM-Schlaf. Auch im normalen Schlaf sinkt wie im Winterschlaf die Körpertemperatur, aber nur um ein bis zwei Grad, das Tier ist zwar jederzeit weckbar, aber nicht so schnell. Doch ein wesentlicher Unterschied bleibt: Im Winterschlaf scheinen keine Erholungsprozesse stattzufinden. Es gibt sogar Säugetiere, die regelmäßig alle vierzehn Tage aus ihrem Winterschlaf erwachen – um zu schlafen. Dann erholen sie sich vom Winterschlaf, in den sie dann gleich wieder eintauchen.

Im Laufe der Evolution haben verschiedene Tierarten auch verschiedene Methoden entwickelt, auf die jahreszeitlich bedingten Veränderungen der Tageslänge und der Temperatur zu reagieren. Das hängt nicht unbedingt an Familie und Gattung; selbst Arten, die nahe verwandt sind, halten das durchaus unterschiedlich. So speichert der syrische Hamster vor dem

Winter Energie in Form von Fett und legt an Gewicht zu, während der sibirische Hamster darauf verzichtet und im Winter den Stoffwechsel so reduziert, dass er weniger Energie verbraucht und dabei auch noch an Gewicht verliert.

Der bekannteste Jahreszeiten-Rhythmus bei Insekten ist der der Bienen. Im Winter hängen die Bienen in ihrem Stock wie eine Traube auf engstem Raum zusammen; im Wesentlichen sind sie starr. Sinkt dagegen die Temperatur der Bienentraube außen auf unter zehn Grad Celsius ab, schlagen sie etwa eine Stunde gemeinsam mit den Flügeln, bis wieder fünfundzwanzig Grad erreicht sind; dann werden sie wieder starr.

Übers Jahr gesehen – selbst Kinderstuben sind festgelegt

Fast alle wildlebenden Tiere unserer Breiten haben Brunft- beziehungsweise Brutzeiten, die ganz klar den Jahreszeiten folgen. Der Sinn leuchtet unmittelbar ein, verlangt doch das Überwintern ein voll ausgereiftes Lebewesen, das auch mit schwierigeren Versorgungslagen zurechtkommt. Vor Einbruch des Herbstes müssen deshalb die Jungen selbständig überlebensfähig sein; danach richtet sich der Zeitpunkt, zu dem sie spätestens zur Welt kommen müssen.

Der Schlaf – Prototyp der zirkadianen Rhythmik

Der augenfälligste zirkadiane Rhythmus bei den Tieren ist wie beim Menschen der von Schlafen und Wachen. Nicht zuletzt deshalb hat man bisher bei mehr als einhundertfünfzig Tierarten den Schlaf-Wach-Rhythmus wissenschaftlich untersucht. Besonderes Augenmerk legte man bisher auf zwei Fragen: Welche Tiere schlafen überhaupt? Und falls sie es tun: Welche Tierart schläft wie lange? Dahinter steht immer auch die Frage, warum der Mensch schläft.

Zu den weltweit berühmtesten Forschern über den Tierschlaf zählt die Zürcher Professorin Irene Tobler, und viele der im Folgenden referierten Ergebnisse stammen von ihr, häufig aus dem Zürcher Zoo. Alle Tierschlaf-Forscher stoßen auf dasselbe Problem wie die Humanbiologen: Wie kann oder muss man Schlaf definieren, ab wann ist „wirklich" Schlaf, was auf den ersten Blick aussieht wie Schlaf? Beim Menschen wird der Schlaf nach dem Status der elektrischen Hirntätigkeit beurteilt (Elektroenzephalogramm – EEG – Kapitel 9). Analog dazu hat man schon bei vielen Wirbeltieren – Säugetieren, Vögeln, Amphibien, Reptilien und Fischen – während der sichtbaren Ruhephasen die Hirnfunktion gemessen. Bei freilebenden Tieren ist das allerdings aus naheliegenden technischen Gründen vergleichsweise kompliziert.

Aus diesem Grunde definiert man bei Tieren den Schlaf zunächst über das, was man sehen kann. Demnach „schläft" ein Tier, wenn es regungslos in einer „schlaf"-typischen Körperhaltung verharrt. Die ist nicht identisch mit Liegen; so schlafen etwa Elefant und Giraffe, aber auch Vögel teilweise im Stehen. Darüber hinaus reagiert ein schlafendes Tier nicht ohne weiteres auf äußere Reize; es reagiert erst – und reagieren heißt in der Regel, sich in Bewegung setzen – , wenn diese Reize besonders stark sind. Die Intensität des dafür nötigen Reizes heißt Weckschwelle. Allerdings schlafen manche Tiere nicht, wenn sie sich beobachtet fühlen. Deshalb benutzt man im Zoo eine Infrarotkamera und in freier Wildbahn Bewegungsmesser.

Definiert man „Schlaf" als identisch mit Ruhe, so kann man sogar das Schlafverhalten von Nicht-Wirbeltieren untersuchen. Einige Biologen haben dabei nachgewiesen, dass auch Gliederfüßler zu regelmäßigen Tageszeiten „schlafen" bzw. ruhen, etwa Insekten wie Bienen, Küchenschaben und Fruchtfliegen oder Spinnentiere wie Skorpione.

Bis auf die Fische schlafen die Wirbeltiere üblicherweise mit geschlossenen Augen. Das gilt jedoch nicht uneingeschränkt, und zwar vermutlich aus Sicherheitsgründen – schließlich kann ein Tier während des Schlafs nicht so schnell flüchten wie sonst. Katzen können gelegentlich mit offenen Augen schlafen; dann bewahren sie ihre Augen vor dem Austrocknen, indem sie ihr zweites Augenlid schließen, und das ist durchsichtig. Manche Vögel schlafen zeitweise mit einem offenen Auge. Die Taube dagegen hält meist beide Augen geschlossen und öffnet sie gelegentlich während des Schlafs, und zwar häufiger, wenn sie alleine schläft, und seltener, wenn sie in der Gruppe schläft. Sie scheint sich immer mal wieder zu vergewissern, dass alles in Ordnung ist. Viele Eltern und Lehrer kennen dieses Phänomen: Kinder schlafen mitunter mit „offenen Augen" – allerdings nur kurz; Menschen haben schließlich kein durchsichtiges Augenlid. Dennoch können selbst Erwachsene mit offenen Augen schlafen: Diesen – wie immer freiwilligen – Versuchspersonen hielt man die Augenlider auf, und selbst unter diesen zugegebenermaßen harten Versuchsbedingungen schliefen sie nach EEG-Kriterien ein.

Dösen

Zeichnet man die Hirnströme von Säugetieren mit dem EEG auf, so findet man bei manchen – etwa Rindern und Katzen, nicht aber bei Nagetieren – noch einen Zwischenzustand zwischen Schlafen und Wachen, der mit *Dösen, leichtem Schlaf* oder *ruhigem Wachsein* bezeichnet wird. In diesem Zustand ist das Tier regungslos, aber die „Weck"-schwelle ist niedrig; es bewegt sich schon bei relativ schwachen Reizen. Im Döse-Zustand ist die Hirnaktivität langsam (Delta-Wellen, siehe Glossar und Kapitel 9). Vor allem Hunde und Katzen verbringen viel Zeit in diesem Zustand. Auch die Kuh döst acht Stunden am Tag, dabei hält sie Kopf und Hals aufrecht und käut wieder. Zusätzlich schläft sie zwei bis vier Stunden „echt" in völliger Ruhestellung, allerdings ist der Übergang vom Dösen zum Schlafen ausgesprochen fließend.

Der Döse-Zustand wird in der Wissenschaft noch diskutiert, weil man sich nicht einig ist, ob er eher dem Wachen oder dem Schlafen zuzurechnen ist. Da nicht nur Kühe beträchtliche Zeit in diesem Zustand verbringen, führt die Unklarheit in dieser Frage auch zu durchaus verschiedenen Angaben über die Schlafdauer von „Döse"-Tieren, auch deshalb, weil viele Untersuchungen nur auf Beobachtungen und nicht auf EEG-Messungen beruhen.

Welche Tiere schlafen?

Es ist relativ sicher, dass alle Warmblüter – also Säugetiere und Vögel – auch nach EEG-Kriterien schlafen. Deshalb hat man diskutiert, ob der Schlaf etwas mit ihrer konstanten Körpertemperatur zu tun hat, die ja von wechselnden Außentemperaturen unabhängig ist. Äußere Temperaturschwankungen können sie nur mit zusätzlicher Energie ausgleichen und müssen deshalb mehr fressen. Nun sinken während des Schlafs Temperatur und Energieverbrauch minimal, was schon das Argument nach sich zog, Schlaf sei womöglich eine Methode, Energie und Nahrungsmittel zu sparen. Das Argument greift aber nicht wirklich: Zeitweise verbrauchen die Warmblüter beim Schlafen nämlich sogar mehr Energie in Form von Glukose als im Wachzustand (vor allem im REM-Stadium; Kapitel 9). Außerdem schlafen nicht nur Warmblüter – auch Amphibien, Reptilien, Fische und sogar Insekten legen täglich mehrere Ruhephasen ein.

Insekten und Spinnentiere: Bei Fliegen, Bienen und Skorpionen hat man einen Ruhe-Aktivitäts-Rhythmus beobachtet; die Ruhephasen sind lange, und die Tiere verhalten sich dabei weitgehend oder vollkommen ruhig. Sie ruhen umso länger und verhalten sich umso ruhiger, je weniger Licht sie haben. Werden diese Tiere zu ihren normalen Zeiten am Ruhen gehindert, bleiben sie anschließend für eine längere Phase bewegungslos – das hat man als eine Art Erholungs„schlaf" interpretiert.

Fische: Auch bei Fischen hat man Ruhe-Aktivitäts-Muster über den 24-Stunden-Tag hinweg untersucht. Einige Süßwasser-Arten sind kontinuierlich 24 Stunden lang aktiv, andere legen eine Ruhephase ein, die im Aquarium zwischen fünf und zehn Stunden täglich dauert. Bei den meisten Arten ist sie nachts, bei einigen aber auch tagsüber. Ähnlich uneinheitlich verhalten sich Meeresfische: Während sich Thunfisch, Schwertfisch und Hai 24 Stunden lang gleichmäßig bewegen, halten andere zwischendurch kurz inne, scheinen also zu ruhen. Insofern haben wohl nur manche Fische zirkadiane Ruhe-Aktivitäts-Rhythmen .

Amphibien: Laubfrösche sind überwiegend nachts aktiv; während des Tages ruhen sie, dann ist ihre Muskulatur schlaff und das Herz schlägt langsamer. Sie lassen sich in ihrer Ruhe auch nicht stören, wenn es hell oder laut wird oder wenn sie leicht berührt werden. Der Wassermolch ruht während des Tages und ist vorwiegend während der Dämmerung aktiv. Wie lange er ruht und wie lange er aktiv ist, hängt von der Jahreszeit ab: Während des Frühlings bewegt er sich hauptsächlich im Wasser und ruht dabei viereinhalb Stunden pro Tag, im Sommer dagegen bevorzugt er das Land, wo er täglich elf Stunden ruht. Der Ruhe-Aktivitäts-Rhythmus des Salamanders dagegen scheint im Vier-Stunden-Takt zu verlaufen, einem klassischen ultradianen Rhythmus, der auch beim Menschen vorkommt (Kapitel 6).

Reptilien: Schildkröten wurden häufig untersucht, aber die Ergebnisse sind nicht einheitlich. Es ist unstrittig, dass Schildkröten zwischen Ruhe und Aktivität abwechseln. Ob sie regelrecht schlafen, ist dagegen strittig: Die Meinungen reichen von „überhaupt nicht" bis zu „neunzig Prozent des Tages", teilweise ohne EEG-Veränderungen. Bei Krokodilen konnte man im Laufe eines Tages elf kürzere Schlaf-Episoden von zusammen drei Stunden feststellen, vorwiegend zwischen zwei und sechs Uhr morgens. Insgesamt scheinen alle Reptilien ein- oder mehrmals am Tag mindestens so zu ruhen, dass es wie Schlaf aussieht, und zwar je nach Art zwischen drei und zweiundzwanzig Stunden.

Vögel: Das Schlafverhalten der Vögel wurde häufig untersucht. So wissen wir, dass unser Hausgeflügel schläft – Hühner, Gänse und Enten -, aber auch unsere wildlebenden Tauben und Stare, der Nachtraubvogel Eule und die Tagraubvögel Falke und Bussard. Selbst die Pinguine am Südpol schlafen. Insgesamt geht man davon aus, dass sämtliche Vögel schlafen. Wo man das Schlaf-EEG der Vögel gemessen hat, gleicht es dem der Säugetiere. Sie haben sogar REM-Schlaf.

Säugetiere: **Naturgemäß** bevorzugten die Tierschlaf-Forscher die Säugetiere, weil sie biologisch dem Menschen am ähnlichsten sind. Deshalb wissen wir heute, dass sämtliche Säugetiere schlafen – ob sie klein oder groß sind, ob sie wild sind oder domestiziert, ob sie in Freiheit oder in Gefangenschaft leben, auf dem Land oder im Wasser, ob sie Fleisch oder Gras fressen. Das Schlaf-EEG der Säugetiere hat große Ähnlichkeit mit dem des Menschen, es wird aber lediglich zwischen NREM- und „paradoxem" Schlaf unterschieden, dem REM-Schlaf, bei dem die Muskulatur völlig schlaff wird (Kapitel 9).

Unterschiedliche Schlafdauern bei Säugetieren – warum?

Zumindest einmal täglich schlafen die verschiedenen Säugetier-Arten „wirklich". Jede Art hat eine typische Schlafdauer; es gibt extreme Langschläfer wie Fledermaus, Faultier, Stachelschwein und Igel mit siebzehn bis zwanzig Stunden, mittlere wie Katzen und Nagetiere mit zwölf bis fünfzehn Stunden und Kurzschläfer wie Reh, Kuh, Pferd, Giraffe und Elefant, die alle nur zwischen fünf und sechs Stunden pro Tag schlafen. Zusätzlich dösen vor allem die Kühe, und auch Elefanten verbringen zwei zusätzliche Stunden in der Nacht regungslos im Stehen – dösend.

Es gab und gibt natürlich Hypothesen darüber, warum die Tierarten so verschieden lange schlafen. Eine Hypothese war: Je größer das Tier, umso kürzer der Schlaf. Das erklärte man damit, dass große Tiere viel Nahrung brauchen und deshalb länger Futter suchen müssen und nur weniger schlafen können – ein weiterer Widerspruch zu der Idee, der Schlaf diene dem Energiesparen. Doch die Hypothese ist ohnehin falsch – inzwischen ist nämlich klar, dass die Prämisse des Ganzen nicht zutrifft, weil das Verhältnis von Körpergröße zu Schlafdauer in Wirklichkeit doch nicht so eindeutig ist. Gute Beispiele sind der große Löwe, der zwölf bis sechzehn Stunden schläft, und die kleine Maus mit zwölf bis fünfzehn Stunden. Im Mittel allerdings schlafen tatsächlich diejenigen Tierarten länger, die weniger wiegen oder kürzer leben, die weniger Gehirnmasse, einen höheren Grundumsatz oder eine höhere Stoffwechselrate haben.

Auch wenn diese physiologischen Merkmale mit der Schlafdauer zusammenhängen, müssen sie sie noch nicht verursachen. Eine mögliche Erklärung für die unterschiedliche Schlafdauer bei Tieren ergibt sich dagegen, wenn man die Tiere in Jäger und Beute aufteilt. So schlafen Löwen – für viele der Inbegriff der Jäger – wie gesagt zwölf bis sechzehn Stunden am Tag, die Gazelle dagegen – die klassische Beute – schläft höchstens zwei Stunden, und das in vielen Klein-Einheiten von wenigen Minuten. Aus dem Schlaf heraus ist Flucht nur mit Verzögerung möglich, und deshalb ist es für größere Beutetiere gefährlich, längere Zeit am Stück zu schlafen. Wüsste also die Gazelle chronobiologisch Bescheid, könnte sie in den Schlafzeiten des Löwen ihre nervöse Wachsamkeit ablegen. Allerdings schläft dieser Jäger ausgesprochen polyphasisch – mehrmals am Tag und nicht auf eine bestimmte Tageszeit festgelegt –, und deswegen kann die Gazelle nie ganz sicher sein. Auch die Giraffe schläft in der Summe täglich nur etwa vier bis fünf Stunden, und das auch noch verteilt auf mehrere kurze Schlafeinheiten. Für den REM-Schlaf erlaubt sie sich nur dreißig Minuten pro Tag, nur hierbei liegt sie – bei ihrer Körpergröße braucht sie besonders lange, um sich überhaupt zu erheben und bei Gefahr zu fliehen.

Insofern hat die Jäger-Beute-Hypothese eine gewisse Logik. Aber sie kann nicht alles erklären, wie der Kurzschläfer Elefant mit seinen sechs Stunden zeigt, dem als größtem Landsäugetier sicher nicht die Gefahr droht, im üblichen

Sinne zur Beute zu werden. Vor den Elfenbeinjägern, seinen eigentlichen Feinden, schützt ihn sein Kurzschlaf ohnehin nicht. Umgekehrt schlafen Nagetiere lange, und gerade die Maus ist ja die Beute verschiedenster anderer Tiere. Allerdings bauen die Beute-Nagetiere ihre Schlafplätze bevorzugt an unzugänglichen und damit geschützten Stellen. Manche Beutetiere gehen auch sonst anders mit der Zeit um als andere Tiere. Um bei den Gazellen zu bleiben: Bei ihnen vollzieht sich alles mit hohem Tempo, das Fressen und das Trinken, die Zeitspanne von der Geburt bis zum Laufenkönnen und selbst die Paarung. Weniger gefährdete Tiere lassen sich wesentlich mehr Zeit.

Delphine und Enten – Schlaf mit einer Gehirnhälfte

Einige Tiere können mit offenen Augen schlafen, manche Tiere aber schließen zum Schlafen zeitweise nur ein Auge. Man hat vermutet, dass sie jeweils nur mit der Gehirnhälfte schlafen, die dem geschlossenen Auge gegenüberliegt und es steuert. Haben sie also ihr rechtes Auge geschlossen, schläft nur ihre linke Gehirnhälfte und die rechte ist wach. Neue EEG-Ergebnisse über Enten konnten zeigen, dass diese abwechselnd mit der rechten und linken Gehirnhälfte schlafen.

Schon lange wissen wir von einer großen Säugetierspezies, dass sie nur mit einer Gehirnhälfte schläft: den Delphinen. Immer wieder hat man Delphine sorgfältig untersucht, und immer schlief nur eine ihrer Gehirnhälften, jeweils eine bis drei Stunden. Während des einseitigen Schlafs schwimmen die Delphine im Kreis und halten ihr Luftloch an der Oberfläche. Beim Menschen reguliert ein autonomes Atemzentrum die Atmung, und das braucht keine Impulse von außen. Der Delphin dagegen muss aktiv atmen, er braucht einen direkten Impuls, und den gibt es nicht im Schlaf. Also schläft er mit einer Gehirnhälfte und die andere steuert Atem und Schwimmen – im Kreis.

Tageszeiten – wann Warmblüter schlafen

Wann die Tiere innerhalb eines 24-Stunden-Tages schlafen, unterscheidet sich bei den verschiedenen Arten erheblich. Manche Arten schlafen bevorzugt entweder tags oder nachts, zeigen also einen klaren zirkadianen Schlaf-Wach-Rhythmus, andere halten es mit den Schlafzeiten nicht so streng. Eine konstante Tageszeit bevorzugen vor allem Tiere, die einmal in 24 Stunden am Stück schlafen. Wichtigste Beispiele dafür sind der Mensch und manche Menschenaffen, die im Wesentlichen nachts schlafen. Unter bestimmten – vor allem ungestörten – Bedingungen schlafen aber auch die Affen zweimal in 24 Stunden, einmal nachts und einmal am frühen Nachmittag.

Viele Säugetiere schlafen polyphasisch. Sie halten in 24 Stunden mehrere Schläfchen und sind nicht auf eine bestimmte Tageszeit festgelegt. Typische Vertreter dafür sind das Meerschweinchen, die Katze, das Schaf und die Kuh.

Andere Säugetiere dagegen haben eine Hauptschlafphase, in der sie den größten Teil des Schlafes verbringen, wenn auch in der Regel mit kurzen Unterbrechungen. Diese Phase liegt bei tagaktiven Tieren in der Nacht und bei nachtaktiven Tieren wie der Ratte tagsüber. Der Schlaf-Wach-Rhythmus ist also zirkadian, auch wenn die Schlafphase häufig unterbrochen ist. Solche Unterbrechungen könnte das Tier benötigen, um kurz die Sicherheit der Umgebung zu prüfen; sie könnten unnötig sein, wenn das Tier in sicherer Umgebung lebt. Dazu passt das Schlafverhalten der Kuh; das hängt zwar einerseits stark von ihrer Ernährung ab, aber dennoch schläft sie im Stall länger als auf der Weide.

Möglicherweise trifft Ähnliches auch auf uns Menschen zu. Demnach könnten wir uns nämlich den Luxus unserer einzigen (Mono-) Schlafphase in der Nacht leisten, weil und solange wir in einer sicheren Umgebung leben. In unsicherer Umgebung könnten wir dagegen ohne Schaden in ein polyphasisches Muster umschalten. Somit hätte der Mensch grundsätzlich die Möglichkeit, in mehreren kürzeren Schlaf-episoden verteilt über den Tag zu schlafen – eine These, auf die wir weiter unten noch zurückkommen. Und es würde zum normalen biologischen Programm des Menschen gehören, während des Nachtschlafs mitunter zu erwachen.

Auf alle Fälle scheinen uns die Säugetiere in Sachen Schlaf-Wach-Rhythmik relativ ähnlich. Die Ergebnisse dazu sind deshalb nicht nur in sich interessant, sondern man kann sie – mit aller Vorsicht – auf den Menschen übertragen. Zumindest geben chronobiologische Erkenntnisse über Tiere Anstöße, wo man beim Menschen sinnvoll weitersuchen kann. Das gilt auch für die Frage, was denn die Rhythmen anstößt; dazu können uns bereits niedere Tiere gute Informationen geben.

Kapitel 4

Von Null bis Hundertzwanzig – Rhythmusänderungen im Laufe des Menschenlebens

Die biologischen Rhythmen beim Menschen sind nicht ein für allemal fest, sie entwickeln sich vielmehr im Laufe seines Lebens weiter. Zunächst prägen sie sich immer schärfer aus, und im hohen Alter lösen sie sich teilweise wieder auf.

Bereits die Stunde unserer Geburt ist nicht zufällig – wäre das so, müssten Menschenkinder gleichmäßig verteilt über 24 Stunden zur Welt kommen. Solange die Geburtshilfe der Natur ihren Lauf lässt, beginnen aber die Wehen häufig am Abend, so dass die meisten Kinder in den frühen Morgenstunden geboren werden. Geburten in der Nacht sind oft leichter, sie dauern kürzer und erfordern seltener Kaiserschnitte; daraus kann man schließen, dass der nächtliche Geburtengipfel ein natürlicher Rhythmus der Spezies Mensch ist. Da eine Geburt immer eine gleichzeitige Aktivität der Mutter und des Kindes ist, scheinen sich dabei auch noch zwei Rhythmen aufeinander abzustimmen – eine erste Form der Synchronisation, der Gleichzeitigkeit von Rhythmen. Synchronisationen sind lebenslang wichtig, und wir kommen noch öfter darauf zurück.

Fötale Rhythmen

Unsere biologischen Rhythmen treten nicht erst auf, wenn wir geboren werden. Schon Föten bewegen sich regelmäßig – wenn auch nicht ständig –, und noch vor sechzig Jahren waren es erst die „Kindsbewegungen", die endgültig eine Schwangerschaft bewiesen. Wie alle Mütter wissen, bevorzugt das Ungeborene für seine Aktivität bestimmte Tageszeiten, an anderen verhält es sich vergleichsweise ruhig.

Um den sechsten Schwangerschaftsmonat herum beginnt etwas, was man als „ruhiges Wachsein" bezeichnet. In diesen Zeiten hat man sogar schon Hirnströme gemessen (Elektroenzephalogramm, EEG, Kapitel 9), und das EEG des Fötus in diesen Phasen ist dem EEG schlafender Erwachsener verblüffend ähnlich. Dabei kann man sogar so etwas wie REM-Schlaf feststellen (Kapitel 9), die Schlafphase, in der wir etwa ab dem sechsten Lebensjahr fast immer träumen. Ein wichtiger Unterschied zu späteren Lebensphasen: Normalerweise ist die Muskulatur während des REM-Schlafs völlig schlaff, Föten dagegen können sich im REM-Schlaf bewegen. Die REM-Schlaf-Phasen nehmen den größten Teil des Gesamtschlafs vor der Geburt ein, sechzig bis achtzig Prozent. Außerdem folgen sie einem Rhythmus und treten etwa in einem 50-Minuten-Takt auf. Da das Gehirn während der REM-Phasen zeitlebens besonders aktiv ist, kann man das auch für Föten annehmen. Man vermutet deshalb, dass die REM-Phasen eine Art Übungsphase des fötalen Gehirns sind, das damit seine eigenen Strukturen zu Wachstum und Reifung anregt (Kapitel 11).

Das Herz des Fötus schlägt zwar doppelt so schnell wie das Erwachsener. Dennoch schwankt die Frequenz im Verlauf von 24 Stunden regelmäßig ein wenig, sie ist mal schneller und mal langsamer. Dieser Rhythmus verläuft parallel zum Rhythmus des mütterlichen Herzschlags. Auch der Rhythmus, in dem sich das Ungeborene bewegt, hängt damit zusammen, wann die Mutter aktiv ist. Die nächstliegende Erklärung dafür funktioniert nicht: dass sich der mütterliche Takt durch so etwas wie Nachahmung direkt überträgt. Wäre das so, müssten sich die fötalen zirkadianen Rhythmen nach der Geburt erhalten. Das tun sie aber nicht. Man nimmt deshalb an, dass biochemische Signale der Mutter dem Fötus den Takt angeben, etwa die höhere Kortisolmenge im Blut der Mutter, die am frühen Morgen ansteigt, ihren Organismus aktiviert und damit auf das Wachsein vorbereitet.

Säuglinge und Kleinkinder

Beobachtet man Säuglinge über mehrere Tage hinweg genau und in genügend kurzen Abständen, dann lassen sich schon sehr früh Rhythmen nachweisen. Neben dem immer wiederkehrenden Hunger gehören Schlafen und Wachen zu den ersten Rhythmen des Erdenlebens, und sie sind naturgemäß mit am besten untersucht. In den ersten Lebenstagen schläft das Neugeborene fünfzehn bis siebzehn Stunden; in den ersten Wochen nimmt die Schlafdauer dann etwas ab. Im Durchschnitt schläft ein Säugling nach drei Wochen nur noch knapp fünfzehn Stunden und mit einem halben Jahr nur noch vierzehn. Wie sich der Schlaf auf die 24 Stunden verteilt, ändert sich dagegen während dieser Zeit deutlich.

Das Neugeborene schläft häufig und kurz, und es ist häufig und kurz aktiv. Aktivität ist dabei meist identisch mit Nahrungsaufnahme. Die verschiedenen Schlafphasen verteilen sich gleichmäßig über 24 Stunden, etwa acht Stunden in der Nacht und acht Stunden am Tage, aber weder nachts noch tagsüber am Stück. Sämtliche Rhythmen des Säuglings bewegen sich in Spannen von drei oder vier Stunden, sie sind also ultradian. Zum Leidwesen vor allem der Mütter haben Schlafen und Wachen noch nichts Zirkadianes – sie sind noch nicht mit Tag und Nacht „synchronisiert".

Erst allmählich werden die Schlaf-Wach-Zyklen etwas länger, die kurzen Schlafphasen verschmelzen zu längeren Schlafperioden, und es entwickelt sich ein regelmäßigeres Muster. Eine Schlafphase kann jetzt bis zu sechs Stunden dauern, die längeren Schlafphasen verlagern sich zu zwei Dritteln in die Nacht, und das Kind bleibt tagsüber längere Zeit am Stück wach. Ab dem dritten Monat kann es dann nachts acht bis neun Stunden durchschlafen und tagsüber zusätzlich bis zu drei Mal. Zu diesem Zeitpunkt haben die meisten Kinder eine im Prinzip zirkadiane Schlaf-Wach-Verteilung. Dieses Schlafschema mit einer längeren Schlafphase in der Nacht und drei kurzen am Tag entspricht ziemlich genau dem Erwachsener, wenn sie ohne Zeitinformation leben und sich nicht betätigen können (Kapitel 6).

Doch woher kommt dieses zirkadiane Muster? Kann man es fördern oder behindern? Bedenkt man, wie anstrengend das Leben für frischgebackene Eltern sein kann, solange das Neugeborene noch ohne zirkadiane Rhythmen lebt, zeigt sich hier der mögliche unmittelbare Nutzen der chronobiologischen Grundlagenforschung. Die Rhythmik der verschiedenen chronobiologischen Variablen scheint sich nicht gleichzeitig zu entwickeln; sie benötigen Phasen der Reifung, und die dauern unterschiedlich lange. Die zirkadiane Rhythmik von Schlafen und Wachen reift bis zum dritten, die der Kortisolausschüttung bis zum sechsten Lebensmonat.

Eins ist klar: Nach der Geburt funktioniert die Synchronisation nicht mehr automatisch wie zuvor. Sobald die Nabelschnur durchtrennt ist, beeinflussen die Mutter und ihre körpereigene Chemie die Rhythmik ihres Kindes nicht mehr direkt. Sollen sich zirkadiane Rhythmen beim Säugling entwickeln – und das tun sie ja, wenn auch nicht bei allen gleichzeitig –, müssen neue synchronisierende Mechanismen einsetzen.

So hat man untersucht, ob Neugeborene unterschiedlich reagieren, wenn man sie auf verschiedene Weise versorgt. Dabei teilte man die Kinder in zwei Gruppen auf: Alle Kinder lagen in hochempfindlichen Wiegen. Jede Bewegung und jedes Weinen wurden aufgezeichnet. Eine Gruppe wurde im Säuglingszimmer von professionellem Personal versorgt, die andere Gruppe direkt von den Müttern in deren Zimmern. Im Neugeborenenzimmer gab es einen festen Rhythmus von vier Stunden; diese Kinder hatten tatsächlich nach nur zehn Tagen ihren Hunger, ihr Wachen und ihren Schlaf dem vorgegebenen Vier-Stunden-Rhythmus angepasst. Neugeborene sind also empfänglich für soziale zeitliche Vorgaben, man kann ihnen einen Rhythmus antrainieren, allerdings einen ultradianen, keinen zirkadianen. In den Mutter-Kind-Zimmern dagegen machten die Mütter weniger zeitliche Vorgaben, es herrschte gewissermaßen eine Art Naturzustand; dort schliefen die Säuglinge schon in der zweiten Woche länger am Stück und mehr in der Nacht. Sie waren insgesamt ruhiger und weinten weniger als die routinemäßig versorgten Kinder aus dem

Säuglingszimmer – ein Effekt, der einerseits wohl mit der Häufigkeit des Körperkontakts von Mutter und Kind zu tun hat, andererseits sicher auch mit der Chronobiologie. Die Ergebnisse zeigen, dass Säuglinge durchaus einen eigenen inneren Rhythmus entwickeln, wenn man sie lässt; er ist allerdings nicht präzise vorhersehbar. Wird er respektiert, scheint ihnen das aber mehr innere Ruhe zu verschaffen und erleichtert es ihnen womöglich langfristig, die normale zirkadiane Periodik des Menschen zu entwickeln.

Auch den Wechsel von Tag und Nacht scheinen Säuglinge bereits wahrzunehmen und chronobiologisch zu verarbeiten, sogar solche, die eigentlich noch gar nicht geboren sein sollten. Hält man nämlich auf einer Frühgeborenen-Station nachts auch nachtähnliche Bedingungen ein, dreht also Licht und Geräuschpegel herunter, nehmen die „Frühchen" schneller an Gewicht zu. Werden sie nach Hause entlassen, schlafen sie auch besser durch als solche, in deren Zimmer Tag und Nacht die gleichen Umweltbedingungen herrschen. Lange Zeit allerdings war leider die letztgenannte Situation normal, zum Schaden der Kinder.

Ganz offensichtlich besitzen bereits Neugeborene ein inneres System, das ihre – zunächst ultradianen – Rhythmen steuert. Das zirkadiane System dagegen entwickelt sich von vorneherein unter dem Einfluss der Umwelt. Die Pflege von gesunden wie kranken Säuglingen und Kleinkindern sollte daher auch chronobiologische Gesichtspunkte berücksichtigen.

Kinder und Jugendliche

Spätestens mit fünf Jahren hat das Kind bei Schlafen und Wachen einen klaren 24-Stunden-Rhythmus erreicht – normale Verhältnisse vorausgesetzt. In der Nacht schläft es selten mehr als zehn bis zwölf Stunden, und tagsüber hält es höchstens noch ein kurzes Nickerchen am frühen Nachmittag. Bis zum Beginn der Pubertät verkürzt sich die Schlafdauer weiter bis auf achteinhalb Stunden.

Schulkinder schlafen nachts – und sonst gar nicht. Mittags schlafen sie höchstens, wenn sie krank sind. Entsprechend zahlreich sind die Geschichten über die Streiche in Internaten, Kinderheimen oder Ferieneinrichtungen, wo Schulkinder Jahr um Jahr vergeblich zum Mittagsschlaf ins Bett gesteckt werden. Vermutlich hat keines je ein Auge zugetan, und das gilt auch für brave Kinder und solche, die relativ unabhängig von Gruppendruck waren. Kinder zwischen acht und zwölf sind nämlich die einzigen, die mittags grundsätzlich nicht schlafen. Als einzige verfügen sie über einen absolut stabilen zirkadianen Schlaf-Wach-Rhythmus mit einer einzigen Schlafphase in der Nacht. Ihr Schlaf ist perfekt mit der Körpertemperatur und den übrigen rhythmischen Maßen synchronisiert.

Bereits in den achtziger Jahren hat die resolute amerikanische Schlafforscherin Mary Carskadon mit der Mär vom „gesunden" Mittagsschlaf bei präpubertären Kindern aufgeräumt. Eine ihrer Spezialitäten ist nämlich der Multiple Sleep Latency Test (MSLT, Kapitel 10). Carskadon untersuchte an der kalifornischen Stanford-Universität genau diese Altersgruppe mit dem MSLT. Dabei legen sich die kleinen Versuchspersonen alle zwei Stunden zwanzig Minuten lang in einen abgedunkelten, schalldichten Raum, wo sie völlig alleine sind. Praktisch alle Menschen schlafen während dieser todlangweiligen Prozedur zumindest einmal am Tag ein – außer Kindern zwischen acht und zwölf. Die chronobiologische Schlussfolgerung: Man sollte Kinder in diesem Alter nicht mit der Erwartung quälen, ihrer Gesundheit den vermeintlichen Gefallen eines Tagschlafs zu tun. Das ist gegen die (Chrono)-Biologie dieser Altersgruppe und nützt deshalb nichts.

Bis zum Alter zwischen sechzehn und achtzehn verändert sich der Schlaf kaum. Ohne äußere Einflüsse würde er sich auch in den folgenden Jahren nur mäßig ändern. Die heutigen Jugendlichen allerdings beginnen spätestens in diesem Alter, nach sehr typischen neuen Rhythmen zu leben. Sie gehen am Abend extrem spät zu Bett, vor allem am Wochenende, und falls es organisatorisch möglich ist, schlafen sie bis weit in den Morgen hinein, oft genug viel länger als acht Stunden.

Außerdem beginnen sie wieder, mittags zu schlafen. Dieser Rhythmus beruht zwar eher auf Gruppendruck als der Natur, zeigt aber immerhin, wie flexibel das rhythmische System am Ende der Pubertät ist. Alle übrigen Rhythmen wie der der Körpertemperatur, der Verdauung, des Melatonins und anderer Hormone sind in diesem Alter nämlich stabil. Sie gehen nur nicht mit dem Schlaf-Wach-Rhythmus synchron, besser gesagt, die Jugendlichen sorgen willentlich dafür, dass das nicht geschieht. Manche Jugendliche vertragen das ganz gut und können den verlorenen Nachtschlaf tatsächlich tagsüber kompensieren. Andere vertragen es schlecht und haben ein ständiges Schlafdefizit (Kapitel 11), wieder andere entwickeln dabei sogar veritable Schlafstörungen (Kapitel 13).

Erwachsene mittleren Alters

Die meisten Befunde über biologische Rhythmen beziehen sich auf Erwachsene zwischen zwanzig und sechzig, also auf die Zeit nach der Pubertät und vor dem Alter. Insofern befasst sich naturgemäß der größte Teil dieses Buches mit Erwachsenen dieser Altersgruppe; in diesem Kapitel gehen wir deshalb nur ganz knapp auf sie ein.

Mit achtzehn bis zwanzig Jahren nimmt die Schlafdauer langsam ab, und zwar im Mittel bis auf gut sieben Stunden. Ab dreißig lässt die subjektive und die objektive Schlafqualität etwas nach (Kapitel 9), man schläft etwas flacher, wacht nachts häufiger auf und erlebt den Schlaf als weniger befriedigend. Ab fünfundvierzig wird er noch flacher und damit subjektiv schlechter. Man geht außerdem früher und regelmäßiger schlafen, weil man die Müdigkeit schlechter überspielen und zu kurzen Schlaf immer schlechter kompensieren kann. Kurz: Das rhythmische System verliert an Flexibilität, die extreme Anti-Rhythmik der Jugendlichen ist immer weniger möglich. Eine objektive Folge: Spätestens in diesem Alter beginnt Schichtarbeit fast allen schwer zu fallen. Schichtarbeit gehört zu den stärksten Störungsfaktoren der zirkadianen Rhythmik. Der Organismus kann damit zurechtkommen, aber nur unter bestimmten Bedingungen (Kapitel 13) und so lange, wie er auf diese Art der Störung hochflexibel reagieren kann. Die wenigsten können es je wirklich gut, am ehesten noch die Saturday-Night-Fever-Jugendlichen. Die sind aber noch keine zwanzig und leisten kaum Schichtarbeit.

Die verschiedenen Rhythmen sind bei Erwachsenen zwischen zwanzig und sechzig in der Regel gut aufeinander abgestimmt und laufen im Wesentlichen synchron, solange man sie nicht künstlich daran hindert (Kapitel 7). Das gilt für die zirkadianen Rhythmen Körpertemperatur, Schlafen und Wachen, Ruhe und Aktivität, die Ausschüttung von Hormonen und anderen Botenstoffen in die Blutbahn, Verdauung und Entgiftung des Organismus, die ultradianen Rhythmen der Herz-, Hirn- und Atemtätigkeit, und die infradianen Rhythmen im Wochen-, Monats- und Jahresabstand.

Ältere Menschen

Die meisten Funktionen des menschlichen Organismus, die im Erwachsenenalter eine 24-Stunden-Rhythmik zeigen, behalten diese auch über das sechzigste Lebensjahr hinaus unverändert bei, und meist laufen sie weiterhin synchron. Lediglich Schlafen und Wachen werden bei vielen älteren Menschen immer variabler und koppeln sich immer mehr von den übrigen zirkadianen Parametern ab.

Je älter wir sind, umso weiter verlagern wir die Zeit, zu der wir schlafen gehen, nach vorne. Der Grund ist einerseits, dass das zirkadiane System weniger flexibel wird. Andererseits wandern die zirkadianen Rhythmen insgesamt nach vorn: so die Körpertemperatur. Ihr Tiefpunkt ist jetzt nicht mehr um drei Uhr morgens, sondern allmählich immer früher. Da sich die Rhythmen nach vorne verlagern, nennt man diese Verschiebung des tiefsten Wertes der Körpertemperatur eine „Phasenvorverlagerung". Bei fast allen Menschen im höheren Lebensalter verlagern sich also die zirkadianen Phasen nach vorne, die von Schlafen und Wachen, die der Körpertemperatur oder auch die der nächtlichen Kortisolausschüttung. Umgekehrt bedeutet das: Der ältere menschliche Organismus bereitet sich früher auf das Aufstehen vor als der jüngere – und so sind ältere Menschen früher wach.

Das hat natürlich auch damit zu tun, dass ältere Menschen früher zu schlafen beginnen. Sie benötigen in der Nacht weniger Schlaf als Menschen im mittleren Erwachsenenalter, schlafen außerdem mittags und wachen deshalb früher auf als Jüngere, tendenziell sehr viel früher. Schläft ein älterer Mensch mittags und legt sich dann um einundzwanzig Uhr wieder schlafen – was üblich und etwa in Altenheimen auch erwünscht ist –, hat er um vier Uhr morgens bereits sieben Stunden hinter sich. Dann wäre es ausgesprochen merkwürdig, würde er länger schlafen. Dennoch interpretiert er es subjektiv leider allzu oft als Schlafstörung. Das Problem liegt ganz woanders: Was kann ein alter Mensch um vier Uhr morgens tun?

Ab siebzig verliert die Rhythmik weiter an Kontur, und das alte biochemische zirkadiane Gleichgewicht schwächt sich ab. Selbst einer der stabilsten zirkadianen Parameter des mittleren Erwachsenenalters, die Körper-Kern-Temperatur, variiert ab siebzig im Laufe eines Tages immer weniger. Außerdem sind alte Menschen nachts unruhiger und stehen sogar öfter auf, während sie tagsüber körperlich ruhiger sind als zuvor. Kurz: Je älter wir werden, umso mehr ebnen sich die Unterschiede ein, die unser Körper zwischen Tag und Nacht macht.

Die Frage ist: Was davon ist naturgegeben und unvermeidlich, was können ältere Menschen selbst beeinflussen? Im mittleren Lebensalter strukturiert die Berufstätigkeit den Tag der meisten Menschen, was Ältere in der Regel nicht haben. Viele ältere Menschen ordnen aber ihren Alltag von sich aus oft so genau, dass er geregelter erscheint als der jüngerer Personen, die nicht arbeiten. Für viele von ihnen ist der Hund der regelmäßige Faktor schlechthin. Er zwingt sie nicht nur dreimal täglich nach draußen, er zwingt sie insgesamt zur Regelmäßigkeit. Das kann ihrem Alltag eine besonders klare Struktur geben, die sie sehr dabei unterstützen kann, ihre zirkadianen Rhythmen aufrechtzuerhalten (Kapitel 6).

Ältere Menschen mit einer klaren Zeitordnung sind in der Regel aktiver als andere, wenn auch nicht so aktiv wie in jüngeren Jahren. Insgesamt leben sie jedenfalls gesünder. Das hat erst kürzlich wieder eine neue Studie bestätigt. In einer großangelegten Umfrage in mehreren europäischen Ländern – unter anderem in Deutschland – zu Schlaf- und Schlafgewohnheiten (Kapitel 9), wurden mehr als dreizehntausend Personen befragt. Über ein Drittel der über Fünfundsechzigjährigen gaben Schlafstörungen an. Vor allem solche älteren Menschen, die nur wenig unternahmen und kaum Kontakte zu ihren Mitmenschen pflegten, waren anfällig für Schlafstörungen. Nicht mehr Schlafstörungen als jüngere Menschen hatten hingegen diejenigen, die zufrieden und aktiv waren; sie kamen rundum besser damit zurecht, dass ihr zirkadianes System einige zusätzliche ultradiane Züge annahm. Insofern war nicht das Alter für die Häufigkeit der Schlafstörungen verantwortlich.

Wer allerdings den Alltag im Alter nicht mehr klar zu strukturieren vermag, verschärft die ohnehin fortschreitende Auflösung des Schlaf-Wach-Rhythmus: Man wacht und schläft schließlich kunterbunt durcheinander. Die Folge: Der alte Mensch weiß nicht mehr, wann er sich wo befindet und züchtet so seine eigene Verwirrung; das kann bis zum Verlust der Selbständigkeit führen.

Was die biologischen Rhythmen im Alter so deutlich einebnet, wissen wir bisher nicht. Der wichtigste zeitliche Schrittmacher im Hirn, der Nucleus Suprachiasmaticus (Kapitel 8), kann jedenfalls nicht dafür verantwortlich sein, da er erst ab etwa achtzig Jahren kleiner wird. Es ist zu vermuten, dass – wie immer in der Biologie des Menschen – mehrere Faktoren zusammenspielen, nicht zuletzt soziale.

Kapitel 5
Der natürlichen Rhythmik auf der Spur – die Andechser Versuche

Rhythmen auf der Erde, Rhythmen der Tiere, Rhythmen der Menschen: Vieles daran ist untersucht und bekannt. Bleibt die spannende Frage: Woher kommen die Rhythmen in uns? Sind wir einfach der Erde und der Sonne unterworfen, verursachen sie unsere Rhythmen? Oder haben Lebewesen im Allgemeinen und wir Menschen im Besonderen tatsächlich ureigene Rhythmen, also Innere Uhren?

Das ist eine Frage für die (chrono)-biologische Grundlagenforschung. In deren experimenteller Sprache liest sie sich so: Was passiert, wenn die Zeit auf der Erde, wenn mindestens Tag und Nacht, nicht auf den Organismus wirken können, weil er sie gar nicht wahrnimmt? Dazu muss man experimentell so etwas wie „Zeitlosigkeit" herstellen. Dafür benötigt man einen Raum, der keinerlei Hinweise auf die Tageszeit bereitstellt, und da genügt es nicht, einfach die Jalousien zu schließen. Sehr viele Ereignisse lassen nämlich Rückschlüsse auf die ungefähre Tageszeit zu: Neben der tatsächlichen Uhrzeit, der Tageslänge und dem Sonnenstand sind das die Lufttemperatur, Straßenverkehr und sonstige Außengeräusche, die Medien und andere Menschen, ja sogar der Druck in den Wasserleitungen. Wirklich „zeitlos" leben kann man nur, wenn man sich in all diesen Punkten von der Außenwelt abschneidet. „Zeitlos" setzt voraus: kein natürliches Licht, keine Uhr, kein Fernsehen, kein Radio, kein Internet, keine Begegnung mit anderen Menschen. Dafür gibt es nur zwei Möglichkeiten: eine natürliche Höhle oder einen optisch und akustisch komplett abgeschirmten Raum.

Der Andechser Bunker

Den weltweit ersten derartigen Raum eigens für diesen Zweck baute das Max-Planck-Institut für Verhaltensphysiologie Anfang der sechziger Jahre in Andechs bei München. Er war speziell für chronobiologische Untersuchungen beim Menschen gedacht, und die Idee dazu stammte von den Professoren Jürgen Aschoff und Rütger Wever. Über viele Jahre waren sie Motor und Seele der chronobiologischen Grundlagenforschung in Andechs.[7]

In die Planung des „Andechser Bunkers" gingen die Erfahrungen der beiden mit ihrem ersten provisorischen „Bunker" ein, einem ehemaligen Operationsbunker der Chirurgischen Abteilung der Universität München, den sie umgewidmet hatten. Dort verbrachte Jürgen Aschoff, Wissenschaftler mit Leib und Seele, zunächst als erster neun Tage in der Isolation, bevor sich 1961/1962 andere freiwillige Versuchspersonen dorthin begaben (Kapitel 1). Aschoff überstand die neun Tage im Chirurgie-Bunker genauso problemlos wie die weiteren acht Freiwilligen. So konnten Aschoff und Wever den Versuchszeitraum verlängern; ab vier Wochen erwarteten sie zuverlässige Resultate.

Die ersten Ergebnisse aus den Bunkerversuchen veröffentlichten Aschoff und Wever schon 1962 in der Zeitschrift „Naturwissenschaften" unter dem Titel „Spontanperiodik des Menschen bei Ausschluß aller Zeitgeber". Kurz darauf folgten die nächsten Artikel. Wissenschaftler in anderen Ländern nahmen die Idee sofort auf. In England lebte eine Person für einhundertzweiundfünfzig Tage in einer Isolierkammer. Der französische Schlafforscher Michel Siffre begab sich selbst für zwei Monate in eine natürliche Höhle in Südfrankreich und berichtete darüber in der Zeitschrift „National Geographic". Der Aufenthalt in den Höhlen war allerdings erheblich weniger komfortabel als der im Andechser Bunker. Während dieser nämlich geheizt und mit allem Komfort ausgestattet war, lebten die Menschen in den Höhlen praktisch im Freien und waren bestenfalls durch ein Zelt geschützt; ansonsten war es feucht und kalt – um die vier Grad Celsius.

Dennoch waren die chronobiologischen Ergebnisse aus diesen langen Zeiten in Höhlen mit denen vergleichbar, die sich in den ersten Vier-Wochen-Versuchen im Andechser Bunker ergeben hatten. Aschoff und Wever konnten also sicher sein, dass vier Wochen genügten und sie in ihrem Bunker und mit ihrem Zeitrahmen sinnvoll weiter arbeiten konnten. Auch die Franzosen und die Briten forschten weiter, und in Marburg ließ Professor Gunther Hildebrandt im Unigebäude eine Isolationskammer einrichten. Ab 1976 begannen dann auch die Amerikaner, chronobiologische Forschung zu betreiben, zunächst in einem isolierten Patientenzimmer eines Krankenhauses in der Bronx, später auch in natürlichen Höhlen in New Mexico.

Weltweit aber blieb Andechs das Zentrum dieser Experimente. Von 1964 bis 1989 lebten vierhundertsiebenundvierzig Versuchspersonen jeweils eine gewisse Zeit im Bunker und nahmen an vierhundertzwölf chronobiologischen Untersuchungen teil. Zweihundertelf der Versuchspersonen lebten mehrere Wochen ohne Zeitinformation; dabei werden Schlafen und Wachen nicht mehr von außen koordiniert, sondern die Versuchsperson entscheidet autonom, wann sie was tut. Damit laufen Schlafen und Wachen „frei", und folgerichtig nannten wir diese Versuche „Freilaufversuche". Alle Versuchspersonen nahmen freiwillig teil. Wir achteten darauf, dass sie auch psychisch gesund waren, außer in den Versuchen, die ausdrücklich psychiatrische Patienten untersuchten. Einige der Versuchspersonen haben später schriftlich zusammengefasst, wie sie den Versuch erlebt haben und wie sie dazu kamen.

Am Anfang war die Neugier.
Aus einem Bericht über Erfahrungen in der Zeitlosigkeit[8]

Begonnen hat alles im vorigen Jahr. In der Zeitung sprang mich das Wort *Isolationsversuche* an. Isolation – das empörte mich, aber ich las trotzdem weiter. Denn es handelte sich um

Freiwillige; sie begaben sich in Isolation und nahmen an Versuchen zur Erforschung der Inneren Uhr teil. Was mich neugierig machte: Angeblich tauchten sie ganz begeistert aus ihrer selbstgewählten Einsamkeit wieder auf.

Die Sache begann mich zu fesseln. Nur meine Freunde reagierten unwillig darauf und machten sich Sorgen um meinen Geisteszustand. Ich fand trotzdem heraus, wo die Versuche stattfanden, und kurze Zeit später saß ich am frühen Nachmittag in der S-Bahn von München nach Herrsching. Ein Psychologe holte mich ab, und wenige Minuten später waren wir am Heiligen Berg in Erling-Andechs, dem weltberühmten Zufluchtsort dürstender Seelen, die je nach Art des Durstes die Kirche oder das Bräustüberl des dortigen Klosters aufsuchen und gelegentlich auch beides.

Der Psychologe und ich gingen zu einem wunderschön gelegenen Schlößchen, das, wie er mir erzählte, ein Adliger erbaut hatte. Inzwischen sei es im Besitz der Max-Planck-Gesellschaft, die im benachbarten Seewiesen ihr Institut für Verhaltensphysiologie betreibe. Das Institut habe Professor Konrad Lorenz aufgebaut, und hier im Schlößchen in Erling-Andechs sei jetzt eine Nebenstelle. Hier „regiere" Professor Jürgen Aschoff. Der „Earl of Erling" habe neben seinem Wohnschloß einige Institutsgebäude errichten lassen, wo er die Abteilung Chronobiologie führte. Dort beobachteten Wissenschaftler die biologischen Rhythmen von Tieren, vor allem von Hühnern, anderen Vögeln und Hamstern, aber auch von Ratten, Affen – und Menschen.

Diese Institutsgebäude liegen an einem Hügel. Wenige Schritte weiter führt eine steile Treppe mit Dutzenden von Stufen den Hügel hinunter. Am Fuß der Treppe führt ein enger Gang in den Berg hinein bis zu einer doppelten Tür. Wir gingen durch die Türen und kamen schließlich in einen dunklen, engen Raum. Er war vollgestellt mit Geräten und von deren Summen erfüllt: Zeiger schrieben auf endlosen Papierrollen, Klimaanlagen brummten, und kleine Lichter in verschiedenen Farben leuchteten auf und verschwanden wieder. Mein Begleiter erklärte, daß hier sämtliche Versuchsdaten aufgezeichnet würden, zum Beispiel die Ergebnisse der Leistungstests, die Körpertemperatur oder die jeweiligen Lichtverhältnisse in den zwei eigentlichen Versuchsräumen. In jeden führte eine dicke Türe, und beide sahen nicht so aus, als ob sie so leicht zu öffnen wären.

Aus keinem der beiden Räume direkt vor mir war auch nur ein Mucks zu hören, und ich staunte nicht schlecht, als mir der Psychologe sagte, im rechten mache sich die Versuchsperson gerade zum Schlafengehen fertig. Er entnahm das den Aufzeichnungen auf dem Papier, die anzeigten, daß die Versuchsperson bereits das Deckenlicht gelöscht hatte. Am Gerät schlug gerade der Stift aus, der die Bewegungen der Matratze aufzeichnet. „Jetzt noch das Bettlicht aus und dann Gute Nacht", meinte mein Begleiter. Es beeindruckte mich schon, wie er das Leben eines Menschen einfach den Kurven vieler Schreiber entnahm, die auch noch aufzeichnen, wann er das Küchenlicht, die Herdplatte oder die Musikanlage ein- oder ausschaltet. Diese Versuchsperson sei schon seit über drei Wochen hier und bald sei der Versuch beendet. Es gehe ihr gut und wahrscheinlich werde sie sauer, wenn die Versuchsleiter ihr das Ende des Versuchs schriftlich mitteilen würden. Das sei fast immer so, aber erklären könne er es mir erst, wenn ich selbst den Versuch abgeschlossen hätte.

Ich wollte trotzdem wissen, wie die Versuchspersonen sonst noch reagierten, wenn sie den Bunker nach vier Wochen Isolation wieder verließen. Besonders beeindruckt seien sie, wie frisch die Luft sei, die Farben und die Geräusche der Natur, sagte er. Nach diesen ersten Naturerlebnissen wollten fast alle endlich wieder andere Menschen treffen. Viele wünschten sich zum Abschied sogar einen gemeinsamen Besuch im Klosterbräuhaus. Dem Wunsch kämen sie meistens nach – aber regelmäßig müsse man diesen Ort der Geselligkeit schleunigst wieder verlassen. Kaum jemand könne den Lärm und die Menschenmassen ertragen, wenn er gerade vier Wochen nur mit sich alleine gewesen sei.

„Dann bringen wir sie nach München und erleben, wie unsere Ex-Versuchspersonen aus dem Staunen über die vielen

Autos nicht mehr herauskommen", erzählte er weiter. Doch schon nach ein paar Tagen hätten sie sich wieder an Hektik, Lärm und Menschenmassen gewöhnt. Alle jedoch berichteten, sich immer gerne an die einmalige Zeit im Bunker zu erinnern, in der sie so intensive Erfahrungen gemacht hätten. Und es bleibe eine stille Sehnsucht danach im Alltag, eine Sehnsucht nach Ruhe, Konzentration und Intensität, wie sie vielleicht nur in einer solchen Isolation zu erfahren seien.

Auch das beeindruckte mich, aber ich hatte noch mehr Fragen: Wozu dienen diese Versuche? Wer profitiert davon? Ist dieses Leben in Isolation wirklich auch für jemand wie mich auszuhalten? Wie viele haben den Versuch schon abgebrochen? Wie sieht der Kontakt mit der Außenwelt aus? Gibt es Geld dafür?

Heute kenne ich die Kernfrage: Wie werden Schlafen, Wachen und die übrigen Körperfunktionen gesteuert, wenn der Organismus völlig „zeitlos" lebt, wenn also alles fehlt, was auf die Tageszeit hindeutet? Eine solche zeitlose Umgebung hat man in diesem unterirdischen „Bunker", der wegen seines Aussehens so heißt. Die Mauern sind einen Meter dick und fensterlos, er wird autonom mit Strom und Wasser versorgt und kein Sonnenstrahl kann eindringen. Geräusche von außen fehlen, der Wasserdruck ist immer gleich. Auf diese Weise ist jede direkte Information über die Tageszeit ausgeschlossen und jede indirekte auch. Die eigentlichen Versuchsräume sind nur über zwei Türen hintereinander erreichbar, die „Schleuse". Die Schleusentüren sind nicht gleichzeitig zu öffnen, und so können sich Versuchsleiter und Versuchsperson nicht zufällig begegnen. Mit der Außenwelt kann die Versuchsperson nur indirekt Kontakt aufnehmen, nämlich schriftlich und über die „Schleuse". Sie erhält Zeitungen und Briefe, aber sie erhält sie unregelmäßig und verzögert. Täglich füllt die Versuchsperson Fragebögen und Bestellzettel aus, macht gelegentlich einen Reaktionstest und schreibt Tagebuch, das ist die Abmachung. Der Rest der Zeit ist frei verfügbar. Wer sich unter Tage begibt, braucht also genügend Material, um sich in dieser Zeit zu beschäftigen.

Einige Monate später sah ich das Schlößchen wieder, diesmal mit Koffern und Taschen in der Hand und einem mulmigen Gefühl in der Magengegend. Es sollte losgehen. Ich stieg die Treppe hinunter und nahm Abschied von der strahlenden Sonne, dem weißblauen bayerischen Himmel, dem schon etwas frischen Wind, dem sich färbenden Wald und den vertraut klingenden Geräuschen des Dorfes. Hinein in den dunklen Gang, Tür auf – und schon war ich in einer anderen Welt. Diesmal wirkte der Raum irgendwie kleiner. Der Psychologe erklärte mir noch einmal die Versuchsbedingungen. Schlafen gehen und aufstehen könne ich, wann ich wollte, und auch sonst tun, wonach mir der Sinn stehe. Nur eines sollte ich nicht: den Bunker verlassen. Es sei selbstverständlich jederzeit möglich, die Tür von innen zu öffnen. Aber es wäre das Ende des Versuchs. Gemerkt hätten sie es sowieso, es wurde schließlich alles aufgezeichnet.

Wem keine Stunde schlägt.
Ein Tag in zeitlicher Isolation

Vier Wochen von allem isoliert leben, was einen anregt, freut oder ärgert, nicht sprechen und nichts außer Konserven hören und sehen – das setzt voraus, dass sich jemand längerfristig für verschiedene Dinge interessiert und damit selbständig hantieren kann. Viele unserer Versuchspersonen mussten sich auf eine Prüfung vorbereiten und hatten insofern genug zu tun, andere hatten aus anderen Gründen gerade mal Zeit und Lust, sich geistig intensiv mit einer bestimmten Materie auseinanderzusetzen. Gleichzeitig muss aber so jemand vier Wochen alleine mit sich selbst zurechtkommen, ohne jede Möglichkeit, sich direkt auszutauschen, zu klagen oder gar sich abzureagieren. Deshalb haben die verantwortlichen Versuchsleiter immer alle Kandidaten überprüft, ob sie auch seelisch stabil genug waren – sie mussten ein ausführliches persönliches Gespräch über ihre Motivation zur Teilnahme führen und mehrere Tests absolvieren.

Für die Zeit des Versuchs baten wir unsere Versuchspersonen, ein Tagebuch zu führen und uns dieses zur Verfügung zu stellen. Wir wollten einen Eindruck gewinnen, wie Menschen psychisch auf eine solche Situation reagieren, die ja nicht nur wegen der fehlenden äußeren Zeitinformation außergewöhnlich ist. Nebenbei diente das Tagebuch dazu, mögliche Krisen sofort feststellen und dann unmittelbar eingreifen zu können.

Der folgende Text stammt aus dem Tagebuch einer Andechser Versuchsperson im Freilauf, die nach zehn Tagen schon einige Grundsatzüberlegungen anstellt. Vorangestellt sind die Beobachter-Aufzeichnungen des Versuchsleiters.

Aufzeichnung des Versuchsleiters:

Versuchsperson 182
Zeit: 15. September bis 16. Oktober 1974
Ort: Max-Planck-Institut für Verhaltensphysiologie, Andechs bei München
Versuch: Standardbedingungen (einzelne Versuchsperson in Zeitisolation, Temperaturmessung, kein EEG, Schlafregistrierung über Bewegungsfühler und Signal durch Versuchsperson, keine sozialen Kontakte, nur schriftlicher Austausch, Dauer vier Wochen) mit Freilauf (freie Wahl der Schlaf-Wach-Zeiten) unter Wahlbedingungen (selbstgewählter Licht-Dunkel-Wechsel)
Versuchstag: 10 (subjektive Angabe der Versuchsperson)
Beginn des Versuchstages: 25. 9. 17:00 Uhr
Ende des Versuchstages: 26.9. 10:30 Uhr

Tagebuch der Versuchsperson 182 vom 25. 9. 1974 [9]:

Heute morgen griff ich nach dem Schalter der Bettischlampe, und das Licht riss mich endgültig aus meinem Dämmerzustand. Um mich herum das gewohnte Chaos, Blätter und Bücher am Boden wie auf dem Schreibtisch. Es war ruhig wie jeden Morgen, und der fensterlose Raum beeindruckte mich durch seine Unveränderlichkeit. Aber wie jeden Morgen mußte ich überlegen: Ist das jetzt der Zeitpunkt, zu dem ich ausgeschlafen bin, wo ich es schaffe, einen „ganzen Tag" im wesentlichen fit durchzustehen? Ich lebe ohne Zeit. Keine Uhr, kein einziger Hinweis auf die Tageszeit, ja nicht einmal auf das Datum hilft mir, meinen Tag einzuteilen, zu unterscheiden zwischen Morgen, Mittag, Abend oder gar Nacht.

Es fängt schon mit dem Aufstehen an – soll ich oder soll ich nicht? In den ersten zeitlosen Tagen habe ich die Uhr vermißt, die mich zu Hause so oft plagt. Jetzt, nach einer Woche, habe ich mir meine Zeit gemacht, „meinen" Morgen und „meinen" Abend. Ich stehe auf, und dann ist es für mich sieben Uhr, und gehe schlafen, wenn es „bei mir" 22 Uhr ist. Ich bin verblüfft, wie schnell meine anfängliche Unsicherheit verschwand und wie leicht ich plötzlich um „sieben Uhr" aufstehe. Zu Hause macht mich schon die Morgendämmerung ausgesprochen unwillig, vom Aufstehen selbst ganz zu schweigen. Hier ist es anders; hier läuft alles nach meinem Plan.

Nach einem vorzüglichen Frühstück las ich – das ist meine hiesige Lieblingstätigkeit. Eine völlig neue Erfahrung macht mich geradezu lesesüchtig: Ich kann absolut konzentriert in den Lesestoff „eintauchen", stundenlang, ungestört, zeitlos... Auch lernen kann ich hier leicht und effektiv zugleich.

Das gleiche erlebe ich bei anderen Tätigkeiten – wenn ich Musik höre, Bilder anschaue oder „Alltag spiele" – aufräumen, saubermachen, ja sogar abspülen. Womit das zu tun hat? Vielleicht damit, daß ich die Isolation als völliges Ungestörtsein erlebe, als Ruhe. Vielleicht nimmt die Zeitlosigkeit einfach Druck weg. Auf alle Fälle spüre ich so etwas wie Freiheit.

Natürlich bin ich diese Situation alles andere als gewöhnt. Was bequem ist: Ich brauche nicht auf andere einzugehen. Andererseits habe ich keinerlei Anregung von außen. Ich bin allein und allein auf mich gestellt. Das kann man positiv oder negativ sehen. Einer meiner Vorgänger hat hier an die Wand geschrieben: „Jetzt weiß ich endlich, was mir dauernd auf die Nerven geht – ich selber."

Täglich muß ich etwas für den Versuch tun. Jedesmal, wenn ich esse, aufstehe, zu Bett oder auf die Toilette gehe, fülle ich Skalen oder Fragebögen aus. Dann mache ich einen Reaktionstest, der macht sogar Spaß. Alles, was ich tun will, muß ich zuvor mit einem Knopfdruck ankündigen, damit es registriert wird.

Die ersten Tage hat mich die Temperaturmessung ziemlich gestört. Ein Rektalfühler steckt im Hintern; er ist so dick wie ein Bleistift, und das habe ich zunächst als sehr unangenehm empfunden. Noch dazu ist er durch ein Kabel mit einem Aufzeichnungsgerät verbunden, und die zugehörige Steckdose hängt oben an der Decke mitten im Raum. Ich laufe also ständig mit einem sechs Meter langen „Schwanz" herum, so lang ist das Kabel nämlich. Inzwischen stört es mich nicht mehr, ja, ich bemerke es kaum noch.

Nach meinem „Mittagessen" war ich auch heute etwas schlapp und müde, aber am „Nachmittag" konnte ich natürlich nicht ins Bett gehen, zumal es ja mein „eigener" Nachmittag ist. Mein Gefühl sagte mir, daß dieser Tag noch nicht abgeschlossen war, und so überwand ich die Müdigkeit. Später an meinem Nachmittag bekam ich Lust auf Bewegung. Auf dem Zimmerfahrrad kam ich gehörig ins Schwitzen. Anschließend las ich wieder konzentriert und mit Freude. Irgendwann kam der Gedanke oder eigentlich das innere Bedürfnis, mir etwas zu kochen. So bereitete ich mir ein köstliches Mahl, dafür nahm ich mir die Zeit. Die habe ich hier. Dann füllte ich die Fragebögen und Bestellzettel für Essen, Getränke und Bücher aus. Seitdem schreibe ich Tagebuch. Gleich lege ich alles in die Schleuse, weil ich jetzt das Gefühl habe: Es ist genug mit „heute". „Meine" Nacht beginnt damit, daß ich auf den Informations-Knopf drücke, der den Versuchsleitern draußen signalisiert, daß ich jetzt schlafen gehe; anschließend lösche ich das Licht.

Tageslauf

Aufwachen	*Jedesmal, wenn Sie aufwachen (auch ohne anschließend aufzustehen), bitte den Aufwachknopf drücken.*
Tagesbeginn	*Wenn Sie beschließen, Ihren Tag zu beginnen, bitte das Bettlicht einschalten. Im allgemeinen heißt das, daß Sie anschließend aufstehen. Bitte das Bettlicht den ganzen Tag über brennen lassen, bis Sie beschließen, Ihren Tag zu beenden.*
Eigenschaftsliste	*Danach bitte Eigenschaftsliste ausfüllen[10].*
Tageslauf	*Bitte während des Tages nicht auf dem Bett liegen oder sitzen.*
Kleidung	*Bitte möglichst immer gleich warme Kleidung anziehen. Für Ihre Behaglichkeit die Raumtemperatur entsprechend einstellen.*
Thermo-Fühler	*Nur in Ausnahmefällen ablegen (Stuhlgang, Duschen).*
Urin	*Bitte jeden Urin in eine Flasche geben, Urinknopf fest drücken und die erscheinende Nummer ins Protokollblatt eintragen; die gleiche Nummer auf ein Zettelchen schreiben (mit Ihren Anfangsbuchstaben) und mittels Tesafilm auf die Urinflasche kleben. Urin-Flasche im Schleusen-Eisschrank deponieren.*
Tests (Urin)	*Bitte nach jedem Urin folgende Tests ausführen:*
1.	*10-sec-Schätzung: die elektrische Stoppuhr einschalten (Kontrollicht brennt), im Sekundentempo bis 10 zählen und Stoppuhr wieder ausschalten.*
2.	*Reaktionstestgerät*
3.	*Selbsteinstufung: bitte füllen Sie je einen Selbsteinstufungsbogen aus und legen ihn in die Schleuse.*

Stuhlgang	*Bitte Stuhlgang-Knopf fest drücken und die erscheinende Nummer (nur die letzten beiden Stellen) ins Protokollblatt eintragen.*
Mahlzeiten	*Bei jeder Mahlzeit (nicht bei kleiner Zwischenmahlzeit) bitte den Mahlzeit-Knopf fest drücken und die erscheinende Nummer (nur die letzten beiden Stellen) ins Protokollblatt eintragen. Die Zahl der Mahlzeiten pro Tag ist freigestellt; falls Sie die „normalen" drei Mahlzeiten pro Tag einnehmen, bitte zusätzlich mit einem Buchstaben vermerken (F=Frühstück; M=Mittagessen; A=Abendessen).*
Mittagsschlaf	*Bitte nach Möglichkeit Mittagsschlaf vermeiden. Wenn er unvermeidlich ist, bitte zu Beginn und Ende Mittagsschlaf-Knopf fest drücken und mit geschätzter Schlafdauer ins Protokoll eintragen.*
Protokoll	*Bitte für jedes „Ereignis" (Urin, Stuhlgang, Mahlzeit, Mittagsschlaf) eine neue Zeile im Protokollblatt benutzen, falls nicht zwei Ereignisse nahezu gleichzeitig sind. Alle Besonderheiten ins Protokollblatt eintragen, vor allem etwa vergessene Knopfdrucke (in solchen Fällen beim nächsten Mal zweimal fest drücken, damit die Nummer wieder stimmt).*
Tagesbericht	*Tragen Sie bitte ein, was Sie während des Tages beschäftigt hat (Näheres siehe Vordruck).*
Tagesende	*Vor dem Ins-Bett-Gehen Protokollblatt, Tagesbericht und sonstige Blätter (dazu alle 2 – 4 Tage einen Bestellzettel) in die Schleuse legen. Beim Beschluß, den Tag zu beenden, Bettlicht löschen.*

Kapitel 6
Menschen in zeitloser Umgebung – wenn Rhythmen frei laufen

Der 16. Oktober 1974 war der letzte der einunddreißig Tage, die Versuchsperson 182 in der Isolation im Andechser Bunker verbringen sollte. In diesen einunddreißig Kalendertagen war sie durchgehend kooperativ gewesen, hatte ihre subjektiven Tage im Bunker gewissenhaft gezählt, täglich signalisiert, wann sie schlafen ging und ihre „Nacht" begann und wann sie wieder aufstand, um ihren „Tag" zu beginnen. Sie hatte alle Fragebogen ausgefüllt, alle Tests durchgeführt und regelmäßig Tagebuch geschrieben, genau wie es vereinbart war. Über die Schleuse hatte unser[11] gesamtes Schichtdienst-Team – wie in den meisten Fällen – eine Art Vertrautheit mit ihr entwickelt. Sie hatte gerade gefrühstückt, da kündigten wir ihr unseren Besuch an. Daraufhin fragte sie ganz gefasst, ob irgendetwas Schlimmes geschehen sei, schließlich sei doch der sechzehnte Oktober vereinbart, und heute sei schließlich erst der fünfzehnte.

Als wir Versuchsperson 182 mitteilten, es sei durchaus der sechzehnte, fühlte sie sich erst verschaukelt, wurde dann ernsthaft böse auf uns und argwöhnte schließlich, das sei jetzt ein besonders perfider Test, womöglich einer zur Erzeugung von Ärger, und ein ziemlich überflüssiger außerdem. Sie glaubte uns kein Wort, und das Vertrauen schien beinahe verspielt. Wie die meisten ihrer Isolations-Kollegen vorher und nachher ließ sie sich erst durch die Zeitung vom Tage wenigstens davon überzeugen, dass wir sie nicht gezielt belogen hatten.

Anders als der Erdentag

Subjektiv hatte unsere Versuchsperson völlig recht. Sie hatte tatsächlich noch nicht einmal dreißig Tage hinter sich, allerdings „subjektive, innere Tage". Der Grund dafür ist gleichzeitig das wichtigste Ergebnis sämtlicher Isolationsstudien: Der „subjektive" Tag dauert in der Regel länger als der astronomische. Die inneren Tage der Versuchsperson 182 hatten sich auf 25,0 Stunden gedehnt, und das ist absolut typisch.

Dauert ein „subjektiver Tag" aber 25 Stunden, so ist jeder einzelne von ihnen um eine Stunde länger als ein geographischer Tag; nach einunddreißig Kalendertagen „geht" deshalb der „persönliche Kalender" im Vergleich zum astronomischen um genau 31 Stunden „nach". Diese 31 Stunden „fehlen" deshalb am Ende – das ist ein voller Kalendertag plus sieben Stunden. Von daher konnte die Versuchsperson nach ihrer persönlichen Rechnung tatsächlich erst am dreißigsten Tag sein, als wir erschienen.

Nun traut der Mensch immer zuallererst dem, was er wahrnimmt, und zwar nicht aus Rechthaberei, sondern weil sein Gehirn so funktioniert. Das hat gute Gründe – wäre es anders, würden wir nämlich ständig an unseren Wahrnehmungen zweifeln und das würde uns an jedem normalen Leben hindern. Wenn nun wie in diesem Fall die Außenwelt ganz offensichtlich nicht zu der eigenen Wahrnehmung passt, führt das zu einem kognitiven Konflikt. Er ist kaum aufzulösen und bereitet deshalb extremes Unbehagen; in der Regel blendet man deshalb kurzerhand diejenige Information aus, die der Wahrnehmung widerspricht. Eine Zeitung vom vermeintlich „nächsten" Tag würde einen aber in noch tiefere Zweifel stürzen, weil es die nun wirklich nicht geben kann. Diese Erkenntnis führte dann leider bei manchen Bunker-Leuten zu Verwirrungen.

Doch das hielt immer nur kurz an. Immerhin ergaben sich bei allen Freilauf[12]-Versuchen in Andechs – und später auch anderswo – in etwa die gleichen Ergebnisse: Selbst wenn Menschen im „Freilauf" keinerlei Hinweis auf die äußere Zeit bekommen und mit keinem Menschen in direkten Kontakt treten, halten sie einen regelmäßigen Rhythmus von Bettruhe und Aktivität aufrecht. Im Wesentlichen verteilen sie an ihren „subjektiven" Tagen immer gleich viel Zeit auf Schlafen und Wachen, nämlich etwa ein Drittel Schlaf und zwei Drittel Aktivität. Bleibt jemand unter Tage einmal länger auf, schläft er oder sie anschließend etwas kürzer; der Abstand zwischen den Aufsteh-Zeitpunkten bleibt also weitgehend gleich. Betrachtet man die Zeit von einem Aufstehen bis zum nächsten als einen „subjektiven" Tag im „Freilauf", dann pendelt sich deren Dauer bei jedem Menschen ein – individuell verschieden, aber bei ein- und demselben Menschen konstant.

So konnten Jürgen Aschoff und Rütger Wever schon mit den ersten Bunker-Versuchen, in denen Menschen ohne Zeitinformation lebten, die alte Idee widerlegen, äußere Zeitinformationen würden die Rhythmen verursachen. Sie belegten vielmehr, dass tatsächlich innere, endogene „Uhren" existieren und die Rhythmen steuern müssen – genau das, was sie vermutet hatten.

Je mehr Versuchspersonen allerdings im „Freilauf" gelebt hatten, umso klarer kristallisierte sich zusätzlich etwas heraus, was sie keineswegs erwartet hatten: Die Uhren schlagen nur ganz selten im 24-Stunden-Rhythmus. Beim größten Teil der Versuchspersonen takten sie 25 Stunden, bei einigen sogar 26 Stunden oder mehr. Nur bei wenigen Menschen entsprach die Dauer der Freilauftage den astronomisch „normalen" 24 Stunden oder gar weniger. Mittelt man die subjektive Tageslänge vieler „Freilauf"-Versuchspersonen, ergeben sich ebenfalls 25 Stunden. Das gilt für das normale Vorgehen bei den Versuchen zur Inneren Uhr, wie es in Kapitel 5 beschrieben ist. Es ist nur dann teilweise anders, wenn die Versuchspersonen ein Nickerchen halten dürfen (Kapitel 10).

Ungleichzeitigkeiten – Körpertemperatur und Schlaf-Wach-Rhythmus

Natürlich beschränkte man sich in den Bunkerversuchen nicht darauf, zu erfassen, welche Rhythmen von Schlafen und Wachen die Versuchspersonen entwickelten. Wie es Versuchsperson 182 beschreibt, füllten alle täglich mehrere Fragebogen aus und machten psychologische Leistungstests. Außerdem wurde kontinuierlich ihre Körpertemperatur gemessen – in guter Tradition der alten klinischen Rhythmusforscher. Auf diese Weise wissen wir inzwischen nicht nur vieles über die Temperaturen von Kranken und Gesunden im gewöhnlichen Alltag, sondern auch von Gesunden im „Freilauf".

Die Messung der Körper-Kern-Temperatur ist übrigens eine europäische Besonderheit, die bei unseren amerikanischen Kollegen immer wieder völliges Erstaunen, wenn nicht pures Entsetzen hervorrief. Wie unsere Versuchsperson 182 in Kapitel 5 berichtete, maßen wir die Körpertemperatur mit einem Temperaturfühler im After, genau wie das Fieber damals auch gemessen wurde. Nun sind US-Bürger bekanntlich wissenschaftsgläubiger als wir Europäer und lassen fast alles klaglos über sich ergehen, wenn es nur der Forschung dient. Aber um mit einem Rektalfühler herumzulaufen und noch dazu für längere Zeit – dafür waren sie damals noch zu prüde. Sie maßen die Temperatur dann lieber am Bauchnabel oder im Ohr, mit dem Nachteil, dass dort keine Körper-Kern-Temperatur zu finden ist.

Außerhalb des Bunkers – im normalen Leben – schwingt die menschliche Körpertemperatur einmal in 24 Stunden, genau wie Schlafen und Wachen. Egal was wir tun: Am kühlsten sind wir regelmäßig gegen drei Uhr morgens, also in der zweiten Hälfte der Nacht. Das haben alle schon am eigenen Leib gespürt, die je um diese Zeit wach waren; in der Kneipe oder beim Waldspaziergang, vor einer Prüfung oder im Nachtdienst – wer um drei Uhr früh noch wach ist, bekommt Hunger, fröstelt und hat das Gefühl, sich wärmer anziehen zu müssen; außerdem sackt die Stimmung ab – man hat die Zeit des Temperaturminimums auch unsere „biologische Geisterstunde" genannt. Normalerweise nehmen wir die „Geisterstunde" gar nicht wahr, weil wir schlafen. Nur wie tief wir schlafen, hängt nicht an dieser Stunde – ob wir träumen oder nicht, ob wir tief oder leicht schlafen, hat nämlich mit etwas ganz anderem zu tun: damit, wann in dieser Nacht wir zu schlafen begonnen haben (Kapitel 9).

Im „Freilauf" des Bunkers beträgt der Rhythmus von Schlafen und Wachen bei der einen Hälfte der Versuchspersonen ziemlich konstant 25 Stunden. Bei der anderen finden sich aber abschnittsweise Periodenlängen bzw. subjektive Tage von fünfzehn bis zwanzig Stunden Dauer. Bei den einzelnen Versuchspersonen sind diese Schlaf-Wach-Rythmen ausgesprochen unregelmäßig, so dass diese subjektiven Tage alles andere als in einem stabilen Rhythmus verlaufen. Ganz anders ist es mit dem Rhythmus der Körpertemperatur, der bei allen ziemlich gleich ist. Seine Periodenlänge beträgt 25 Stunden – bei praktisch allen Versuchspersonen und völlig unabhängig davon, wie chaotisch das Schlaf-Wach-Muster ist. Das hat mehr Konsequenzen, als man zunächst vermuten würde.

Im normalen Leben und bei den regelmäßigen 25-Stunden Schlaf-Wach-Rhythmen im Freilauf sind die Rhythmen der Temperatur und von Schlafen und Wachen gleich lang – man sagt: Sie haben gleiche Periodenlänge. Außerdem liegt der tiefste Punkt der Körpertemperatur grundsätzlich in der zweiten Hälfte des Nachtschlafs, im Bunker in der ersten Hälfte – man sagt: Die Rhythmen von Temperatur und Schlafen und Wachen haben eine feste Phasenbeziehung zueinander. Haben zwei biologische Rhythmen sowohl gleiche Periodenlänge als auch eine feste Phasenbeziehung, spricht man von *interner Synchronisation*, die beiden Rhythmen schwingen also von innen (intern) heraus gleichzeitig (synchron). Sind biologische Rhythmen intern synchronisiert, sagt das noch nichts darüber aus, ob der eine den anderen verursacht oder ob es etwas Drittes gibt, was beide steuert.

Da nun unsere Geräte alle zeitgleichen Informationen untereinander aufs Papier zeichneten: ob die Beleuchtung brannte oder nicht, ob das subjektive Signal der Versuchsperson gerade auf Schlafen oder Wachen stand, ob sich die Matratze bewegte oder nicht, konnten wir die Höhe der Körpertemperatur unmittelbar mit all diesen anderen Informationen vergleichen. Das zeigte uns: Bei den Versuchspersonen, deren Schlaf-Wach-Rhythmen unregelmäßig waren und zwischen zwölf und fünfzig Stunden dauerten, liefen die Rhythmen von Körpertemperatur und Schlafen und Wachen auseinander. Sie „desynchronisierten".

Bei dieser internen Desynchronisation verschiebt sich der Verlauf der beiden Rhythmen gegeneinander und sie haben keine feste Phasenbeziehung mehr. Falls nun der Schlaf-Wach-Rhythmus kürzer ist als der Temperaturrhythmus, verschiebt sich das Temperaturminimum aus der anfänglichen Position in der Schlafzeit (subjektive Nacht) in den subjektiven Vormittag, ein paar Tage später in den frühen Abend und so fort. Ist der Schlaf-Wach-Rhythmus dagegen länger als der Temperaturrhythmus, verschieben sich Schlafen und Wachen gegenüber der Temperatur in die andere Richtung. So befindet sich bei den Versuchspersonen mit unregelmäßigen subjektiven Tagen die Temperatur mal zu Schlafbeginn im Minimum, mal während des subjektiven Tages. Trotz dieses unregelmäßigen Hin und Her bevorzugen aber auch sie eine ganz bestimmte Phasenposition zum Schlafen: das Temperaturminimum.

Solche Verschiebungen der einzelnen Rhythmen gegeneinander nennt man *spontane interne Desynchronisation*. Sie ist keineswegs nur von wissenschaftlichem Interesse, sondern wirkt sich spürbar auf das allgemeine Wohlbefinden aus – negativ. Viele Andechser „Desynchronisierer" wurden immer wieder scheinbar grundlos trüber Stimmung und konnten sich zeitweise nur schwer konzentrieren. Nachträglich stellte sich heraus, dass sie sehr wohl einen Grund hatten: Es passierte nämlich genau dann, wenn ihr Temperaturminimum mitten in ihrem „subjektiven" Tag lag und sie zu diesem Zeitpunkt etwas tun wollten.

Bei einigen Menschen desynchronisieren Körpertemperatur und Schlaf-Wach-Rhythmus auch ohne Bunker und im üblichen Zeitsystem. Sie haben dann zum Beispiel einen Tag von mehr als 24 Stunden; dann verschieben sie ihre Schlafzeit täglich, aus der Nacht in den Morgen, in den Nachmittag, in die nächste Nacht und so weiter. Bisher wissen wir nicht, warum sie das tun, aber wir wissen, dass es keine Bagatelle ist. Es wirkt sich nämlich genauso aus wie im Bunker auch: Stimmung und Leistungsfähigkeit sacken ab, und manche Menschen entwickeln Schlafstörungen (Kapitel 13). Das kann sehr unangenehm sein. Immerhin belegt das Phänomen Desynchronisation – ob im „Freilauf" oder im normalen Leben –, dass die Temperatur ein Repräsentant der inneren Rhythmen ist, der besonders stark festgelegt ist und ausgesprochen autonom schwingt. Sie bleibt bei ihrer stabilen Periodik. Die Schlafphase dagegen ist „unzuverlässig" und schwankt; sie kehrt aber trotzdem immer wieder zielsicher zum Temperaturminimum, damit zur Nachtzeit und zur „richtigen" Phasenposition zurück, selbst wenn dadurch ein „Tag" extrem kurz oder lang wird.

In gewissen Grenzen unterliegen Schlafen und Wachen unserer eigenen willentlichen Einteilung; das ist bei der Temperatur nicht der Fall. Die Körpertemperatur wird offenbar direkter von der Inneren Uhr gesteuert, sie gibt die optimalen Zeiträume für den Schlaf und das Wachsein vor. Schlafen und Wachen dagegen scheinen selbst weniger eindeutig und genau von innen gesteuert. Sie hängen zwar an der Inneren Uhr, die alle Funktionen beeinflusst, takten aber ausgesprochen „unzuverlässig". Das gibt uns eine gewisse Freiheit mitzubestimmen, wann wir schlafen gehen. Der Nachteil: Es ist eine Quelle für Schlafstörungen (Kapitel 13).

Zeitisolation in der Gruppe

Normalerweise lebten die Versuchspersonen im Bunker alleine. Wie aber verhalten sich die Rhythmen, wenn Menschen zwar von der Zeit isoliert sind, aber nicht von allen anderen Menschen?

Um diese Frage zu klären, gab es in Andechs mehrere Versuche mit Gruppen von zwei oder vier Personen. Für die „Isolationsgemeinschaften" der vier wurde eine dreifache Tür geöffnet, die sich zwischen den beiden Bunkerräumen befindet und sonst fest verschlossen ist. Damit bildeten die Räume gemeinsam eine kleine Zwei-Zimmer-Wohnung. Einige Gruppen bestanden aus Personen, die sich kannten, es kamen aber auch Versuchspersonen zusammen, die sich dort erst kennenlernten. Die Anweisungen lauteten wie bei den Einzelversuchen: Alle sollten so leben, wachen und schlafen, wie sie wollten.

In den meisten Fällen lebten die vier Versuchspersonen einträchtig zusammen, und ihre biologischen Rhythmen waren genauso einträchtig. Sie lebten also ziemlich parallel, frühstückten zusammen und aßen gemeinsam zu Mittag und zu Abend. Die Atmosphäre war in allen Fällen durchgehend harmonisch, Isolation und Zeitlosigkeit wirkten sich keineswegs belastend oder gar als Stressfaktor aus.

In einem Fall allerdings wich eine der vier Versuchspersonen rhythmisch von den übrigen ab. Ihr eigener Rhythmus war kürzer als der der anderen, und nach diesem lebte sie auch. Sie ging ihren eigenen Gang. So gab es bei dieser Gruppe im Bunker Tage, an denen diese Versuchsperson frühstückte, während die anderen zu Abend aßen. Die Harmonie war dadurch nicht beeinträchtigt.

Abgesehen von dieser Ausnahme lebten alle Vierergruppen nach einer gemeinsamen Periodik. Dennoch blieb unklar, worauf die schließlich gemeinsame Periodik beruhte: Stellte sie einen Mittelwert eigentlich unterschiedlicher individueller Perioden dar oder setzte sich jeweils eine der Persönlichkeiten durch?

Das untersuchten wir in Experimenten mit jeweils zwei Versuchspersonen. Diese lebten immer die ersten beiden Wochen jeweils alleine in einem der beiden Bunkerräume, und am fünfzehnten Tag öffneten wir die Verbindungstür zwischen beiden Räumen. Bei einem dieser Versuche waren wir spontan beeindruckt, wie gegensätzlich die beiden Versuchspersonen von ihrer Persönlichkeit her waren. Sie: bestimmend und selbstsicher, er: außergewöhnlich kompromissbereit und eher unsicher. Während sich die Versuchspersonen der Wiedersehensfreude hingaben, schlossen wir außerhalb des Bunkers Wetten darüber ab, wie der Versuch weiterlaufen würde – die beiden hatten nämlich in den ersten zwei Wochen nach sehr unterschiedlichen Schlaf-Wach-Rhythmen gelebt. Der Rhythmus der Frau war 26,5 Stunden lang und der des Mannes 24,8. Sofort nach dem Öffnen der Tür kamen die beiden zu einem gemeinsamen Rhythmus. Er dauerte 26,5 Stunden. Das sah nicht nach Kompromiss aus. Wer aus naheliegenden Gründen gewettet hatte, dass die selbstsicherere Persönlichkeit sich durchsetzen würde, hatte gesiegt.

Ultradiane Rhythmen – Tagschlaf bei „Freilauf"-Versuchen

Ursprünglich sollten die Andechser Versuchspersonen während ihrer „Freilauf"-Tage drei Mahlzeiten zu sich nehmen. Das taten sie auch, selbst wenn ihre Inneren Uhren deutlich mehr als 24 Stunden pro Tag vorgaben und ihre Rhythmen nachhaltig desynchronisierten. Dabei aßen sie nicht mehr als gewöhnlich. Rein statistisch hatten sie deshalb nach 25 astronomischen Tagen automatisch einen vollen Tag „gefastet", ohne je einen Gedanken an die Nahrungsmenge verschwendet zu haben. Dass die Leute in der Isolation aber reihenweise abgenommen hätten, ist trotzdem ein Gerücht. In späteren Versuchen durften sie dann essen, wann sie wollten. Essgestörte waren ohnehin ausgeschlossen.

Gelegentlich genehmigten sich Versuchspersonen nach ihrer „Mittags"-Mahlzeit etwas, was sie ursprünglich vermeiden sollten und was bis heute in den meisten chronobiologischen Arbeitsgruppen verboten ist: ein Mittagsschläfchen. Schließlich geht es in der Chronobiologie um die Frage nach zirkadianen Rhythmen und damit nach Tag und Nacht. Bei uns durften sie notfalls zu ihrem „subjektiven" Mittag schlafen, unter der Bedingung, dass sie es im Tagesprotokoll vermerkten. Wir hatten das der Vollständigkeit halber vorgesehen, analysierten diese Informationen aber lange nicht speziell.

Als wir es doch taten, stellten wir Unerwartetes fest. Manche dieser Mittagsschläfchen dauerten nämlich unverhältnismäßig lange. Da alle unsere Aufzeichnungen pro Zeiteinheit auf dem Papier untereinander standen, konnten wir problemlos vergleichen, was sich bei diesen Versuchspersonen um die Zeit des Mittagsschlafs sonst noch so zutrug. Das war alles andere als zufällig. Gelegentlich legten sich die Versuchspersonen zu einem kurzen „Mittagsschlaf" hin, wenn ihre Körpertemperatur relativ hoch war. Das war nichts Besonderes und in Ordnung.

Bei anderer Gelegenheit bezeichneten sie aber etwas als „Mittagsschlaf", was schließlich so lang dauerte wie ein Nachtschlaf. Warum sie diesen langen Schlaf „Mittagsschlaf" nannten, hing offenbar damit zusammen, dass ihr „Vormittag" relativ kurz gewesen war. Obwohl diese Versuchspersonen richtig müde waren, hatten sie das Gefühl, dass ihr Tag noch nicht zu Ende war. Daher bezeichneten sie den Schlaf kurzerhand als Mittagsschlaf. Wie lange dieser Schlaf, den sie als Mittagsschlaf deklarierten, dann tatsächlich dauerte, hatte ganz klar mit der Körpertemperatur zu tun, war also von der Inneren Uhr gesteuert: Falls die Körpertemperatur der Versuchspersonen zu Schlafbeginn gerade hoch war, waren es maximal zwei Stunden, also eine Zeit, die unter Umständen noch als Mittagsschlaf gelten kann. War die Temperatur dagegen zu Siesta-Beginn gerade tief, dann konnte das Schläfchen viele Stunden dauern – der überlange „Mittagsschlaf" war eigentlich ein „Nachtschlaf".

Als wir das wussten, konnten wir den Mittagsschlaf nicht mehr als unerheblich beiseite lassen. Im Gegenteil: Wir stürzten uns darauf. Ab sofort durften neue Versuchspersonen so viele Nickerchen halten, wie sie wollten. Nun ist die Zeit im Bunker nebenbei eine spezielle Form von Rückzug auf sich selbst, auf eigene Bedürfnisse und natürlich auch auf die eigene Zeit, ganz unabhängig davon, was man den Versuchspersonen erzählt. Insofern waren alle auch ihren eigenen Bedürfnissen gegenüber toleranter als sonst. Wir können davon ausgehen, dass ab dem Zeitpunkt, wo wir ausdrücklich zur Siesta ermunterten, all diejenigen ein „Mittags-"Schläfchen hielten, die Lust darauf verspürten. Das war vorher nicht sicher gewesen. Unter dieser Bedingung schliefen siebzig bis achtzig Prozent der Versuchspersonen auch „mittags".

Chronochaos – Langeweile und Tagschlaf

Ab 1984 machten wir den Tagschlaf direkt zum Thema. In den Freilauf-Versuchen konnte jede Testperson immer nach eigenem Geschmack entscheiden, was sie in der Zeitlosigkeit tat, und dafür auch jederzeit Bücher, Schreibmaterial oder Musik ordern. Mit unserer Experiment-Form ab 1984 wollten wir herausfinden, ob der Mittagsschlaf eine Art individueller Marotte ist, oder ob er notwendig zum inneren zirkadianen Rhythmus gehört und nur in unserem vermeintlich normalen Alltag eben „verboten" ist. Eine Frage dabei war, ob man die chronobiologische Ordnung durchbrechen kann; deshalb nannten wir das Ganze „Chronochaos-Experimente".

Bei einem Typ der Chronochaos-Experimente, den sogenannten „Disentrainment-Versuchen", lebte die Versuchsperson nur drei Tage im Bunker, dafür aber in einer besonders monotonen Situation. Sie hatte keinerlei Material, womit sie sich beschäftigen konnte, und sollte den Tagesablauf möglichst auch nicht gezielt strukturieren. Sie sollte lediglich immer dann essen und schlafen, wann ihr danach war. Das Essen war allerdings genormt, damit sich über die Art der Mahlzeiten kein Tageszeitunterschied einschleichen konnte. Sobald die Person etwas essen wollte, konnte sie entweder Obst oder ein Päckchen einer Diätmahlzeit zu sich nehmen. Andere Wahlmöglichkeiten gab es nicht.

In diesen Situationen schliefen unsere Versuchspersonen nicht nur während ihrer „subjektiven" Nacht zu Beginn des

Temperaturtiefs, sondern zwölf Stunden nach Beginn der ersten Schlafperiode ein zweites Mal, wenn auch kürzer. Das bedeutet: Sobald die Situation keine sinnvolle Anregung mehr bietet außer Essen, schwingt der Schlaf-Wach-Rhythmus offenbar zweimal in 24 bzw. 25 Stunden. Dieses Muster entspricht dem von drei- bis sechsjährigen Kindern.

Das regelmäßige zwölfeinhalbstündige – zirkasemidiane – Schlaf-Wach-Muster überlagert das zirkadiane im Bunker bereits am ersten Tag allein dadurch, dass man das Aktivitätsniveau senkt. Es gibt keine andere Ursache dafür. Man kann es deshalb berechtigt als von innen gesteuert betrachten. Dennoch verteilen sich Schlafen und Wachen weiterhin stabil zirkadian, da die Versuchspersonen in der „Nacht" mehr schlafen als am „Tag". Aber damit gab es einen Hinweis darauf, dass es möglicherweise noch andere kürzere Rhythmen gibt, die irgendwie im Untergrund arbeiten – echte ultradiane Rhythmen.

Dafür verschärften als erste die Briten David Minors und Jim Waterhouse die Versuchsbedingungen und nannten die Prozedur *constant routine*. Bei der *constant routine* liegt die Testperson länger als 24 Stunden ohne Unterbrechung im Bett und darf sich überhaupt nicht mehr beschäftigen und auch nicht schlafen – eine Situation, die man nur als extrem langweilig bezeichnen kann. Aufstehen durften die Versuchspersonen nur, wenn sie zur Toilette mussten, zum Essen konnten sie sich bei den ausreichend vorhandenen Snacks am Nachttisch bedienen.

Unsere Andechser *constant routine* dauerte zweiunddreißig Stunden, und wir nannten sie „Bettruhe". Dabei konnten die Versuchspersonen wenigstens schlafen, wann sie wollten. Bei der Bettruhe-Bedingung änderte sich das Schlaf-Wach-Muster noch einmal stark. Die Versuchspersonen schliefen jetzt vier Mal: zusätzlich zu nachts und mittags zwischen dreizehn und vierzehn Uhr noch zwischen neun und zehn und zwischen siebzehn und achtzehn Uhr. So hatte der Tag jetzt drei Schlafgipfel. Zwischendurch waren Bettruhe-Versuchspersonen wach, selbst um fünf Uhr morgens waren sie tendenziell eher wach.

Unter *Bettruhe*-Bedingungen gibt es also plötzlich eine ultradiane Rhythmik mit vier Stunden Phasenlänge; sie sieht genauso aus wie die der Kinder mit drei Monaten, einem Alter, in dem Kinder unausweichlich mehr oder weniger untätig sind, genau wie die Bettruhe-Versuchspersonen. Im hohen Alter kann sich dieser Vier-Stunden-Rhythmus wieder einstellen. Dieser ultradiane Vier-Stunden-Rhythmus scheint ein Muster zu sein, das immer unterschwellig aktiv ist und jederzeit hervortreten kann. Chronobiologen sehen in diesen *constant routine*-Untersuchungen jedenfalls einen weiteren Beleg dafür, dass allen Rhythmen ein ultradianer Vier-Stunden-Rhythmus unterlegt ist – auch wenn er sich beim Erwachsenen nur dann zeigt, wenn er krank im Bett liegt.

Kapitel 7
Zeitgeber – wie die unterschiedlichen Rhythmen zusammenkommen

Die Andechser Versuche haben gezeigt, dass es mindestens eine zirkadiane Innere Uhr gibt, wahrscheinlich sogar viele. Leben Menschen im Bunker so, dass sie keine Information über die Zeit auf der Erde haben und gleichzeitig frei ihre Schlaf- und Wachzeiten wählen können – also im „Freilauf" –, dann arbeiten die Inneren Uhren im Mittel im 25-Stunden-Takt.

Tatsächlich ist der astronomische Tag eine volle Stunde kürzer als der unserer Inneren Uhr, und dennoch leben wir mit dieser Vorgabe der Erdumdrehung problemlos. Ganz offensichtlich passen sich also unsere Rhythmen dem 24-Stunden-Tag perfekt an, zumindest so lange, wie wir gesund sind. Der Grund dafür kann nicht einfach Gewohnheit sein oder die Tatsache, dass wir eben nie im Bunker lebten und deshalb unsere inneren Rhythmen gar nicht „kennen". Sobald nämlich unsere Versuchspersonen den zeitfreien Bunker verlassen hatten, kehrten sie „rhythmisch" innerhalb eines Tages zum 24-Stunden-Rhythmus der Erde zurück. Irgendetwas muss also unsere Innere Uhr mit ihrem 25-Stunden-Takt auf die 24 Stunden des äußeren Tages einstellen. Es muss sie synchronisieren – ständig, und ohne dass wir es merken.

Der nächste Schritt im Andechser Bunker galt der Suche nach diesem „Etwas". Da das „Etwas" dem Organismus die Zeit von außen vorgeben muss, taufte es Jürgen Aschoff „Zeitgeber". Dieser Begriff ging in die internationale englische Fachsprache ein und konnte sich dort bis heute halten – ein inzwischen ungewöhnliches Ereignis. Aschoff hat es immer gefreut, wenn das Wort „Zeitgeber" unübersetzt in einer englischen Fachpublikation auftauchte.

Zeitgeber sind keine Uhren, weder innere noch äußere. Es sind Reize der Außenwelt, die regelmäßig auftreten oder sich verändern und dabei endogene biologische Rhythmen aufeinander abstimmen, sie synchronisieren können. Zeitgeber lassen sich nicht einfach durch Hinschauen herausfinden, wir mussten weiter experimentieren. Deshalb überlegten wir zunächst, welche Umweltreize überhaupt als Zeitgeber denkbar sind, veränderten sie dann der Reihe nach und schauten, was geschah.

Gewöhnliches Licht

Der erste und wichtigste Kandidat für einen Zeitgeber schien uns auf der Hand zu liegen: Licht. Einerseits ist (Sonnen-) Licht *das* äußere, geographische Merkmal des Tagesrhythmus. Andererseits hatten Aschoffs zoologische Mitarbeiter bereits bewiesen, dass auch elektrisches Licht bei Tieren in aller Regel als Zeitgeber funktioniert.

Dafür mussten wir die Lichtverhältnisse im Bunker festlegen, und zwar systematisch einmal so, einmal anders. Die Deckenlampe im Bunker hatte 300 Lux (Kapitel 12), der Helligkeit nach eine höchstens durchschnittliche Beleuchtung für Büroräume mit Fensterplätzen[13]. Bis dahin hatten die Versuchspersonen ihre Deckenlampe selbst bedient und sie nach eigenem Geschmack angeknipst oder nicht. Jetzt begannen wir damit, den Wechsel von Licht und Dunkel gezielt vorzugeben. Zunächst versuchten wir es mit einem künstlichen 25-Stunden-Tag im Bunker und schalteten dafür das Licht 16,6 Stunden ein und 8,4 Stunden aus. Dann verlängerten wir den „Tag" in Dreißig- oder Sechzig-Minuten-Schritten bis auf 36 Stunden; dann brannte das Licht 24 Stunden und 12 Stunden nicht. Oder wir verkürzten den Bunkertag in denselben Schritten bis auf zwölf Stunden; dann war es acht Stunden hell und vier Stunden dunkel. Immer blieben wir bei zwei Drittel Hell und einem Drittel Dunkel.

Wie wir gehofft hatten, passten sich die Leute dem künstlichen Tag-Nacht-Wechsel im Bunker erstaunlich weit an. Allerdings gingen sie beim Schlaf-Wach-Rhythmus erheblich weiter als beim Temperatur-Rhythmus. Während die Probanden Schlafen und Wachen bis zu einer „Tageslänge" von zweiunddreißig Stunden dehnen konnten, hielt die klassische autonome[14] zirkadiane Funktion Körper-Kern-Temperatur nur bis zu einem künstlichen „Tag" von 27 Stunden mit, um dann auf ihre endogenen 25 Stunden zurückzupendeln. Genauso verhielten sich alle anderen autonomen Funktionen. All diese Rhythmen „brachen" nacheinander „ab", gingen also nicht mehr mit dem Licht synchron; deshalb nennt man den Vorgang „fraktionierte Desynchronisation".

Im Gegensatz dazu hielten die Versuchspersonen ihren Schlaf-Wach-Rhythmus mit der Beleuchtung parallel, bis der künstliche Tag auf 32 Stunden ausgedehnt war. Man kann sich also leicht vorstellen, wie es weiterging: Ab einer „Tageslänge" von 27 Stunden drifteten Körpertemperatur und Schlaf-Wach-Rhythmus auseinander. Diesen Vorgang haben wir „erzwungene interne Desynchronisation" genannt.

Das sah danach aus, als sei das Licht der entscheidende Zeitgeber, aber nur auf den ersten Blick. Schließlich hatten diese Hell-Dunkel-Bedingungen etwas von Nötigung, vor allem die dunkle Zeit. Was soll man schon machen, wenn es stockfinster ist, außer sich ins Bett legen? Deshalb mussten wir zumindest in Erwägung ziehen, dass die Ergebnisse nicht mehr als folgendes besagten: Falls Menschen in der Dunkelheit keine realistische Alternative zum Schlafen haben, falls das zeitliche Verhältnis von Hell zu Dunkel eins zu zwei beträgt und falls Menschen überhaupt motiviert sind, ein Experiment mit „künstlichen Tageslängen" mitzumachen – dann können sie eine Schlaf-Wach-Periode bis auf 32 Stunden ausdehnen. Über die Innere Uhr selbst würden die Ergebnisse dann nur wenig aussagen.

Diese Möglichkeit prüften wir sofort und wandelten dafür die Versuchsbedingungen etwas ab. Bei den nächsten Experimenten verdammten wir unsere Versuchspersonen nicht mehr faktisch zur Untätigkeit, solange die Deckenleuchte ausgeschaltet war. Wir gaben ihnen zusätzlich eine Nachttischlampe, die sie völlig frei benutzen konnten. Damit konnten sie während der „Dunkelheit von oben" alles tun, wofür eine fokussierte Beleuchtung genügt, zum Beispiel lesen. Wir schalteten die Deckenbeleuchtung nicht so extrem unterschiedlich wie zuvor, aber einige Versuchspersonen bekamen längere Tage, andere kürzere, und manche bekamen auch tatsächlich Tage, die 24 Stunden dauerten. In jedem Versuch blieben aber die Tage gleich lang, eine Versuchsperson wurde also nicht verschieden langen Tagen ausgesetzt. Damit sie nicht zu rechnen anfingen, sagten wir ihnen allerdings, wir würden die Deckenbeleuchtung entsprechend den normalen 24 Stunden ein- und ausschalten.

Die Abwandlung schien klein, aber sie veränderte das Ergebnis von Grund auf. Plötzlich spielte es keine Rolle mehr, ob der künstliche Hell-Dunkel-Wechsel 25 Stunden umspannte wie die Innere Uhr, ob er 23 Stunden betrug oder 27 Stunden. Versuchspersonen, die über eine Nachttischlampe verfügen konnten, unterschieden sich nicht von Personen, die das Deckenlicht frei ein- und ausschalten durften: Sie hielten eine 25-Stunden-Periodik durch, sowohl bei der Körpertemperatur als auch bei Wachen und Schlafen. Sie schliefen, wenn sie müde waren, ob nun die Deckenleuchte brannte oder nicht. Selbst wenn der Hell-Dunkel-Rhythmus tatsächlich 24 Stunden umfasste wie der Erdentag, folgten sie diesem Rhythmus nicht, sondern pendelten sich auf die bekannten 25 Stunden ein.

Später fragten wir die Versuchspersonen, wie sie diese Situation denn erlebt hätten. Immerhin hatten sie teilweise nur mit Nachttischlampe gelebt und teilweise bei Licht geschlafen. Da bekamen wir zur Antwort, entgegen den Ankündigungen hätten wir sie keinem 24-Stunden-Tag ausgesetzt, sondern einem völlig unregelmäßigen Licht-Dunkel-Wechsel; dem hätten sie weder folgen können noch wollen, und deshalb hätten sie es so gehandhabt, wie es ihrem Inneren entsprochen hätte.

Der wissenschaftliche Schluss aus diesen Versuchen schien klar: sobald der Mensch eine Möglichkeit sieht, sich in dunklen Zeitabschnitten zu beschäftigen, ignoriert er den künstlichen Hell-Dunkel-Wechsel. Dann wirkt die 300-Lux-Deckenleuchte höchstens noch als „schwacher" Zeitgeber.

Die soziale Situation

In der Wissenschaft gibt es immer wieder Zufallsfunde, und da macht die Chronobiologie keine Ausnahme. Auf diesem Wege fanden Aschoff und Wever einen Zeitgeber, der ungemein stark wirkte.

Im Jahre 1965 begab sich ein junger Mann freiwillig in den Bunker, der sich gerade auf sein Examen vorbereitete. Damals durfte er noch sämtliche Bedingungen frei wählen, also auch die Deckenbeleuchtung (Freilauf mit Wahlbedingungen). Nachdem Aschoff und Wever damals bereits daran gewöhnt waren, meist auf 25-Stunden-Rhythmen zu stoßen, fiel der Rhythmus dieses jungen Mannes ziemlich schnell auf. Er hatte anfangs einen 25-Stunden-Rhythmus, reduzierte diesen dann aber plötzlich auf 24 Stunden und blieb dann präzise dabei. Ungewöhnliche Ergebnisse machen Wissenschaftler immer misstrauisch, und deshalb gingen sie der Sache genauer nach.

Dabei überprüften sie zunächst, wann die zuständige Technische Assistentin jeden Tag die Schleuse besucht hatte; das war im Versuchs-Protokoll vermerkt. Es war vorgeschrieben, die Schleuse jeden Tag zu einer anderen Zeit zu betreten, damit die Versuchsperson keine Regelmäßigkeiten erkennen und daraus Hinweise auf die Tageszeit ableiten konnte. Diese Assistentin nun hielt sich nicht an die Vorgabe. Pünktlich um neun Uhr legte sie in die Schleuse, was der junge Mann am Vortag bestellt hatte, und holte seine Mitteilungen, Bestellungen und ausgefüllten Fragebögen ab. Dieser wiederum hatte die Assistentin zu Beginn seiner Bunker-Zeit gesehen und sich auf den ersten Blick in sie verliebt, so dass er sehnsüchtig weniger auf die Nachrichten wartete als auf die junge Dame – obwohl er sie ja nicht sehen konnte, schließlich gingen die Türen nur abwechselnd auf (Kapitel 5). Er hatte bald herausgefunden, wann die Assistentin die Schleuse betrat und seinen Tagesablauf auf dieses Ereignis eingestellt. Auf diese Weise lebte er im Bunker einen 24-Stunden-Tag.

Der Hinweis war deutlich. Aschoff und Wever schlossen daraus, dass soziale Kontakte oder der intensive Wunsch danach ziemlich starke Zeitgeber sein müssen. Deshalb begann die Andechser Gruppe, diesen Aspekt näher zu untersuchen, wenn auch Verliebtsein ein sozialer Reiz ist, dessen Intensität kein anderer so leicht erreicht.

Eine Folge davon waren die Gruppenuntersuchungen in der Zeitlosigkeit, in denen ausnahmsweise entweder Paare oder eine kleine Gruppe von vier Personen gemeinsam in die Isolation gingen; in Kapitel 6 haben wir darüber berichtet. Bis auf die beschriebene einzige Ausnahme lebten alle diese Gruppen in einem Punkt gleich: Sie passten ihre Rhythmen aneinander an. Es ist am wahrscheinlichsten, dass sich die vier Personen jeweils in irgendeiner Form aufeinander einstellten, wenn auch kaum gezielt. Wir hatten das nicht forciert und sie hatten es nicht ausdrücklich vereinbart. Das bedeutet, dass das Zusammensein mit anderen Menschen – also die soziale Situation – sogar die endogenen zirkadianen Rhythmen verschiedener Menschen aufeinander synchronisieren kann, dass also soziale Kontakte starke Zeitgeber sein können.

Wir wollten das aber auch an Einzelpersonen untersuchen und dabei gleichzeitig prüfen, ob soziale Kontakte die Wirkung der von uns gesteuerten Deckenbeleuchtung unterstützen konnten. Dabei gab es ein Problem: Es ist unmöglich, den Bunker von außen zu betreten und dabei nicht wenigstens einen indirekten Hinweis auf die Tageszeit mitzubringen. Deshalb versuchten wir etwas anderes und benutzten Gongsignale als sozialen Reiz. Wir sagten den Versuchspersonen, der Versuchsleiter würde den Gong schlagen und damit mitteilen, er warte auf bestimmte Tests oder Materialien. In Wirklichkeit erfolgten die Gongsignale zwar mehrmals täglich, aber automatisch und regelmäßig. Für jede Versuchsperson wurde damit ein Tagesrhythmus zwischen 23 und 27

Stunden simuliert, aber sie hatte gleichzeitig die Nachttischlampe, die ja zuvor verhindert hatte, dass die Deckenbeleuchtung als Zeitgeber wirken konnte. Kamen jedoch die Gongsignale hinzu, pendelte sich der Schlaf-Wach-Rhythmus der Versuchspersonen genau auf die von Licht und Signalen gemeinsam vorgegebenen 23 bis 27 Stunden ein.

Regelmäßige andere Signale

Die Gongsignale waren also offenkundig starke Zeitgeber. Frage war nur: War es der fiktive soziale Kontakt hinter dem Gongsignal oder doch eher das Signal selbst? Womöglich genügte die Regelmäßigkeit, mit der die Reize auftraten, oder es könnte gar ein anderes Signal die gleiche Funktion erfüllen, Blitze oder sonst etwas, was nichts mit menschlichem Kontakt zu tun hat? Ging es vielleicht nur darum, dass die Versuchsperson das Signal für relevant hielt?

Letzteres würde bedeuten, dass ein Zeitgeber erst dann wirklich wirkt, wenn er einer Person persönlich wichtig ist, und auch ein sozialer Kontakt würde erst unter dieser Bedingung zum Zeitgeber. Deshalb variierten wir die Signale und koppelten sie nicht mehr daran, dass der Versuchsleiter damit etwas sagen wollte. Tatsächlich erleichterte es jedes Signal den Versuchspersonen, sich korrekt und ohne innere Probleme an äußere Zeitgeber wie einen unphysiologischen Hell-Dunkel-Wechsel zu halten.

Man kann noch weiter fragen: Erleichtern Signale die Anpassung an einen Licht-Dunkel-Wechsel oder sind sie einfach selbst die Zeitgeber? Deshalb hielten wir jetzt den Bunker konstant hell oder konstant dunkel und setzten Gongsignale als einzige Zeitgeber. Das Ergebnis war das gleiche wie bei Gong plus Hell-Dunkel-Wechsel. Die biologischen Rhythmen waren nach oben und unten zwei Stunden flexibel, der Gong synchronisierte sie auf Zeiten zwischen 23 und 27 Stunden. Der Zeitgeber war in der Tat das regelmäßige Gongsignal; ob es einmal abends und einmal morgens ertönt oder sieben

Mal am Tag, ist dabei unerheblich. Hell und Dunkel schienen deshalb wie die Gongsignale als eines zu dienen: als Struktur-Information über den Tag.

Ähnliches gilt für motorische Aktivität. Je größer der Abstand zwischen Aufstehen und Sport auf dem Zimmerfahrrad, umso länger wurde der innere Tag einer Versuchsperson. Und je früher sie damit anfing, umso kürzer wurde er – jedenfalls, wenn sie das Zimmerfahrrad nur einmal benutzte. Die Zeitpunkte von Aktivitäten strukturieren den Tag.

Selbst der Essenszeitpunkt wirkt als struktureller Zeitgeber – obwohl man zunächst das Umgekehrte vermutet, nämlich dass der Hunger selbst eine Art Innerer Uhr ist. Immer wieder hatte jemand im Freilauf einzelne längere Tage. Bereits Jürgen Aschoff konnte in diesen Fällen zeigen, dass solche Tage meist eine Besonderheit aufwiesen: Die Versuchspersonen hatten ihre Mahlzeiten später als sonst eingenommen, vor allem die Zeit zwischen Frühstück und Mittagessen war dann länger als gewöhnlich.

Es funktioniert jedoch auch umgekehrt: Bei Tieren hat man es gezielt ausprobiert und ihnen ihr Futter mal früher und mal später als gewöhnlich gegeben; das hat auch bei ihnen die Schlaf-Wach-Perioden verkürzt oder verlängert.

Gesucht: wirklich helles Licht

Eine Zeit lang waren sich die Chronobiologen einig und betrachteten Licht höchstens als schwachen Zeitgeber. Da begannen Anfang der achtziger Jahre die Amerikaner mit dem Hormon Melatonin zu forschen (Kapitel 8), weil sie vermuteten, es habe etwas mit dem Schlaf zu tun. Dabei stellten sie fest, dass der Mensch umso weniger davon produziert, je heller es um ihn herum ist.

Das brachte uns auf eine neue Idee. Vielleicht war das Licht im Andechser Bunker einfach nicht hell genug gewesen? Der Bunker wurde umgebaut und bekam über dem Schreibtisch eine Lampe, die es bis auf 5 000 Lux Helligkeit brachte. Das ist heller als draußen an einem wolkigen Wintertag, aber noch lange nicht so hell wie ein heller Sommertag; der kann es selbst in unseren Breiten (Regensburg) auf 100 000 Lux und mehr bringen (Kapitel 12).

So stellte sich Licht doch noch als extrem starker Zeitgeber heraus, unter einer Bedingung: Es muss hell genug sein. 2 500 Lux können in der Tat die Rhythmen auf Zeiten synchronisieren, die von den inneren 25 Stunden abweichen, und zwar nicht nur Schlafen und Wachen, sondern auch die viel trägere Körpertemperatur. Simuliert man künstliche Tage mit 2 500 Lux, so kann man sie bis auf einunddreißig Stunden ausdehnen, ohne dass die Körpertemperatur hinterherhinkt, sie geht bis dahin mit – das ist immerhin ein Drittel länger, als der Tag vorgibt, und es ist stabil. Umgekehrt kann man den künstlichen Tag bis auf neunzehn Stunden verkürzen, und immer noch passen sich alle zirkadianen Funktionen an: Schlafen, Wachen, Körpertemperatur, Kortisol oder Melatonin.

Allerdings darf man nicht zu weit von der Faustregel „ein Drittel Dunkel und zwei Drittel Hell" abweichen. Helles Licht kann nur dann als starker Zeitgeber wirken, wenn es ausreichend Zeit dafür hat. Weniger als sechs Stunden Licht genügen nicht einmal dann, wenn es wirklich hell ist; in diesem Fall kann es die Innere Uhr nicht mehr mit dem künstlichen Tag zusammenbringen, so dass die endogenen Rhythmen wieder zutage treten.

Praktisch ist das wichtig für den hohen Norden, wo die Tage im Winter zeitweise kürzer als sechs Stunden sind – schon in Stockholm wird es um Weihnachten herum um zehn Uhr hell und um fünfzehn Uhr wieder dunkel. Dann können die Rhythmen leichter spontan desynchronisieren, und die Menschen sind sehr viel mehr auf andere Zeitgeber angewiesen als sonst; sie brauchen dann mindestens mehr Regelmäßigkeit und soziale Kontakte, um ihre inneren Rhythmen parallel zur Erdumdrehung zu halten.

Die Helligkeit einer Bürobeleuchtung genügt für den Menschen nicht als Zeitgeber, wirklich helles Licht dagegen schon, und das ist in der Regel das Licht der Sonne. Es ist sogar der wichtigste Zeitgeber: Ohne natürliches Tageslicht können sich unsere inneren 25-Stunden-Rhythmen nur sehr schwer dem 24-Stunden-Tag anpassen.

Plötzliche Zeitverschiebungen

Wir leben heutzutage nicht mehr wie unsere Vorfahren praktisch immer in der gleichen Zeit, die einfach von der Erdumdrehung abhängt. Für viele moderne Menschen in den Industrienationen verschiebt sich die äußere Zeit öfter, und zwar plötzlich: Nachtarbeit zwingt erst zu sehr langen und dann wieder sehr kurzen „Tagen". Zeitzonenflüge bringen uns schnell nach New York, wo die Sonne sechs Stunden später aufgeht als in Mitteleuropa, oder nach Tokio, wo sie neun Stunden früher scheint. Bei der Umstellung auf die Sommerzeit im März haben wir einen 23-Stunden-Tag und bei der Rück-Umstellung im Oktober einen 25-Stunden-Tag.

Der Andechser Bunker bot sich an, um genauer zu untersuchen, wie Menschen auf solche plötzlichen Verschiebungen reagieren. Wir änderten also nicht mehr langsam die Zeiten, um zu prüfen, wie schnell sich Menschen daran gewöhnen können. Wir stellten die umgekehrte Frage: Was geschieht, wenn Menschen sich plötzlich einem um sechs Stunden längeren oder einem um sechs Stunden kürzeren „Tag" gegenübersehen? Wie fühlen sie sich, solange ihre zirkadianen Funktionen noch nicht in der „neuen Zeit" angekommen sind? Wie lange brauchen sie, bis sie dort sind, und welche Zeitgeber helfen ihnen dabei besonders?

Ändert man im Bunker die „Tageslänge" plötzlich und mit Hilfe von wirklich hellem Licht, simuliert man damit Flüge über Zeitzonen. Verkürzt man den „Tag", so simuliert man einen Ostflug – Richtung Asien –, verlängert man ihn, simuliert man einen Westflug – Richtung Amerika. Mit dem plötzlichen Wechsel geraten zunächst alle chronobiologischen Funktionen aus dem Takt, sie sind weder mit dem Außen synchron noch untereinander. Die Versuchspersonen fühlen sich wie alle, die desynchronisiert leben; sie sind zur falschen Zeit fit und zur falschen müde, sie fühlen sich abgeschlagen, leistungsunfähig und schlechter Stimmung – und das ist nicht nur ein subjektives Gefühl; jeder psychologische Test bestätigt es.

Auch hier waren helles Licht und soziale Reize von hohem persönlichem Wert am besten in der Lage, die Anpassung zu bahnen – sie waren die stärksten Zeitgeber. Am schnellsten ändern sich Schlafen und Wachen, aber bis alle zirkadianen Funktionen auf die Zeit am neuen Ort umgestellt sind und wieder synchron verlaufen, benötigten die Versuchspersonen so viele Tage, wie wir Stunden hinzugefügt oder weggenommen hatten. Allerdings gibt es dabei individuelle Unterschiede. Abendtypen stellen sich innerlich schneller auf die neue Zeit um als Morgentypen (Kapitel 9). Schneller ist außerdem, wer grundsätzlich nur kurz schläft und wessen Körpertemperatur im Verlauf eines Tages weniger stark schwankt.

Alle passten sich schneller an einen simulierten Flug nach Westen an, der den Tag verlängert, als an einen nach Osten, der den Tag verkürzt. Nach einem „Westflug" konnten sie bald wieder besser schlafen und waren tagsüber nicht mehr so müde.

Zeitgeber im Alltag

Unser Alltag findet nicht im Bunker und allein statt, sondern auf der Erde und mit anderen Menschen, und so erleben wir ständig starke Zeitgeber. Der wichtigste ist der Wechsel von Tag und Nacht mit dem Tageslicht von mindestens 2500 Lux. Weitere starke Zeitgeber sind andere Menschen und Struktur im Tag: ein geregelter Tagesablauf mit festen Zeiten für Arbeit, Sozialkontakt, Freizeitaktivitäten und Essen; nicht umsonst spricht die deutsche Sprache von *Mahlzeit*. Es ist genau dieses Geflecht von Zeitinformationen, das unsere Inneren Uhren stabil in einem 24-Stunden Rhythmus hält, den der natürliche 24-Stunden-Tag vorgibt. Ohne diese Zeitgeber würden wir im 25-Stunden-Rhythmus takten.

Ändern sich einzelne Zeitgeber – zum Beispiel, indem sie schwächer werden oder sich verschieben – oder ändert sich das ganze Geflecht, so verschiebt sich auch der Gang der Inneren Uhr: Leben wir am Wochenende zeitlich völlig anders als sonst – bleiben also abends länger wach und schlafen morgens länger –, dann fällt uns am Montag das Aufstehen besonders schwer, und der „blaue Montag" ist absehbar. Ähnliches erleben wir nach dem Urlaub, vor allem nach Flügen über mehrere Zeitzonen hinweg. Ein besonderes Problem mit all diesen starken Zeitgebern haben Schichtarbeiter, vor allem in Nachtschichten (Kapitel 13).

Möglicherweise hat es auch mit den Zeitgebern zu tun, dass ältere Menschen häufiger Probleme mit der Inneren Uhr und der äußeren Zeit haben. Sie verbringen viel mehr Zeit in ihrer Wohnung als jüngere. Dadurch begegnen sie zwei starken Zeitgebern deutlich weniger: den sozialen Kontakten und dem natürlichen Tageslicht, was dadurch verschärft wird, dass sie häufig an der Wattzahl ihrer Glühbirnen sparen. Sie haben weniger Hunger- und Durstgefühl und sind dadurch leichter in Versuchung, nicht nur weniger, sondern auch weniger regelmäßig zu essen. Damit sind alle wichtigen Zeitgeber abgeschwächt – Licht, Sozialkontakt, Mahlzeiten. So können die Inneren Uhren aus dem Takt geraten und die alten Menschen desynchronisieren. Dabei wäre es im Alter besonders wichtig, die Inneren Uhren über Zeitgeber im Takt zu halten, sind doch die chronobiologischen Rhythmen alter Menschen ohnehin schon labiler sind als die jüngerer (Kapitel 4).

Zeitgeber halten unsere Körperrhythmen im Takt. Wer Zeitgeber gezielt einsetzt, kann sich besser an veränderte äußere Zeiten anpassen und sogar einen gestörten Rhythmus wieder stabilisieren. Wir sind abhängig von Zeitgebern. Das ist keine Laune der Natur – sie garantiert uns damit vielmehr unsere zeitliche Flexibilität. Wären unsere Inneren Uhren von Geburt an fest installiert, könnten wir niemals reisen und uns auch sonst keine zeitlichen Extras leisten. Das flexible Zusammenspiel von Inneren Uhren und Zeitgebern garantiert uns auch Lebensqualität. Leider geht uns heute viel davon wieder verloren, weil wir das System inzwischen häufig überstrapazieren.

Kapitel 8
Was den Takt schlägt – Innere Uhren

Heute ist Gewissheit, was Georg Christoph Lichtenberg bereits vor zweihundert Jahren vermutete: Es gibt eine Innere Uhr. Und es gibt nicht nur eine, sondern mehrere. Daran schließen sich viele weitere Fragen an: Was sind diese Uhren eigentlich wirklich? Wo sitzen sie? Wo werden sie koordiniert und wovon?

Gene und die Tagesperiodik

Inzwischen nehmen die Chronobiologen an, dass sogar jede Zelle mindestens eine eigene Innere Uhr mit einem eigenen Rhythmus besitzt. Demnach hätten wir nicht eine, nicht zwei Innere Uhren, sondern Billionen.

Spätestens seit den vierziger Jahren des zwanzigsten Jahrhunderts konnte man in einzelligen Organismen zirkadiane Rhythmen nachweisen, doch man wusste nicht, wodurch sie entstehen. Hier brachte die Molekulargenetik wichtige Erkenntnisse. Auch deren „Haustier" Fruchtfliege[15] hat nämlich klare zirkadiane Rhythmen. Nun gibt es Fliegen, deren Rhythmen von denen der übrigen abweichen; so kann man das Erbgut dieser „Abweichler"-Fliegen mit dem der Standardfliege vergleichen. Auf diese Weise fand man bei den „Abweichler"-Fliegen tatsächlich ein bestimmtes Gen, das anders war als bei den übrigen. Man prüfte experimentell nach, ob dieses Gen etwas mit der Tagesperiodik zu tun haben könnte, und züchtete dafür einen Stamm von Fruchtfliegen, die sich ausschließlich in diesem Gen von den anderen unterschieden. Das war erfolgreich: Waren bestimmte Abschnitte in diesem Gen bei einer Fliege verändert, so hatte sie auch andere zirkadiane Perioden als die übrigen Fliegen. Es gibt also eine genetische Basis der Inneren Uhren.

Inzwischen hat man weitere Gene gefunden, die für die Steuerung der Uhren verantwortlich sind. Gene enthalten die Informationen für die Herstellung von Proteinen. Diese Informationen werden auf die sogenannte Boten-RNA (Ribonukleinsäure) kopiert – eine Art Blaupause oder „Negativ" der Erbinformation. Nach diesem Muster bilden die Ribosomen in der Zelle – quasi deren „Organe" – das Protein. Je mehr von diesen Proteinen in der Zelle vorhanden sind, umso weniger Boten-RNA bildet das Gen. Diese Feedback- oder Rückkoppelungsschleife arbeitet ungefähr in einem 24-Stunden-Rhythmus, sie könnte also die Innere Uhr charakterisieren.

Aber ganz von selbst schwingt die Protein-Synthese nur annäherungsweise im 24-Stunden-Rhythmus. Um das relativ genau zu tun, benötigt auch sie direkte Anstöße von außen, auch sie benötigt Zeitgeber. Damit wird der endogene Prozess der Inneren Uhr bereits auf molekularer Ebene, also der Ebene der Protein-Synthese, auf die notwendigen 24 Stunden justiert. Die wichtigsten dieser Zeitgeber sind Licht und Temperatur.

Ein winziges Stück Hirn koordiniert die Inneren Uhren

Falls es so viele Uhren gibt wie Zellen, dürfen sie sich nicht gegenseitig stören, sonst gerät der Organismus aus dem Gleichgewicht. Ihre Periodenlängen müssen nicht gleich sein, eine Schwingung muss nicht identisch lang dauern wie eine andere – aber sie müssen zusammenpassen.

Das kann man sich vorstellen wie in der mehrstimmigen europäischen Musik. Spielen dort mehrere Musiker zusammen, spielen sie nicht nur verschiedene Töne, sondern auch verschiedene rhythmische Muster. Das wird nur dann Musik, wenn sie sich an ein gemeinsames Zeitmaß halten; tun sie das nicht, wird es Krach. Je mehr Musiker zusammenspielen, umso schwieriger wird es für jeden Einzelnen, sich selbst und zugleich alle anderen zu hören. Deshalb benötigt ein Orchester eine übergeordnete Instanz, an der sich die einzelnen Musiker zeitlich orientieren können. Das ist der Dirigent.

Die Chronobiologen sehen auch bei den Inneren Uhren so etwas wie einen Dirigenten. Dieser übergeordnete Schrittmacher hat vier Aufgaben:

1. Er stimmt die Inneren Uhren aufeinander ab.

Es können nicht alle System gleichzeitig aktiv sein oder ruhen. Es gibt ja auch Funktionen, die sich gegenseitig ausschließen. Wir können zum Beispiel nach einer guten Mahlzeit keinen Marathonlauf machen. Starke körperliche Aktivität und Verdauungsarbeit können nur abwechselnd geleistet werden. Da der menschliche Organismus doch recht komplex ist, gibt es hier einiges aufeinander abzustimmen.

2. Er synchronisiert die Inneren Uhren mit der Außenwelt.

Jeden Morgen und auch im Verlauf des Tages erhält der übergeordnete Schrittmacher über die Zeitgeber Zeitsignale wie eine Funkuhr, um den Gang der Inneren Uhren mit der Außenwelt abzugleichen und auf Aktivität zu schalten, wenn es hell ist, und auf Ruhe, wenn es dunkel wird.

3. Er verhindert nach Möglichkeit Störungen von außen.

Auch wenn die äußeren Bedingungen mal nicht so stimmen, muss ein gleichmäßiger Verlauf der Inneren Uhren möglich sein. Eine durchgemachte Nacht bringt unsere Inneren Uhren nicht gleich durcheinander, sie spulen ihr Programm erst einmal weiter ab. Dauert die „Störung" aber länger an, dann muss der Schrittmacher Aufgabe 2 erledigen.

4. Er trifft Vorbereitungen für kommende Ereignisse.

Die Inneren Uhren folgen einem festgelegten Programm, deswegen können sie uns auf Zukünftiges vorbereiten – wenn es eben im Programm steht. Wir stehen jeden Morgen auf, das „weiß" unsere Innere Uhr und kann schon die entsprechenden Vorbereitungen treffen. So beginnt mitten in der Nacht die Kortisolausschüttung, während wir nichtsahnend schlafen. So werden wir aber vorbereitet auf den Wachzustand, und morgens wenn der Wecker klingelt, sind wir bereit.

Der „Kandidat" für den übergeordneten Schrittmacher ist ein winziger Kern im Hirn, der sogenannte „suprachiasmatische" Kern. Er besteht aus zwei Bündeln von auffallend wenig dicht gepackten Nervenzellen oder Neuronen.

Dieser Neuronenkern liegt ungefähr zwei bis drei Zentimeter schräg hinter der Nasenwurzel. Unterhalb davon treffen sich die beiden Sehnerven, einer kommt direkt vom linken und der andere direkt vom rechten Auge. Die Sehnerven leiten die visuelle Information von den Augen nach hinten ins Gehirn, wo sie weiterverarbeitet wird. Nun treffen sich die Sehnerven nicht einfach hinter der Nasenwurzel, sie kreuzen sich dort auch teilweise. Die Kreuzung selbst ist das *chiasma* (gr. „Kreuzung", nach der Gestalt des Buchstabens *chi*) *opticum* (lat. „zum Sehen gehörig"), und jeder Neuronenkern im Hirn heißt *nucleus* (lat. „Kern"). Da dieser Kern oberhalb (lat. *supra*) des *Chiasma opticum* liegt, hat er den Beinamen „suprachiasmatisch". In der Wissenschaftssprache heißt er *Nucleus Suprachiasmaticus*, abgekürzt SCN.

Bereits seit 1917 kennt man diesen Neuronenkern oberhalb der Sehbahnkreuzung; und seit damals heißt er so. Es war bald klar, dass er nicht lebensnotwendig ist, und so hatte man lange keine richtige Vorstellung darüber, wofür ihn die Lebewesen benötigen. Man hielt ihn für im Grunde überflüssig.

Erst in den siebziger Jahren entdeckte man dann, dass der SCN etwas mit den biologischen Rhythmen zu tun haben könnte. Aus den Isolationsstudien in Andechs und anderswo wusste man damals bereits, dass es Innere Uhren geben muss, aber es war unklar, was sie sind und wo sie sitzen.

Zum frühen Standardwissen der chronobiologischen Grundlagenforschung gehörte, dass Licht zumindest für Tiere der wichtigste Zeitgeber ist, und dieses Wissen stammte nicht nur aus Jürgen Aschoffs „Tierpark" in Erling-Andechs. Insofern suchte man nach Hirnstrukturen, die etwas mit Licht zu tun haben könnten. Nun waren da einerseits diese Neuronen-Kerne SCN oberhalb des *Chiasma opticum*, über das visuelle Informationen vom Auge ins Hirn weitergeleitet werden. Theoretisch könnte also der SCN diese abrufen und so auch Informationen über Hell und Dunkel, Tag und Nacht bekommen. Andererseits hatte man dem SCN bis dahin keine konkrete Aufgabe zuordnen können. Was lag näher, als in ihm den gesuchten Dirigenten für die Inneren Uhren zu vermuten?

Nachdem der SCN offenbar nicht lebensnotwendig ist, konnte man die Hypothese direkt untersuchen. Man nahm Ratten den SCN heraus. Das hatte tatsächlich genau eine Folge – die Tiere zeigten keinen Tagesrhythmus mehr. Daraus musste man schließen, dass der SCN tatsächlich Schrittmacher oder Oszillator für die Tagesperiodik ist. Allerdings bleibt die Frage, ob er der einzige ist oder ob nicht noch weitere Strukturen außerhalb dieser Kerne Rhythmen erzeugen. Die Suche ist noch nicht abgeschlossen.

Eine untergeordnete Steuerungsinstanz – die Zirbeldrüse

Eine Kontaktstelle, die Informationen vom SCN erhält, ist die Zirbeldrüse oder Epiphyse, eine Ansammlung von Nervenzellen in der geometrischen Gehirnmitte. Seit altersher wurde sie als etwas Besonderes betrachtet, weil sie nicht paarig angelegt ist. Deshalb interessierte man sich schon vor der modernen naturwissenschaftlichen Hirnforschung für sie. Allerdings dachte man, sie habe keine spezifische Aufgabe, und gestand ihr nicht mehr zu als der Grieche Galenos im zweiten christlichen Jahrhundert. Der, im Hauptberuf Leibarzt des römischen Kaisers Marc Aurel, hielt sie für das „Stützgewebe der großen Hirnnerven".

Erst im sechzehnten Jahrhundert postulierte der französische Mathematiker und Philosoph René Descartes eine eigenständige Funktion der Zirbeldrüse. Nach Descartes ist der Mensch durch zwei Dinge bestimmt, durch das stofflich-materielle, das „Ding mit Ausdehnung" (lat.: *res extensa*), und durch sein Gegenstück, die *res cogitans* (lat.), das „denkende Ding", das über kein materielles Substrat verfügt. Die meisten Organe im menschlichen Körper und auch im Hirn sind paarig; die Zirbeldrüse nicht. Deshalb hielt Descartes sie für würdig, den ungeteilten menschlichen Geist aufzunehmen, der in Descartes' System weit über der Materie stand. Dort, in der Zirbeldrüse, lokalisierte er die Schaltstelle zwischen Leib und Seele.

Auch wenn Descartes als dem Mitbegründer der modernen Naturwissenschaft viel Ehre gebührt: Hier lag er falsch. Es sollte allerdings bis fast ins zwanzigste Jahrhundert dauern, ehe sich die Forschung damit befasste, was die Zirbeldrüse wirklich tut und wozu sie da ist. Gezielt und systematisch geschah das gar erst ab den fünfziger Jahren, die erste Zusammenfassung der wissenschaftlichen Befunde schrieben 1954 Julian Kitay und Mark Altschule von der Harvard Universität, und seitdem überstürzen sich die Ergebnisse.

Inzwischen wissen wir, dass die Epiphyse oder Zirbeldrüse Hormone bildet und die Ausschüttung von Hormonen steuert. Dazu gehören auch die Sexualhormone. So ist die Zirbeldrüse letztlich dafür verantwortlich, dass die auch zeitlich hochpräzise organisierte Fortpflanzung reibungslos funktioniert. Andere Hormone der Zirbeldrüse steuern auf Anweisung des SCN die Tages- und Jahreszeitenrhythmen. Das bekannteste unter ihnen ist das Melatonin.

Das Zirbeldrüsen-Hormon Melatonin

Das Melatonin entdeckte der Dermatologe Aaron Lerner von der Yale-Universität im Jahr 1956 – also fast gleichzeitig mit Kitays und Altschules Beitrag – als einen Stoff, der die Froschhaut bleichen konnte. Das Hormon Melatonin wird überwiegend von der Zirbeldrüse gebildet, eine Erkenntnis, die für Lerner gewissermaßen ein Nebeneffekt war. Da man aber nun nicht nur Näheres über die Zirbeldrüse wusste, sondern mit dem Melatonin tatsächlich ein Hormon kannte, das sie bildet, geriet sie ins Zentrum wissenschaftlicher Aufmerksamkeit, wo sie bis heute blieb.

Vor allem nachts bildet die Zirbeldrüse Melatonin, während sie tagsüber kaum etwas davon produziert. Das gilt übrigens nicht nur beim Menschen, ja nicht einmal nur bei tagaktiven Lebewesen, sondern durchgehend: Selbst nachtaktive Tiere bilden ihr Melatonin in der Nacht.

Zu diesem Befund passt es gut, dass Melatonin einen klaren Jahreszeiten-Rhythmus hat: Je länger es draußen hell ist, umso weniger Melatonin zirkuliert im Blut. Ist es im Winter länger dunkel, produziert die Epiphyse länger Melatonin, so dass sich automatisch mehr im Blut anreichern kann. Das gilt für alle Lebewesen, die Melatonin produzieren, nicht nur für den Menschen. Bei den Tieren beeinflusst diese Melatonin-Menge die jahreszeitlich festgelegte Geschlechtsreife und führt außerdem dazu, dass sich das Tier problemlos auf die Jahreszeiten einstellen und artgemäß darauf reagieren kann.

Auf zwei Wegen kann man bei Tieren die Melatoninkonzentration im Blut künstlich auf Winterhöhe anheben: durch Lichtmangel und durch die direkte Gabe von Melatonin. In beiden Fällen führt die größere Menge Melatonin im Blut dazu, dass bei weiblichen und männlichen Hamstern die Keimdrüsen schrumpfen (Hoden und Eierstöcke); sobald es wieder hell wird, wachsen sie wieder. Bei weiblichen Ratten verhindert das Melatonin sogar den Eisprung. Auch beim Menschen gibt es eine Parallele: Die Melatonin-Werte sind im Winter besonders hoch, gleichzeitig ist zumindest bei der Frau das Fortpflanzungssystem weniger aktiv als im Sommer. Nun produziert die Zirbeldrüse das Melatonin und steuert gleichzeitig die Ausschüttung von Sexualhormonen und damit die Fruchtbarkeit. Die Idee drängte sich auf, Melatonin für die Familienplanung zu nutzen. Man überprüfte genauer, ob und unter welchen Umständen Melatonin als „Pille" nutzbar wäre. Doch das erwies sich als Fehlschlag. Die Tierergebnisse waren nicht übertragbar.

Ist es hell, produziert die Zirbeldrüse also wenig Melatonin, ist es dunkel, produziert sie viel davon, und es liegt nahe, das mit den chronobiologischen Rhythmen in Zusammenhang zu bringen. In Kapitel 7 ist beschrieben, wie man im Bunker mit Hilfe von hellem Licht die zirkadianen Rhythmen experimentell verlagern, also eine Phasenverschiebung hervorrufen kann. Ab einer Helligkeit von 2000 bis 2500 Lux ist Licht in der Lage, die Rhythmen von Schlafen, Wachen und Temperatur zu verschieben.

Dafür ist entscheidend, in welcher chronobiologischen Phase eines Menschen das Licht leuchtet. Licht am frühen Morgen – also beim Temperaturminimum – verlagert die Melatoninproduktion auf einen früheren Zeitpunkt. Trifft das helle Licht dagegen am Abend auf die Augen, so produziert die Zirbeldrüse das Melatonin später. In der Tat ist nachgewiesen, dass jede Verschiebung der Melatonin-Ausschüttung gleich alle anderen zirkadianen Rhythmen mit verschiebt. So ist denkbar, dass der Stoff Melatonin eine entscheidende Rolle spielt, wenn zirkadiane Phasen durch Licht verschoben werden.

Auch individuelle Gegebenheiten beeinflussen, wieviel Melatonin im Blut kreist: Je niedriger die Körpertemperatur eines Menschen, umso mehr Melatonin bildet er. Nimmt man umgekehrt künstlich Melatonin ein, sinkt die Körpertemperatur. Schwerere Menschen haben weniger Melatonin im Blut als schlankere Personen. Selbst rein psychische Faktoren modulieren die Melatoninmenge: Unter Stress nimmt das Melatonin zu, und das Immunsystem arbeitet nicht mehr mit voller Kraft.

Melatonin interagiert auch mit sogenannten Neurotransmittern; das sind die Botenstoffe, mit deren Hilfe Nervenzellen Informationen weitergeben und austauschen. Zu den bekanntesten Neurotransmittern gehören das Serotonin und die Endorphine[16]. Serotonin beeinflusst allgemein unsere Gemütsverfassung; die Endorphine dagegen nennt man gerne körpereigene „Glücksstoffe".

Einer der „Glücksstoffe" ist das Beta-Endorphin. Nimmt man nun Melatonin ein, senkt das nicht nur die Körpertemperatur auf das Niveau des frühen Morgens, sondern auch die Konzentration des Beta-Endorphins im Blutplasma. So wird uns kalt, und schlechter Stimmung sind wir auch. Genau das haben die Bunker-Versuche gezeigt, wenn die Versuchspersonen bei niedriger Körpertemperatur wach waren; dann hatten sie nämlich auch maximale Mengen von Melatonin im Blut und besonders wenig Beta-Endorphin. Auch im nordischen Winter müsste demnach weniger Beta-Endorphin im Blut zirkulieren. Die Folge: Die Stimmung sinkt.

Die natürliche Melatonin-Konzentration im Blut ändert sich nicht nur über die Tages- und die Jahreszeiten, sondern auch über die Lebensspanne. Zu Beginn des Lebens haben wir wenig Melatonin im Blut, als Kleinkinder mehr: Im Kindergarten-Alter schüttet die Epiphyse nachts wieder weniger aus und ab Schulbeginn wieder mehr, um am Ende der Pubertät die höchsten Werte im Leben zu erreichen. Ab diesem Alter bildet sie allmählich weniger, bleibt aber beim Zeitpunkt: zum Temperaturminimum. Erst im Alter verschiebt sich auch das, dann beginnt die Zirbeldrüse immer später in der Nacht damit, Melatonin zu produzieren; nachdem sie weiterhin mit Tagesbeginn damit aufhört, sinkt dadurch die Melatonin-Konzentration im Blut. Gleichzeitig schwächen sich die anderen zirkadianen Rhythmen im Alter ab; die nächtliche Melatoninmenge und der Pendelschlag der Inneren Uhren laufen also zumindest parallel. Somit spielt Melatonin also ganz offensichtlich auch bei der Chronobiologie des Lebensalters eine Rolle. Besonders wenig Melatonin produzieren Patienten mit Alzheimer'scher Erkrankung; dennoch hat bisher niemand gründlich untersucht, ob ihnen Melatonin möglicherweise helfen könnte.

Melatonin – chronobiologisch wirksam, aber kein Wundermittel

Melatonin kann man künstlich herstellen – und nachdem es ganz offenbar etwas mit der Chronobiologie zu tun hat, ist es quasi ein natürlicher Kandidat für ein Schlafmittel ohne Suchtgefahr. Im EEG zeigen sich nach Melatonin-Einnahme tatsächlich mehr Theta- und Alphawellen (Kapitel 9), Gehirnaktivitäten, die für entspanntes Wachsein und für Einschlafen typisch sind.

Fünf Milligramm Melatonin gelten als normale Dosis, aber man kann weit darüber hinaus gehen, ohne dass es ernsthaft schadet. Ab einer Dosis von 240 Milligramm – also fast dem Fünfzigfachen – reagiert der Mensch langsamer, bewältigt aber dennoch komplexere kognitive Aufgaben ähnlich gut wie sonst, trotz Theta- und Alphawellen. Das hat vermutlich den gleichen Grund, warum einem nach einer durchwachten Nacht kompliziertere Aufgaben immer noch besser von der Hand gehen als einfache: sie regen mehr an und erleichtern es einem, die Müdigkeit mit Willenskraft zu überwinden. Allerdings ist auch die Halbwertszeit des Melatonins mit einer halben Stunde extrem kurz: Nach dreißig Minuten ist demnach nur noch die Hälfte der ursprünglichen Menge im Blut vorhanden, nach einer Stunde nur noch ein Viertel und nach zwei Stunden nur noch der sechzehnte Teil.

Es wurde ausführlich untersucht, ob Melatonin das ersehnte Wundermittel zum Einschlafen abgeben könnte. So nahmen in einer Studie ältere Patienten, die schlecht ein- und durchschlafen konnten, zwei Stunden vor dem Schlafengehen zwei Milligramm Melatonin ein; sie schliefen schneller ein und lagen nachts kürzer wach als zuvor. Sogar Gesunde schliefen schneller ein, wenn sie etwa ein bis zwei Stunden vor dem Zubettgehen ein Drittel bis ein Milligramm Melatonin einnahmen. Jüngere Schlafgestörte dagegen brauchten dafür mindestens fünf Milligramm Melatonin, und selbst diese Menge verhalf nur einigen von ihnen zum Einschlafen. In einer anderen Studie nahmen Schlafgestörte viermal täglich 250 Milligramm Melatonin ein, eine exorbitant hohe Tagesdosis. Eine Zeit lang machte sie das müde und sie konnten auch leichter einschlafen; nach einiger Zeit nahm der Effekt jedoch wieder ab.

Melatonin scheint also in manchen Fällen das Einschlafen etwas zu erleichtern, es ist aber sicher kein echtes Schlafmittel, das einen längeren Schlaf erzwingen würde. Doch selbst den Schlaf anstoßen kann Melatonin nur zu Zeiten, in denen es natürlicherweise gerade nicht vorhanden wäre: am Tag und am Abend. In der Nacht dagegen, wo ohnehin Melatonin im Blut ist, scheint es ohne jede Wirkung zu sein. Insofern kann man es nur dann sinnvoll therapeutisch einsetzen, wenn man die aktuelle chronobiologische Situation der Person berücksichtigt.

Ist die Innere Uhr wirklich eine Uhr?

Man hat verschiedene Modelle dazu entworfen, was die Innere Uhr ist und wie sie arbeitet. Eines der am häufigsten zitierten Modelle stammt von Rütger Wever. Er nahm an, dass es zwei „Uhren" gibt, die er *Oszillatoren* nannte, einen *Aktivitätsoszillator* und einen *Temperaturoszillator*. Letzterer ist der stärkere und reguliert die Körper-Kern-Temperatur, ersterer steuert vor allem Schlafen und Wachen, ist aber schwächer. Beide Oszillatoren sind miteinander verbunden. Dieses Modell – das *Multioszillatorenmodell* – wurde später noch erweitert, indem zusätzliche „Uhren" angenommen wurden. Es diente auch amerikanischen „Modellbauern" als Vorlage, die alle die Grundannahme von zwei separaten Oszillatoren beibehielten. Diese wiederum beruhte darauf, dass die zirkadianen Rhythmen von Temperatur und Schlafen und Wachen intern desynchronisieren können. Seitdem man aber weiß, dass die Schlaf-Wach-Periodik nicht wirklich eigenständig stabil ist (Kapitel 6), hat es sich erübrigt, einen separaten Aktivitätsoszillator anzunehmen.

Das heute weithin akzeptierte Modell dazu nimmt deshalb nur eine Uhr an, das „Zwei-Prozess-Modell" von Alex Borbély und Serge Daan. Die Uhr – der erste Prozess, den sie *Faktor C* (für „circadian") nennen – steuert sämtliche körperlichen Funktionen und gibt den optimalen Zeitraum für den Schlaf vor, indem sie jeden Abend ein „Schlaffenster" öffnet. Der zweite Prozess oder Faktor heißt „S" (für „Schlaf") und ist homöostatisch. Faktor S steht auch für eine hypothetische „Schlafsubstanz", von der sich umso mehr ansammelt, je länger wir wach sind. Im Schlaf wird sie wieder abgebaut. Schlafen wir einmal eine Nacht nicht, muss in der folgenden Nacht die doppelte „Menge" Faktor S abgebaut werden, sobald sich das „Schlaffenster" öffnet.

Auch neuere Versionen dieses Modells – etwa von dem Borbély-Schüler Peter Achermann – funktionieren nach dem gleichen Prinzip. Auch das „Drei-Prozess-Modell" von Simon Folkard und Torbjorn Akerstedt beruht darauf, bezieht aber ultradiane Prozesse ein und die Vigilanz am Tage. Inzwischen gibt es zirkadiane Modelle – auch mathematische – auf verschiedenen Ebenen: auf zellulärer, molekularer und auf neurobehavioraler. Mit Hilfe der letzteren möchte man Änderungen des Verhaltens in der Zeit vorhersagen und sie auch bei der Schichtarbeit praktisch nutzen.

Unabhängig von all diesen Modellen sprechen Chronobiologen heute nicht mehr so einfach von einer Inneren Uhr wie früher, auch nicht von zweien; manche sagen, es gebe überhaupt keine Innere Uhr, sondern alles sei viel komplizierter.

In der Tat müssen wir erstens davon ausgehen, dass jede Zelle in unserem Körper nicht nur eine, sondern mehrere Innere Uhren besitzt. Der Münchner Chronobiologe Till Roenneberg konnte das schon an Algen belegen, Lebewesen, die nun wahrhaftig weit weg sind vom Menschen. Das bedeutet, dass unser Körper mit Billionen Innerer Uhren ausgestattet ist.

Dabei steuert jede Untereinheit des Körpers, etwa ein einzelnes Organ, ihr zeitliches Programm selbst. Beispielsweise sind in der Leber besondere Sensoren dafür zuständig, mit den anderen Organen Kontakt zu halten und die Abläufe in der Leber zeitlich mit den Abläufen in anderen Organen zu koordinieren.

Zusätzlich gibt es eine übergeordnete Steuerungseinheit – den zentralen Schrittmacher – die sozusagen alles „im Blick" hat. Die Augen liefern ihr die Information über die äußeren Helligkeits-Bedingungen. Dementsprechend veranlasst sie, wann wieviel Melatonin ausgeschüttet wird und gibt so die Information an die Organe weiter. Beim Menschen „sitzt" diese Steuerungseinheit im *Nucleus Suprachiasmaticus*. (SCN).

Zweitens sind die Zelluhren aber keine Uhren im mechanischen oder Quartz-Sinne. So kann sich die Innere Uhr im Gegensatz zu einer mechanischen plötzlich verstellen – das ist eine Phasenverschiebung. Sie kann aber auch plötzlich ihre Geschwindigkeit ändern – das ist eine Periodenänderung. Eine gewöhnliche Uhr dagegen kann zwar falsch gehen, aber sie kann sich nicht selbsttätig verändern, wenn sich irgendwelche Umweltbedingungen ändern. Die „Inneren Uhren" können das, weil sie nach einem Feedback-System funktionieren, das sich selbst steuert und „zirka" 24 oder 25 Stunden benötigt, bis es sich auf- oder abgebaut hat. Ein solches Feedback-System ist im Gegensatz zu einer Uhr von außen und innen beeinflussbar, ohne dass man direkt am „Rädchen" dreht. Deshalb ziehen es die Chronobiologen inzwischen vor, von zirkadianen Systemen oder von Rhythmusgeneratoren statt von Uhren zu sprechen.

Aus praktischen Erwägungen heraus bleiben wir aber trotzdem bei dem Modell der Inneren Uhr, weil man sich damit die Vorgänge viel plastischer vorstellen kann. Damit kann man sie besser verstehen, und es erlaubt uns auch bestimmte Schlüsse, wie wir mit unseren biologischen Rhythmen sinnvoll umgehen können.

Kapitel 9
Schlafen und Wachen als zirkadianer Rhythmus

Bereits 1939 berichtete der Schlafforscher Nathaniel Kleitman in seinem Werk „Sleep and Wakefulness" auch über biologische Rhythmen. Aber er war eine Ausnahme, ansonsten gingen die Forschungsgebiete *Chronobiologie* und *Schlafforschung* damals noch lange getrennte Wege. Thema der Chronobiologie sind primär die zirkadianen Rhythmen, und Schlaf ist ein wichtiger Bestandteil dieser Rhythmik. Dennoch galt er lange als etwas, wofür eben die Schlafforscher zuständig waren, nicht die Chronobiologen. Diese ihrerseits beschränkten sich auf den nächtlichen Schlaf während der sogenannten „bürgerlichen Nacht" von dreiundzwanzig bis sieben Uhr.

Erst Mitte der siebziger Jahre des zwanzigsten Jahrhunderts begann eine Zusammenarbeit, die bald sehr fruchtbar werden sollte. An einem Donnerstagnachmittag im April 1974 trafen sich wie gewöhnlich die Chronobiologen in Andechs zu dem, was sie ihr wöchentliches „Geschwätz" nannten. Diesmal hatten sie Besuch aus dem Münchner Max-Planck-Institut für Psychiatrie, Hartmut Schulz und Jürgen Zulley. Man diskutierte die Frage, ob es neue Erkenntnisse bringen könnte, wenn man bei den Bunkerversuchen mit freilaufenden Rhythmen den Schlaf registrieren würde. Schließlich kam man zu einer Einigung, und so begann die Zusammenarbeit von Chronobiologie und Schlafforschung.

Die Erfindung des Schlaf-EEGs

Die Schlafforschung verfügte schon länger über ein Handwerkszeug, das jetzt auch der Chronobiologie zugute kommen sollte: das Schlaf-EEG und die physiologische Schlafableitung. Als erste hatten 1937 Alfred Loomis und seine Mitarbeiter in New York die natürliche elektrische Aktivität des Gehirns beim schlafenden Menschen gemessen. Sie hatten dafür ein Maß benutzt, das acht Jahre zuvor der Jenenser Mediziner Hans Berger eingeführt hatte, die Elektroenzephalographie (abgekürzt: EEG; von *enkephalos*, gr. „Gehirn", *graphein*, gr. „schreiben"). Berger hatte sie als Methode vorgestellt, die Hirnaktivität zu beobachten – und das hieß ursprünglich: im Wachzustand.

Loomis und seine Mitarbeiter stellten fest, dass das Hirn im Schlaf alles Mögliche ist, nur nicht ausgeschaltet. Im Gegensatz dazu hatten jahrhundertelang europäische Denker den Schlaf als „kleinen Tod" betrachtet, in dem die Seele oder der Geist sich vom Körper trennen. In Wirklichkeit arbeitet das Gehirn – also die physische Basis von Geist oder Seele – auch im Schlaf unbeirrt weiter, wenn auch anders als am Tage.

Die Arbeitsgruppe konnte fünf verschiedene Aktivitätsformen des schlafenden Gehirns unterscheiden, die sich mehrmals in einer Nacht wiederholen. Loomis und seine Mitarbeiter nannten sie *Schlafstadien* und zählten sie von *A bis E* durch, wobei A die Phase vor dem Einschlafen ist, das *entspannte Wachsein*. Dass der Schlaf mit diesen vier Schlafstadien noch nicht vollständig beschrieben war, sollte sich aber erst siebzehn Jahre später herausstellen. Dennoch konnte man nun physiologische Schlafforschung betreiben. Hatte man bis dahin etwas über den Schlaf an sich erfahren wollen, gab es nur zwei Möglichkeiten: die schlafende Person zu befragen, sobald sie von selbst aufwachte, oder sie zu wecken – danach konnte man sagen, wie tief sie geschlafen hatte, je nachdem, wie stark der Reiz sein musste, der sie aufweckte; und man konnte fragen, was sie zuvor im Schlaf erlebt hatte. Derartiges Wecken allerdings stört den Schlaf – anschließend verläuft er anders, als er ohne Wecken verlaufen wäre. Mit dieser Methode kann man den Schlaf also nur ziemlich unzureichend untersuchen.

Die Aktivität des Großhirns – das Elektroenzephalogramm

Die Nervenzellen und damit das Gehirn als Ganzes sind schon vor der Geburt ohne Pause aktiv und bleiben es bis zum Tod. Beendet das Hirn seine Aktivität, so ist das endgültig. Dieser Zeitpunkt wird seit dreißig Jahren als *Hirntod* bezeichnet und hat inzwischen die althergebrachten Todeskriterien abgelöst. Die Definition ermöglicht Organspenden und anschließende Transplantationen, da andere Organe unter bestimmten Umständen auch nach dem Hirntod mit technischer Unterstützung einige Zeit weiterarbeiten können.

Die rhythmische Aktivität des Gehirns ist allerdings nicht so unmittelbar messbar wie beispielsweise die des Herzens. Da sie elektrisch ist, benötigt man dafür Geräte, die diese feinen Impulse aufzeichnen können. Deshalb gibt es die Elektroenzephalographie erst seit dem Ende der zwanziger Jahre des zwanzigsten Jahrhunderts; das Aufgezeichnete, also die EEG-Linien auf dem Papier, heißt Enzephalogramm. Gemessen wird das EEG mit Elektroden, die an bestimmten Stellen auf die Kopfhaut geklebt werden.

Eine Nervenzelle arbeitet zwar ständig, aber nicht gleichmäßig. Nach dem Alles-oder-Nichts-Prinzip „feuert" sie in regelmäßigen Abständen, also pulsierend. Je nach Aktivitätszustand stimmen sich die Nervenzellen mehr oder weniger aufeinander ab; zeichnet man ihre Impulse auf, sind diese deshalb periodisch oder wellenförmig und nicht chaotisch. Die Aktivität des gesamten Hirns zeigt folglich ein rhythmisches Muster. Im Schlaf kann man darüber hinaus weitere typische Muster erkennen, die nur kurz auftreten und charakteristische Wellenformen haben. Sieht man von diesen einmal ab, gilt: Je schneller die Wellen, umso niedriger die Spannung.

Solange wir wach und gleichzeitig völlig entspannt sind, „feuern" die Nervenzellen des Gehirns etwa acht bis zwölf Mal in der Sekunde (8 bis 12 Hertz; Hertz ist die Einheit für die Frequenz, die Anzahl der Schwingungen pro Sekunde – Abkürzung: Hz). Beschäftigen wir uns dagegen geistig intensiv mit irgendetwas, können sich die Schwingungen auf dreißig Impulse in der Sekunde steigern. Diese schnellen Wach-Impulse heißen Beta-Wellen, die langsameren sind die Alpha-Wellen. Je schneller unsere Nervenzellen arbeiten, je häufiger sie also „feuern", umso wacher sind wir und umso schneller reagieren wir auf alles, was uns begegnet.

Die Nervenzellen „feuern" auch im Schlaf, aber deutlich ruhiger; im Schlaf dauert jeder Impuls sehr viel länger als im Wachzustand. Höchstens sieben Mal in der Sekunde „feuern" die Neuronengruppen im Schlaf, und das kann sich bis auf einmal alle zwei Sekunden verlangsamen. Der EEG-*Grundrhythmus* im Schlaf beträgt vier bis sieben Hertz, die Wellen mit dieser Periodik von vier bis sieben Mal pro Sekunde heißen Theta-Wellen.

Dem Einschlafen gehen immer Alpha-Wellen voraus – sie bilden das Stadium A nach Alfred Loomis. Während des Einschlafens zeigt das Gehirn ausschließlich Theta-Wellen, zu anderen Zeiten im Schlaf produziert es zwischendurch die oben erwähnten zusätzlichen auffälligen Muster: Das können *Schlafspindeln* sein – Einsprengsel sehr schneller Wellen von einer halben Sekunde Dauer, die in der EEG-Aufzeichnung aussehen wie eine Spindel – oder sogenannte *K-Komplexe* – einzelne mittellangsame Wellen. Zu bestimmten Zeiten produziert das Hirn mehr extrem langsame Wellen von 0,5 Hertz; sie heißen Delta-Wellen und definieren den Tiefschlaf, sobald sie mindestens sechs Sekunden einer halben Minute einnehmen. Der Anteil der Delta-Wellen kann bis auf zwei Drittel einer Minute ansteigen; generell gilt: Je mehr Delta-Wellen, umso tiefer der Schlaf. Während des Tiefschlafs muss sehr viel geschehen, damit wir aufwachen. Moderate Geräusche, normales Licht oder auch sanfte Berührung richten da wenig aus. Grundsätzlich ist der Mensch umso leichter weckbar, je mehr im Schlaf die Theta-Wellen vorherrschen. Oder fast grundsätzlich.

Schlafstadien – die rhythmische Hirnaktivität im Schlaf

Eine Publikation im Wissenschaftsmagazin „Science" aus dem Jahr 1953 nämlich sollte die Schlafforschung revolutionieren. In der Nachfolge von Alfred Loomis hatten vor allem die Amerikaner Schlafforschung betrieben. Einer der berühmtesten unter ihnen war der Autor von „Sleep and Wakefulness", Nathaniel Kleitman. Sein Schlaflabor befand sich Chicago, und er hatte bereits in „Sleep and Wakefulness" (1939) postuliert, dass über den 24 Stunden des Tages ein grundlegender Ruhe-Aktivitäts-Zyklus von neunzig Minuten liege, der Basic-Rest-Activity-Cycle (BRAC).

Anfang der fünfziger Jahre hatte Kleitman einen Doktoranden namens Eugene Aserinsky. Doktorand und Doktorvater interessierten sich für die langsamen, rollenden Augenbewegungen während des Einschlafprozesses. Aserinsky wollte sich die mühevolle Nachtarbeit ersparen und beobachtete deshalb Säuglinge, die ja auch tagsüber genügend schlafen. Dabei stellte er fest, dass es nicht bei den langsamen Augenbewegungen blieb: sehr bald nach dem Einschlafen zeigten die Säuglinge nämlich keine langsamen Augenbewegungen mehr, sondern sehr rasche; dabei rollten die Augen nicht, sondern bewegten sich schnell horizontal hin und her.

Das war neu, und daraufhin untersuchten Aserinsky und Kleitman auch Erwachsene. Dabei bestätigte sich, dass auch schlafende Erwachsene zwischendurch ihre Augen sehr schnell horizontal bewegen; außerdem stellte sich heraus, dass die gesamte Muskulatur nie so locker ist wie in dieser Phase. Aserinsky und Kleitman gaben ihre Entdeckung 1953 in einer Arbeit in der Zeitschrift „Science" bekannt. Ein Assistent von Aserinsky, William Dement – heute eine der grauen Eminenzen der internationalen Schlafforschung – befasste sich dann weiter mit dem Phänomen und gab ihm schließlich den Namen REM (*Rapid Eye Movement*, schnelle Augenbewegung).

Die seit 1968 gültige internationale Nomenklatur definiert deshalb fünf Schlafstadien. Sie beruhen auf der sogenannten Schlafpolygraphie; dazu gehören zwei oder mehr EEG-Kanäle, die Muskelspannung am Mundboden (Elektromyogramm, EMG) und die Muskelspannung an den Augen (Elektrookulogramm, EOG). Vier der Stadien sind einfach durchnummeriert und entsprechen Loomis' Stadien B bis E. Das fünfte ist der REM-Schlaf. Alle Menschen wachen nachts zwischendurch auf; diese Wachepisoden heißen W und entsprechen Loomis' Stadium A. Wenn sich die schlafende Person bewegt, ist das EEG nicht messbar, weil jede Spannung der Kopfhaut sehr viel stärker ist als ein EEG-Signal; diese Zeit heißt MT (movement time).

Schlafstadium 1 NREM ist die Zeit reiner Theta-Wellen; es tritt in Reinform vor allem während des Einschlafens auf. Schlafstadium 2 ist der „normale" Schlaf, der die meiste Zeit einer Nacht oder jeder anderen längeren Schlafperiode einnimmt; in Stadium 2 gibt es vorwiegend Theta-Wellen, zusätzlich Schlafspindeln und K-Komplexe. Die Schlafstadien 3 und 4 sind der Tiefschlaf, wobei wir in Stadium 3 weniger als die Hälfte der Zeit Delta-Wellen haben und in Stadium 4 mehr. Das REM-Stadium, das Aserinsky und Kleitman entdeckten, ist definiert durch die schnellen Augenbewegungen, durch eine extrem schlaffe Muskulatur und ein EEG mit Theta-Wellen ähnlich dem Schlafstadium 1.

Stadium REM hat noch eine Besonderheit. Im Jahr 1957 promovierte William Dement über das Stadium REM, und auf die Ergebnisse dieser Arbeit stürzten sich viele Forscher. Dement hatte seine Versuchspersonen gezielt aus dem REM-Schlaf geweckt – und alle berichteten von Träumen. Seitdem gilt REM als das Traumstadium schlechthin. Wir haben auch in anderen Stadien traumähnliche Erscheinungen, es ist inzwischen aber sicher, dass die lebhaftesten und die typisch „traumhaften" Träume tatsächlich in REM stattfinden. Wecken kann man uns aus dem REM-Schlaf nicht so leicht, wie man dem Theta-EEG gemäß erwarten würde, sondern etwa so schwer wie aus dem mitteltiefen Stadium 2, aber leichter als aus dem Tiefschlaf.

Schlafzyklen – die ultradiane Rhythmik der Nacht

Es wäre nicht weiter erwähnenswert, dass wir aus den verschiedenen Schlaf-Stadien unterschiedlich leicht aufzuwecken sind, würden wir einfach einschlafen und dann immer tiefer schlafen, um von da aus wieder aufzutauchen und aufzuwachen. So ist es aber nicht. Der Schlaf ist nämlich einerseits Teil des zirkadianen Rhythmus *Wachen und Schlafen*, wobei der Tiefschlaf nur in der ersten Hälfte der Schlafzeit auftritt. Gleichzeitig folgt er intern einem ultradianen Neunzig-Minuten-Rhythmus. Das ist durchaus mit Kleitmans BRAC zu vereinbaren.

Jeder der periodisch auftretenden Neunzig-Minuten-Zyklen ist auch in sich rhythmisch gegliedert. Der erste Zyklus beginnt mit Stadium 1 und wird dann stufenweise tiefer – also Stadium 1, dann 2, 3 und 4 –, um schließlich mit einer REM-Phase zu enden. Dieser Zyklus enthält wenig REM – maximal fünfzehn Minuten – und viel Tiefschlaf; bei jungen Erwachsenen kann der Tiefschlaf dieses ersten Zyklus bis zu einer Stunde dauern. Der zweite Zyklus ist im Prinzip genauso aufgebaut wie der erste, enthält aber weniger Tiefschlaf und der dritte noch weniger, dafür nimmt der Anteil des REM-Schlafs zu. Ab dem vierten Zyklus gibt es für gewöhnlich nur noch Stadium 2 und die REM-Phase, die jeweils etwa die Hälfte der neunzig Minuten einnehmen. Diese *Schlafarchitektur* erklärt, warum wir am Anfang der Nacht sehr viel schwerer weckbar sind als später: wir schlafen tiefer.

Wir wachen alle mehrmals in der Nacht auf, oft vor oder nach einer REM-Phase. Meist erinnern wir uns aber nicht daran, es sei denn, wir sind gerade aus einem besonders interessanten Traum erwacht. Dass wir aufwachen, ist am besten damit erklärbar, dass der Mensch wie zu Urzeiten – ähnlich den meisten Säugetieren – während des Schlafs immer mal wieder kurz prüft, ob die „Luft rein" ist, um im positiven Fall einfach weiterzuschlafen. Bei den meisten Menschen verläuft das auch heute noch so: sie wachen auf, drehen sich einmal um die eigene Achse und schlafen weiter. Dabei vergessen sie, dass sie aufgewacht sind und auch, was sie eventuell zuvor geträumt hatten. Dass dieses System heute störanfällig ist, zeigen die dreißig Prozent der erwachsenen Bürger der Industrie- und Post-Industrie-Länder, die unter Schlafstörungen leiden. Heute drohen keine echten „Gefahren" von außen – wer aber aufwacht und dabei sofort an alle Sorgen des Tages denkt, ist hellwach und kann nur schwer wieder einschlafen.

Der Schlaf im Alter

Die interne Schlaf-Rhythmik gilt im Mittel bei Erwachsenen zwischen zwanzig und fünfunddreißig Jahren. Bis zu diesem Alter hat der REM-Schlaf bereits deutlich abgenommen – im Mutterleib haben wir noch die Hälfte unserer Existenz in REM-artigen Zuständen verbracht. Als Säuglinge und Kleinkinder hatten wir etwa gleich viel Tiefschlaf und REM, und beide zusammen machten den größten Teil der Schlafzeit aus. Ab dem jungen Erwachsenenalter nehmen die Tiefschlafzeiten immer weiter ab, aber die individuellen Unterschiede sind groß – es gibt Sechzigjährige, die noch so ähnlich schlafen wie mit dreißig. Bei den meisten verschwindet der Tiefschlaf jedoch mit vierzig oder spätestens fünfzig Jahren fast ganz. Dann wechseln sich in einer Nacht im Wesentlichen Stadium 2 und REM ab.

Nun schläft man in jedem Lebensalter in Stadium 2 und REM weniger fest als im Tiefschlaf, ist also leichter weckbar, auch durch leisere Geräusche. Deshalb wachen Menschen in der zweiten Lebenshälfte mit ihrem leichteren Schlaf generell häufiger auf als jüngere Menschen, und ihr Schlaf ist nicht nur in der zweiten Nachthälfte, sondern durchgehend leicht störbar. Manchen fällt das auf und sie stellen den Unterschied zu früher fest; dann halten sie das häufige Aufwachen für echte Schlafstörungen und fürchten um ihre Gesundheit und Leistungsfähigkeit. Sie befassen sich intensiv mit dieser neuen Erfahrung, nachts plötzlich häufiger aufzuwachen, und registrieren jede Episode genau; auf diese Weise entwickeln sie unter

Umständen tatsächlich eine Schlafstörung. Ab vierzig sollte man sich also ganz illusionslos klar machen, dass das häufige Wachwerden mit dem altersbedingten Rückgang des Tiefschlafs zu tun hat und dass es deshalb normal ist, wenn man leichter schläft und häufiger aufwacht als früher.

Im Gegensatz zur Schlaftiefe bleibt die ultradiane Organisation des Schlafs in neunzig-minütigen Zyklen bis ins hohe Alter erhalten. Allerdings verkürzt sich die Gesamt-Schlafdauer in einer Nacht bei vielen Menschen noch weiter. Das liegt möglicherweise daran, dass ältere Menschen keinen Tiefschlaf mehr haben, häufiger aufwachen und dann schwerer einschlafen können als jüngere. Der häufigste Grund ist aber, dass gerade Rentnerinnen und Rentner tagsüber schlafen, und zwar richtig. Sie bringen nach dem Mittagessen einen kompletten neunzig-minütigen Schlafzyklus hinter sich, wenn auch – genau wie nachts – ohne Tiefschlaf. Deshalb benötigen sie dann nachts einen Zyklus weniger; wer das nicht bedenkt, beklagt schnell und fälschlicherweise, jetzt sei endgültig die Schlaflosigkeit des Alters eingetreten.

Die Schlafdauer – Menschen sind unterschiedlich

Einige Untersuchungen berichten darüber, wie lange die Menschen normalerweise schlafen. Kürzlich gab es eine europaweite Studie zu diesem Thema, sie ist bereits in Kapitel 4 kurz erwähnt. Auf deutscher Seite war dafür das Regensburger Schlaflabor zuständig. Wir stellten mehr als viertausend Personen knapp eintausendfünfhundert Fragen zu ihren Schlafgewohnheiten. Demnach gehen die Deutschen im Mittel um 23:04 Uhr zu Bett und stehen um 6:18 Uhr wieder auf, liegen also sieben Stunden und vierzehn Minuten im Bett, was etwa der „bürgerlichen Nacht" sämtlicher Schlaflabore entspricht. Zum Einschlafen brauchen sie durchschnittlich fünfzehn Minuten, schlafen also ihrer eigenen Einschätzung nach ziemlich genau sieben Stunden. Das ist etwas weniger, als die US-

Amerikaner fünfzehn Jahre früher dem Schlafforscher Wilse B. Webb berichteten, aber der hatte anders gefragt. Wie exakt die wahrgenommene Schlafzeit dem individuellen Optimum entspricht, ist noch einmal eine andere Frage: Genauso wie die Innere Uhr bei dem einen auf 24 Stunden eingestellt ist und bei der anderen auf 26, gibt es auch eine ganze Reihe von Personen, die problemlos mit weniger als sieben bis acht Stunden auskommen, und solche, die deutlich mehr brauchen, um sich fit zu fühlen.

Einer der bekanntesten Kurzschläfer war der französische Kaiser Napoleon Bonaparte (1769 bis 1821). Von ihm wird berichtet, er sei abends zwischen zehn und zwölf Uhr zu Bette gegangen und habe dann bis zwei Uhr morgens geschlafen. Von zwei bis fünf Uhr habe er gearbeitet und dann noch einmal bis sieben Uhr geschlafen. Für seinen Kurzschlaf hatte er durchaus auch ideologische Gründe, war er doch der Meinung: vier Stunden Schlaf für den Mann, fünf für die Frau, und mehr für Dummköpfe. Der Amerikaner Thomas Edison (1847 bis 1931), der die Glühbirne erfand und damit wesentlich zu unserer heutigen „Nutzung" der Nacht beitrug, schlief selbst nachts nur etwa fünf Stunden. Er hätte das gerne zur Norm gemacht und bezeichnete mehr Schlaf als Zeitverschwendung. Auch Sir Winston Churchill (1874 bis 1965), der sicher berühmteste britische Premierminister des zwanzigsten Jahrhunderts, schlief nachts etwa von drei bis acht Uhr, also fünf Stunden. Allerdings schliefen alle drei zusätzlich tagsüber, Napoleon und Edison bezeichnenderweise heimlich, Churchill bekennend.

Prominente Vertreter der Langschläfer waren der Weimarer Geheimrat und Dichter Johann Wolfgang von Goethe (1749 bis 1832) und der Nobelpreisträger und Entdecker der Relativitätstheorie Albert Einstein (1879 bis 1955). Beide schliefen zehn Stunden und ließen sich davon nicht so leicht abhalten. So können Lang- wie Kurzschläfer auf gute Gewährsleute verweisen.

Echte Langschläfer sind Personen, die mehr als neuneinhalb Stunden, echte Kurzschläfer solche, die weniger als sechs

Stunden schlafen. Eine Person gehört nur dann zur Gruppe der Lang- oder Kurzschläfer, wenn sie mit ihrer ungewöhnlichen Schlafzeit zufrieden ist und über keinerlei Beschwerden klagt. Psychologisch unterscheiden sich die beiden Gruppen weder voneinander noch vom Rest der Welt. Obwohl sie so unterschiedlich lange schlafen, ist die Schlafarchitektur, also die Abfolge der Schlafstadien und die ultradiane Neunzig-Minuten-Struktur des Schlafs, bei Lang- und Kurzschläfern gleich. Trotz ihres längeren Schlafs kommen die Langschläfer in einer Nacht nicht auf mehr Tiefschlaf-Minuten als Kurzschläfer. Ihre zusätzlichen Stunden verbringen sie in Stadium 2 und Stadium REM; sie scheinen diese Zeit der Entspannung und des Nicht-Aktivseins durchaus zu benötigen.

Ganze fünfzehn unter tausend Personen schlafen wesentlich länger als zehn Stunden. Umgekehrt kommen selbst echte Kurzschläfer fast immer auf fünf Stunden Schlaf, und weniger als vier Stunden schläft fast niemand. Demnach bewegt sich die natürliche Schlafdauer des erwachsenen Menschen zwischen fünf und zehn Stunden.

Dennoch gibt es ganz selten noch extremere echte Kurzschläfer: In den siebziger Jahren wandten sich zwei Männer an den schottischen Schlafforscher Ian Oswald und behaupteten, nicht mehr als drei Stunden pro Nacht zu schlafen. Eine Woche lang untersuchte er ihren Schlaf im Schlaflabor, und im Gegensatz zu ähnlichen Fällen bestätigten die EEG-Aufzeichnungen ihre Angaben. Auch der englische Schlafforscher Ray Maddis konnte den Kurzschlaf einer siebzigjährigen Krankenschwester nachweisen: Sie schlief tatsächlich genau eine Stunde pro Nacht, wie sie selbst von sich behauptete. Alle drei Personen entbehrten nichts, weder ihrer eigenen Empfindung nach noch bei objektiven Leistungstests. Solche Beispiele sind aber die Ausnahme – die meisten Menschen, die überzeugt sind, so extrem kurz zu schlafen, haben Schlafstörungen und leiden subjektiv darunter. Außerdem schlafen sie meist länger, als sie schätzen.

Wie lange dauert der gesunde Schlaf?

Wie Schlafdauer und Gesundheit jenseits solcher Ausnahmefälle zusammenhängen, hat der kalifornische Psychiater Dan Kripke bereits ab 1959 untersucht. Damals befragten er und seine Mitarbeiter fast eine Million Erwachsene aller Altersgruppen nach ihren Schlafgewohnheiten. Sechs Jahre später wiederholten sie die Befragung bei all denen, die sie wieder erreichen konnten. Einige waren zu diesem Zeitpunkt bereits verstorben – und die hatten besonders häufig entweder weniger als sieben oder mehr als acht Stunden geschlafen. Von denen, die für gewöhnlich sieben bis acht Stunden schlafen, hatten prozentual mehr überlebt. Daraus kann man nicht unbedingt schließen, dass man mit sieben bis acht Stunden Schlaf länger lebt, aber es zeigt zumindest, dass die normale Schlafdauer mit einer stabileren Gesundheit einhergeht.

Ganz offensichtlich beeinflussen mehrere Faktoren, wie viel ein Mensch schläft. Zum einen gibt es für jeden Menschen eine bestimmte Schlafdauer, die für ihn optimal ist, und die kann – siehe oben – von fünf bis mehr als zehn Stunden variieren. Diese individuellen Bestzeiten scheinen eine genetische Basis zu haben, ändern sich aber trotzdem mit dem Lebensalter, sind also nicht ein für allemal festgelegt. Andererseits gibt es beim Schlaf einen Jahreszeiten-Rhythmus, der bereits im ersten Kapitel erwähnt ist: Im Winter schlafen wir länger und im Sommer kürzer. Frauen schlafen übrigens natürlicherweise etwas länger als Männer – falls es das Familienleben zulässt –, aber sie leben ja auch länger.

Sind wir krank, schlafen wir meist länger, und unter akuter Belastung kürzer. Zusätzlich bestimmen auch äußere Faktoren, wie lange wir schlafen. So verkürzen etwa Lärm, Raumtemperatur, Helligkeit oder ungewohnte Umgebung bei den meisten Menschen die natürliche Schlafdauer. Wir reagieren auch mit längerem oder kürzerem Schlaf darauf, ob die Matratze hart oder weich ist oder ob wir in einem Raum alleine oder zu mehreren schlafen (sollen). – Einzelne Kurz-Nächte beeinträchtigen dabei normalerweise weder unsere Leistungsfähigkeit noch unser Wohlbefinden. Erst wenn wir mehrfach hintereinander unsere innere zirkadiane Schlaf-Uhr zu überlisten versuchen, werden wir tagsüber müde, unaufmerksam und langsamer, sind schlechter Laune und werden langfristig krank (Kapitel 11).

Auch die Ergebnisse aus den Isolationsstudien im Andechser Bunker geben Hinweise darauf, wie lange der chronobiologisch optimale Schlaf dauert. Die meisten Versuchspersonen verhielten sich ohne Wecker genauso wie mit Wecker: Sie hielten ganz von selbst ein Verhältnis von Schlafen zu Wachen ein, das nicht wesentlich von *eins zu zwei* abwich. Das lässt vermuten, dass es nicht einfach die Wecker sind, die unseren Schlaf auf sieben bis acht der 24 Stunden begrenzen; es ist unsere Innere Uhr.

„Wir müssen alle viel länger schlafen", lautet das populäre Lied der Gruppe „regenundmild". Das kann also in dieser Allgemeinheit nicht stimmen. Das Lied bezieht sich allerdings auf junge Leute, die ihre Nächte in Diskos verbringen. Bei denen ist die Aufforderung tatsächlich angezeigt – sie handeln durchgehend gegen ihre Innere Uhr, schlafen nachts kaum und tagsüber schlecht, also insgesamt zu wenig.

Menschen, die ständig gegen ihre Innere Uhr leben und gewaltsam versuchen, ihre Schlafzeiten so kurz wie irgend möglich zu halten, sind in der Tat dem Wecker unterworfen. Chronobiologisch guter Schlaf ist ein Schlaf, der der eigenen Inneren Uhr entspricht. Ob die von Natur aus auf sieben, acht oder neun Stunden eingestellt ist, muss man zunächst einmal herausfinden. Das geht nur durch Versuch und Irrtum. Der zweite Schritt ist dann, sich einigermaßen an deren Vorgaben zu halten. Wer das tut, braucht womöglich auf lange Sicht den Wecker nur noch als Stütze im Hintergrund.

Die Chronobiologie des Schlafs – wann ist der optimale Zeitpunkt?

Es war wieder einmal einer der berühmten Zufälle in der Wissenschaft. Bald nachdem wir in Andechs bei den Isolationsversuchen den Schlaf der Versuchspersonen zu registrieren begannen, machte uns der Zufall indirekt darauf aufmerksam, wann in unserem biologischen Rhythmus der optimale Zeitpunkt für den Schlaf liegt.

Zeichnet man den Schlaf physiologisch auf, muss jemand die empfindlichen Geräte überwachen. Deshalb hielt sich in Andechs im Registrierraum des Bunkers immer eine sogenannte „Sitzwache" auf, solange die Versuchsperson schlief. Da wir nun nicht vorhersagen konnten, wann die Versuchsperson zu Bett ging, musste sich die Sitzwache ständig in unmittelbarer Nähe des Bunkers bewegen. Zu Beginn der Schlafaufzeichnungen im Bunker gab es gar keine Frage: Der Versuchsleiter war gleichzeitig die Sitzwache, und das war Jürgen Zulley.

Die Sitzwache musste also im Grunde ständig anwesend sein, was ein gewisses Problem darstellte. Es wurde dadurch gelöst, dass die Sitzwache zu einer zweiten Versuchsperson erklärt wurde, die im anderen Versuchsraum des Bunkers lebte. Praktisch musste sich die Sitzwache mit ihrem Schlaf-Wach-Rhythmus nach dem Rhythmus der Versuchsperson richten, und zwar gegenläufig, schließlich musste sie genau dann wach sein, wenn die „echte" Versuchsperson schlief, um deren Schlaf zu registrieren.

Beim Bunkerversuch mit Schlafregistrierung musste der Versuchsleiter jederzeit darauf gefasst sein, dass die Versuchsperson ihr Signal gab, jetzt schlafen gehen zu wollen. Dann musste er die Maschine starten und so lange beobachten, wie die den Schlaf registrierte, bis die Versuchsperson wieder aufstand. Oft musste der Versuchsleiter viele Stunden warten, bis die Versuchsperson das Signal gab, sie gehe jetzt schlafen, und weitere Stunden, bis die Versuchsperson ihren Schlaf als beendet erklärte – und das über vier Wochen, eine nervenaufreibende Aufgabe. Noch schlimmer aber war, dass der Registrierraum des Bunkers ungeheizt war und zugig. Es war nämlich November.[17]

Tag für Tag war es dasselbe: Der Versuchsleiter wartete darauf, dass die Versuchsperson erwachte. Er war eingepackt in Mäntel, Schals und Decken und hatte nur einen unbequemen Stuhl im Registrierraum zur Verfügung. In einer solchen Situation versucht man alles Mögliche, um vorherzusagen, wann das Leiden ein Ende hat, die Versuchsperson aufwacht und man selbst sich in den warmen zweiten Bunkerraum zurückziehen kann. Zum Beispiel betrachtet man immer wieder intensiv die physiologischen Aufzeichnungen und beschränkt sich dabei nicht auf den Schlaf, sondern vergleicht alle anderen Parameter damit, etwa den Verlauf der Körpertemperatur.

Das Ganze schien System zu haben. Ging die Versuchsperson im Bunker so schlafen, dass die Temperatur relativ steil anstieg, dann konnte sich der Versuchsleiter freuen: Die Nacht der Versuchsperson versprach kurz zu werden. Ging sie dagegen zu Bett und die Temperatur stieg nur langsam an, dann musste sich der Versuchsleiter auf eine lange Zeit leidvollen Wartens in der Kälte einrichten, ehe die Versuchsperson erwachen würde.

Tatsächlich konnte man die Schlafdauer vorhersagen – allein aus der Information, wie steil die Temperatur anstieg. Was auf den ersten Blick wie ein angenehmer Zufall für den Versuchsleiter aussah, war in Wirklichkeit ein neuer Zusammenhang zwischen Schlaf und Innerer Uhr. 1978 wurde dieses Ergebnis erstmals veröffentlicht und Jahre später durch Studienergebnisse aus den USA bestätigt: Es gibt mehrere Zeitpunkte im zirkadianen Temperaturrhythmus, zu denen man einschlafen kann; wie lange der Schlaf dann natürlicherweise dauert, hängt allerdings davon ab, wann er beginnt.

Ein besonders guter Zeitpunkt zum Schlafengehen wäre den Versuchen gemäß etwa eine Stunde vor dem zirkadianen Temperaturmininum, weil um diese Zeit herum der Schlafdruck am höchsten ist, die Müdigkeit am größten und die Leistungsfähigkeit am geringsten. Deshalb sollten wir um drei Uhr morgens auf jeden Fall schlafen. Menschen in der zeitlichen Isolation richten sich stärker nach ihren inneren Signalen und gehen wohl deshalb um diese Zeit schlafen, kurz bevor die Müdigkeit am größten ist.

Warum beginnen wir dann unsere Nacht im normalen Alltag fünf Stunden früher? Eine streng wissenschaftliche Erklärung dafür gibt es nicht, aber es erscheint immerhin sinnvoll, da wir auf diese Weise nicht gleich in die „Geisterstunde" unseres Körpers geraten, wenn wir einmal später ins Bett gehen wollen. Diese Zeit ist sozusagen ein chronobiologischer Puffer.

Nun behauptet ja die alte Volksweisheit, der Schlaf vor Mitternacht sei der beste, und vielleicht haben unsere Gewohnheiten auch damit zu tun. In Wirklichkeit ist der subjektiv beste Schlaf immer der tiefste, und am tiefsten schlafen wir eben immer in den ersten beiden Zyklen. Die müssen chronobiologisch allerdings nicht vor Mitternacht, sondern könnten genauso gut erst gegen zwei Uhr morgens beginnen. Geht man allerdings erst so spät schlafen, ist es chronobiologisch schädlich, zum Ende der „bürgerlichen Nacht" zwischen sechs und sieben Uhr wieder aufzustehen. Das würde zu einem Schlafdefizit führen. Deshalb hat dreiundzwanzig Uhr als Regelzeitpunkt eine gewisse Logik – nur mit der Mitternacht als solcher hat das nichts zu tun.

Mit dem Verlauf der Körpertemperatur war also ein Faktor gefunden, der nicht nur den Einschlafzeitpunkt bestimmt, sondern auch die Schlafdauer. Die meisten Versuchspersonen im Bunker – die ja keinen Wecker hatten – erwachten regelmäßig etwa fünf Stunden, nachdem ihre Körpertemperatur auf dem Tiefstand war. Unsere „extremste" Versuchsperson schlief einmal fünf Stunden und ein anderes Mal fünfzehn. Im Bunker waren ihre Rhythmen desynchronisiert, vor allem Körpertemperatur und Schlaf-Wach-Rhythmus waren völlig auseinander gelaufen. Fünfzehn Stunden schlief sie, als sie kurz nach der maximalen Körpertemperatur zu schlafen begann, und fünf Stunden, als sie kurz nach ihrem Minimum damit anfing. Übrigens war sie in beiden Fällen gleich schlecht ausgeschlafen.

Im gewöhnlichen Leben können Menschen vergleichsweise einfach selbst herausfinden, wann sie schlafen gehen sollten und für wie lange – im Prinzip umso früher, je früher ihr Temperaturminimum liegt. Dessen Zeitpunkt kann man zwar nicht so einfach messen, aber man kann ihn an einem Ergebnis erkennen: Nach welchem Zeitraum wacht man ohne Wecker auf und hat gleichzeitig das sichere Gefühl, wirklich fit zu sein, weder zerschlagen noch erschöpft? Dass man das nur im Urlaub herausfinden kann, liegt auf der Hand. Falls das Minimum sehr spät liegt, wird man auch erst spät in der Nacht wirklich müde und schläft ohne Wecker bis weit in den Vormittag. Solche Menschen werden immer in Konflikt mit den üblichen Anforderungen an Arbeitszeiten kommen. Aber man kann auch die Körpertemperatur ein bisschen „einstellen", schließlich haben die Zeitgeber-Versuche im Bunker gezeigt, dass auch sie flexibel ist. Ihr Rhythmus ändert sich zwar träger als der von Schlafen und Wachen, aber mit den richtigen Zeitgebern kann man ihn durchaus beeinflussen. Die sichersten sind soziale Reize und helles Licht am Morgen (Kapitel 12).

Morgen- und Abendtypen

Die Schlafdauer ist individuell verschieden – das zeigen natürliche Lang- und Kurzschläfer. Für die optimale Schlafzeit gilt Ähnliches. Wohl jeder kennt Mitmenschen, die schon früh am Morgen vor Energie sprühen und andere, die eine beträchtliche Zeit brauchen, um den neuen Tag als solchen zu erkennen. Die letzteren sind die Abendtypen und werden international als „Eulen" bezeichnet, genauso wie man im herkömmlichen Deutsch von „Nachteulen" spricht. Abends sind sie lange hellwach und aktiv und fühlen sich oft erst am frühen Morgen müde genug, um schlafen zu gehen. Am nächsten Vormittag tun sie sich dann schwer, weil sie erst gegen

Mittag einen Zustand erleben, den man gemeinhin als „wach" bezeichnet. Ihr zugrundeliegender Schlaf-Wach-Rhythmus ist also verschoben, zurückverlegt, und nicht nur der, sondern alle anderen zirkadianen Funktionen mit ihm.

Im Vergleich dazu ist die Innere Uhr bei den als Morgentypen bekannten Zeitgenossen in die andere Richtung verstellt. Wissenschaftlich nennt man sie die „Lerchen"; sie sind schon frühmorgens aktiv, springen aus dem Bett und argumentieren mit „Morgenstund' hat Gold im Mund". Zum Ausgleich werden sie oft schon am späten Nachmittag müde und haben bereits lange vor Beginn der „bürgerlichen Nacht" das Bedürfnis, schlafen zu gehen.

Chronobiologisch kann man die beiden Typen gut erklären: Demnach ist die von innen gesteuerte Periodik bei den Morgentypen kürzer als beim Durchschnitt, kommt also eher 24 Stunden nahe, während die von innen gesteuerte Periodenlänge der Abendtypen näher bei 26 Stunden liegt. Aus diesem Grunde drängt die Innere Uhr die „Lerche" zum früheren und die „Eule" zum späteren Schlaf, parallel zur Körpertemperatur. Diese Unterschiede sind wohl zum Teil angeboren, ändern sich allerdings im Lauf des Lebens – mit steigendem Lebensalter werden wir immer „lerchenmäßiger".

Außerdem unterliegt das Schlafverhalten Gruppendruck und Angewohnheiten. Wir können uns zum Beispiel mit Willenskraft an bestimmte Schlafens- und Aufstehzeiten gewöhnen. Manche kennen das von der Zeit nach dem Studium, wenn sie sich chronobiologisch auf den Berufsalltag umstellen mussten; nach einiger Zeit gewöhnen sich selbst typische studentische „Nachteulen" daran, morgens früher aufzustehen und auch wach zu sein. Dennoch wird aus einer echten „Eule" so leicht keine „Lerche" werden.

Kapitel 10
Siesta – die Chronobiologie rehabilitiert den Mittagsschlaf

Sehnen Sie sich gelegentlich mittags nach vollkommener Ruhe oder fallen Ihnen gar die Augen zu? Käme Ihnen eine Pause oder ein kleines Schläfchen gerade recht? Dann befinden Sie sich in zahlreicher Gesellschaft, und in einer durchaus würdigen – Manager, Wissenschaftler und Politiker pflegen die Mittagsruhe, und insgesamt schläft jeder fünfte Deutsche mittags mehr oder weniger regelmäßig.

Dennoch blendet unser moderner Alltag den Tagschlaf schlichtweg aus, wenn auch noch nicht allzu lange. In alten Liedern wird der Mittagsschlaf noch besungen, und auf vielen Gemälden ist er verewigt. In den städtischen Kulturen des europäischen Mittelalters war das Nickerchen bei den oberen Gesellschaftsschichten ausgesprochen beliebt. Seit der Industrialisierung jedoch gewöhnte man sich daran, den Mittagsschlaf verächtlich zu machen. Immer weniger verbinden wir die Siesta mit Vergnügen, Erholung und Lust, sondern eher mit *klein*, *schwach*, *krank* und *alt*. Diese Assoziationen stecken fest in vielen Köpfen.

Der Mittagsschlaf in anderen Kulturen

Die Industrie allein kann es jedoch nicht gewesen sein: In Japan, dem High-Tech-Land schlechthin, begegnet man dem Tagschlaf sehr viel wohlwollender als bei uns. So sind die japanischen öffentlichen Verkehrsmittel immer überfüllt, doch der Geräuschpegel ist ausgesprochen niedrig. Das liegt nicht nur an der japanischen Disziplin, sondern auch an etwas, was uns Europäer dort regelmäßig verblüfft: Unglaublich viele Japaner schlafen in den U-und S-Bahnen. Niemand stört sie, und niemand stört sich daran.

Auch im übrigen Asien wird der Mittagsschlaf heute noch fast überall gepflegt, und zwar meist zwischen zwölf und fünfzehn Uhr: in Indien und Tibet, in Burma und Kambodscha, in Thailand und Vietnam, in Korea und Malaysia. In der Volksrepublik China hat der Mittagsschlaf – auf Chinesisch Xeu-Xi – sogar den Rang eines Grundrechts. Im 49. Verfassungsartikel heißt es: „Wer arbeitet, hat ein Recht auf Xeu-Xi". Das hat historische Gründe. Ähnlich wie in Europa war der Mittagsschlaf in China vor allem im Süden und zur Sommerzeit verbreitet, und das hat sich bis heute erhalten. Die traditionelle chinesische Medizin betrachtete ihn als Mittel, die Gesundheit vor allem älterer Menschen zu erhalten.

Inzwischen haben chinesische Wissenschaftler mehrfach empirisch dokumentiert, dass diejenigen besonders alt werden, die mittags regelmäßig schlafen. So befragte man 1993 mehr als tausend über Hundertjährige in der Provinz Sichuan nach ihren Lebensgewohnheiten. Die meisten von ihnen waren gewohnheitsmäßige Mittagsschläfer. Und Ende der neunziger Jahre wurde gezeigt, dass neun von zehn Schanghaier Bürgern, die älter sind als hundert Jahre, jeden Mittag schlafen.

Auch der Gründer des Islam, der Prophet Mohammed, legte sich nach dem Mittagessen regelmäßig zu einem Schläfchen nieder, und in der islamischen Medizin heißt es, der Mittagsschlaf verschaffe den lebenswichtigen Organen des Körpers, etwa dem Herzen und dem Gehirn, Erleichterung. Rolf Degen berichtet aus dem früheren Afghanistan, dass die Bewohner „wie andere Rassen, die nah an der Natur in heißen Ländern leben, die Sonne respektieren" – sie schlafen mittags, wenn sie am heißesten ist.

Geographisch sind es vor allem die äquatornahen Gebiete, wo mittags besonders viele schlafen: So legen sich in Mexiko, Ecuador und Nigeria zwei von drei Erwachsenen mittags hin, unabhängig davon, dass es dort mitunter zu heiß ist für richtigen Schlaf. In Mexiko sagen drei von vier Befragten, sie hielten mindestens viermal pro Woche einen Mittagsschlaf von fast anderthalb Stunden.

Kulturgeschichtlich sind es die traditionellen Ackerbaukulturen, in denen man dem Mittagsschlaf frönt, in den traditionellen Nomadenkulturen dagegen schläft man tagsüber eher nicht. Dort nämlich gibt die nächste Wasserstelle den Takt des Lebens vor. Als Jürgen Zulley einmal im südlichen Sinai einige Beduinen danach fragte, ob sie mittags schliefen, rief er damit nur eine Reaktion hervor: Verwunderung. Der Schlaf im Wüstensand gehört der Nacht.

Der Mittagsschlaf im christlichen Abendland

Wer in Granada, Palermo oder Neapel die Mittagszeit zum Einkaufen nutzen will, erntet meist nur ein mitleidiges Lächeln. Dort ist die Siesta, die „ hora sexta" (lat., die sechste Stunde nach Sonnenaufgang), nämlich heilig, und das heißt nicht selten: Schlafenszeit[18]. Auf Spanisch heißt „die Siesta verbringen" sogar: „dormir la siesta" – und „dormir" bedeutet zweifelsfrei „schlafen". Bis weit über das Mittelalter hinaus war das bei uns ähnlich. Das bezeugen etwa die „Bewohner" von Pieter Brueghels d. Ä. „Schlaraffenland", lassen sie doch die landestypischen Köstlichkeiten einschließlich der gebratenen Tauben links liegen und schlafen dafür selig in der Sonne. Brueghels Bild in der Münchner Alten Pinakothek ist allerdings nur das berühmteste, auch viele andere europäische Maler haben die Lust des Mittagsschlafs verewigt.

In den meisten südlichen Ländern Europas ist die Siesta auch heute noch normaler Bestandteil des Tageslaufs. So haben auch die italienischen Arbeiter ein gesetzlich verbürgtes Recht auf eine Schlafpause am Nachmittag, was eine mehrstündige Mittagspause voraussetzt – zusätzliche Rush-Hours am Mittag eingeschlossen. Erst allmählich setzt sich in den italienischen Industriestädten der Acht-Stunden-Arbeitstag mit einer halben Stunde Mittag durch.

Der Athener Psychiater Constantin Soldatos stellte auch für Griechenland bedauernd fest, dass die Leute mittags seltener schlafen, je weiter die Industrialisierung fortschreitet. Im Norden Europas dagegen haben sie schon früher damit aufgehört, sogar in wenig industrialisierten Ländern. So hatte in Irland früher während der Mittagszeit – der „heiligen Stunde" – alles geschlossen, sogar die Pubs; aber nur bis in die sechziger Jahre des zwanzigsten Jahrhunderts.

Die europäische Geschichte dagegen ist voll von berühmten Mittagsschläfern. Schon Karl der Große (742 bis 814) schlief regelmäßig tagsüber, und zwar volle drei Stunden. Napoleon Bonaparte war zwar, wie bereits in Kapitel 9 beschrieben, ein überzeugter Kurzschläfer, aber am Tag holte er zumindest teilweise wieder herein, was ihm an nächtlichem Schlummer fehlte; dasselbe gilt für den fast ideologischen Nachtschlaf-Schmäher Edison – allerdings betrieben beide ihre Mittagsschläfchen heimlich.

Obwohl der Mittagsschlaf in unserem Kulturkreis nicht nur aus der Mode gekommen scheint, sondern auch noch eine ausgesprochen schlechte Presse hat, gibt es auch bei uns notorische Mittagsschläfer. Niemand kann behaupten, diese Menschen wären allesamt Faulpelze – zum Beispiel Politiker des zwanzigsten Jahrhunderts. In Deutschland bekannte sich Konrad Adenauer (1876 bis 1967) dazu, regelmäßig mittags zu schlummern. Sein „Enkel" Helmut Kohl tat es ihm nach und rühmte sich öffentlich dieser Kunst. Auch Hans-Dietrich Genscher, langjähriger deutscher Außenminister bis 1992, lobte den Mittagsschlaf, genauso wie andere zeitgenössische europäische Politiker, etwa der französische Staatspräsident Jacques Chirac und die ehemalige britische Premierministerin Margaret Thatcher, die schließlich gleichzeitig den Beinamen der „Eisernen Lady" trug.

Deren Vor-Vorgänger Winston Churchill (1874 bis 1965) äußerte sich sogar schriftlich daüber: „Zwischen Mittagessen und Abendessen muss man schlafen, und zwar keine halben Sachen. Ziehen Sie Ihre Kleider aus und legen sich ins Bett ... denken Sie bloß nicht, dass Sie weniger Arbeit schaffen, wenn Sie am Tage schlafen. Das ist eine dumme Idee von Leuten ohne Vorstellungsvermögen. Sie werden sogar mehr bewerkstelligen. Sie bekommen zwei Tage in einem – nun gut, wenigstens eineinhalb Tage, da bin ich sicher. Als der Krieg anfing, musste ich am Tag schlafen, weil das die einzige Möglichkeit war, meiner Verantwortung nachzukommen."

Bekennende Mittagsschläfer unter den US-Präsidenten waren Harry Truman (1884 bis 1972) und Ronald Reagan, über dessen Schlafgewohnheiten es ganze Witzbücher gibt. Auch John Fitzgerald Kennedy (1917 bis 1963) hielt im Flugzeug oder im Auto ein Nickerchen, ebenso wie Lyndon B. Johnson und Bill Clinton.

Gerade unter den nächtlichen Kurzschläfern (Kapitel 9) gibt es reihenweise Siesta-Freunde, etwa die Naturwissenschaftler Isaac Newton (1643 bis 1727) und Benjamin Franklin (1706 bis 1790). Aber auch einer der berühmtesten Langschläfer, Albert Einstein (1879 bis 1955), war zusätzlich bekennender Mittagsschläfer. Er hielt die Siesta kurz; vor dem Einnicken soll er sich einen Schlüsselbund zwischen die Finger gesteckt haben, um aufzuwachen, sobald diese zu Boden fielen.

Unter den Künstlern war Leonardo da Vinci (1452 bis 1519) der bekannteste Zirkadian-Verächter – er soll Tag und Nacht alle vier Stunden für fünfzehn Minuten geschlafen haben, eine Behauptung, die allerdings nicht wirklich belegt ist. Auch die Dichter John Milton (1608 bis 1674), Victor Hugo (1802 bis 1885) und Thomas Mann (1875 bis 1955) schliefen tagsüber. Thomas Mann überlegte sogar, ob nicht womöglich der Schlaf ein ursprünglicherer Lebenszustand sei als das Wachsein. Er meinte, womöglich sei Wachheit nur „ein Kampfzustand zum Schutze des Schlafs". Weitere Künstler-Mittagsschläfer sind der Komponist Johannes Brahms (1833 bis 1897) und der Maler Salvador Dali (1904 bis 1989).

Die Wissenschaft vom Mittagsschlaf

Die meisten Tiere schlafen in mehreren Etappen (Kapitel 3). Von Affen über Löwen bis zu den Hirschen, von den Vögeln über Krokodile bis zu den Fliegen halten sie ihr Mittagsschläfchen. Viele Menschen wissen, dass ihre Katzen mehrfach am Tag ein Nickerchen einlegen. Im Englischen gibt es dafür sogar einen Namen: „Cat Nap", Katzennickerchen. Offenbar haben die Tiere einen Vorteil davon – der Mittagsschlaf scheint eine Art „Erfolgsmodell der Evolution" zu sein.

Warum sollte der Mensch da eine Ausnahme sein? Jürgen Aschoff – selbst nahezu unermüdlich (sic!) am Arbeiten, aber bekennender Mittagsschläfer – wollte es genau wissen. Und tatsächlich konnten wir in Andechs zeigen, dass auch die meisten Menschen es vorziehen, ihre aktive Zeit noch einmal durch einen Mittagsschlaf zu unterteilen, wenn es die äußeren Bedingungen erlauben. Einiges dazu steht bereits in Kapitel 6.

Traditionell bekamen die Versuchspersonen in den Andechser Isolationsexperimenten die Anweisung: „Bitte nach Möglichkeit Mittagsschlaf vermeiden." Der Grund ist, dass die Chronobiologie eben zirkadiane Rhythmen erforschen will, und die bringt der Mittagsschlaf als ultradianes Verhalten gewissermaßen durcheinander. Bis heute verbieten ihn chronobiologische Versuchsleiter in den USA, und in der gesamten Schlafforschung beschränkt man sich darauf, den Schlaf genau in der „bürgerlichen Nacht" zwischen dreiundzwanzig und sieben Uhr zu registrieren (Kapitel 9).

Das Mittagsschlaf-Verbot in Andechs wurde im Jahre 1984 aufgehoben (Kapitel 6). Tatsächlich hatten bis dahin mehr Personen einen Mittagsschlaf gehalten als zunächst vermutet. Manche betätigten zwar wie vereinbart ihre Versuchstaste und signalisierten damit, jetzt ein Nickerchen zu beginnen. Viele Mittagsschläfer wollten jedoch „gute Versuchspersonen" oder zumindest keine Spielverderber sein und schliefen deshalb heimlich – entweder im Sessel oder gar auf dem Boden. Später stellte sich sogar heraus, dass einige die Kabel unter dem Bett entfernt hatten. Zu Zeiten, als in Andechs noch kein Schlaf-EEG erfasst wurde, waren diese Bewegungskontakte der Hinweis darauf, dass die Versuchsperson im Bett lag. Waren die Kontakte entfernt, konnten sie keine Bewegung melden und die Versuchspersonen schliefen, ohne dass es herauskam. Dachten sie.

Es kam natürlich doch heraus. Inzwischen ist klar, dass seinerzeit mehr als die Hälfte der Andechser Versuchspersonen Lust auf ein Nickerchen bekam und dann heimlich eines hielt. Als 1984 der Mittagsschlaf erlaubt wurde, schliefen plötzlich drei Viertel der Versuchspersonen. Damit war nicht mehr zu bestreiten, dass der Mittagsschlaf zu unserem normalen biologischen Programm gehört.

Der erlaubte Mittagsschlaf relativierte sogar das zentrale Ergebnis der Isolationsexperimente: Unter den Versuchspersonen, die zu ihrem subjektiven Mittag schliefen, hatte jede zweite eine „freilaufende" innere Periodik von erd-angemessenen 24 statt der inzwischen als unumstößlich geltenden 25 Stunden.

Es gab noch eine zweite Überraschung: Sobald wir den Mittagsschlaf zuließen, konnten wir keine Desynchronisationen zwischen Körpertemperatur und Schlaf-Wach-Rhythmus mehr feststellen wie während des Verbots. Wenn wir den Mittagsschlaf in der Auswertung berücksichtigten oder ihn gar ausdrücklich genehmigten, liefen Schlaf-Wach-Rhythmus und Temperaturrhythmus nicht auseinander.

So bestätigten die Freilaufversuche das Mittagstief des Menschen, und gleichzeitig lieferte die Schlafforschung selbst weitere Belege dafür. Dort benutzte man seit den siebziger Jahren den Multiplen Schlaflatenz-Test (*Multiple Sleep Latency Test*, MSLT); bei diesem Test legen sich die Versuchspersonen jede zweite Stunde für zwanzig Minuten in einer abgedunkelten Kammer hin. Dabei tragen sie die übliche Verkabelung zur Messung der Schlafparameter (Kapitel 9). Auf diese Weise will man herausfinden, ob und wie schnell sie nach EEG-Kriterien einschlafen.

Entwickelt hatte man den MSLT als „objektives" Maß für die Wachheit, aber in Wirklichkeit eignet er sich viel besser für chronobiologische Messungen. Natürlich schlafen Menschen beim MSLT schneller ein, wenn sie besonders müde sind, etwa nach einer „schlechten" Nacht. Aber zu bestimmten Tageszeiten tun sie es auch dann, wenn sie sich eigentlich völlig wach fühlen. Am sichersten passiert das am Mittag gegen dreizehn oder vierzehn Uhr. Dieses Mittags-Tief ist genau wie das Tief in der Nacht um drei Uhr ziemlich unabhängig vom Essen – es ist eine klar chronobiologische Größe. Der israelische Schlafforscher Peretz Lavie nannte die Tageszeiten, in denen man besonders leicht einschläft, *sleep gates*, und diesen Namen haben sie behalten; am weitesten steht das Tor zum Schlummer in der Nacht gegen drei Uhr offen, aber auch am frühen Nachmittag öffnet sich das Schlaftor, zumindest ein wenig.

Es gibt aber noch weitere *sleep gates*, die wir in Andechs mit unseren *Chronochaos*-Experimtenen ermittelten (Kapitel 6). Demnach schlafen Menschen regelmäßig im Abstand von vier Stunden ein, wenn sie nichts zu tun haben, und zwar bevorzugt zwischen neun und zehn Uhr, dreizehn und vierzehn Uhr sowie siebzehn und achtzehn Uhr. Je monotoner die Außenbedingungen und je müder die Person, umso deutlicher wird aus dem zirkadianen 24-Stunden-Muster, bei dem man nur nachts schläft, ein Zwölf-Stunden-Muster mit Mittagsschlaf; werden die Bedingungen weiter verschärft, so entwickelt sich eine ultradiane Periodik mit einem Vier-Stunden-Takt (Kapitel 6).

Auch der Kreislauf hat einen ultradianen Rhythmus, er ist nicht immer gleich stabil. Die Stabiliät erfasst man folgendermaßen: Die Versuchsperson liegt auf einer Liege; diese wird plötzlich um neunzig Grad gedreht, so dass die Versuchsperson aus der horizontalen Lage in die vertikale katapultiert wird. Das fordert den Kreislauf, und um sein normales Niveau zu halten, benötigt er eine gewisse Zeit, wenn auch nicht immer gleich lang. Aus Blutdruck und Puls kann man den sogenannten „orthostatischen Kreislaufindex" errechnen. Zu zwei Zeitpunkten am Tag braucht der Kreislauf besonders lange, um seine Normalwerte wieder zu erreichen: einmal während unserer biologischen „Geisterstunde" gegen drei Uhr morgens, zum anderen am frühen Nachmittag. Zu beiden Zeitpunkten ist der menschliche Kreislauf also labiler als sonst. Das bedeutet: Nachts und am frühen Nachmittag sind wir körperlich rundum weniger leistungsfähig als sonst.

Psychisch zeigt sich das biologische Tief daran, dass wir um diese Zeit mehr Fehler machen und grundsätzlich langsamer reagieren (Kapitel 14).

Alle Befunde laufen also auf dasselbe hinaus: Der Mensch ist mittags physisch und psychisch weniger leistungsfähig, die Körpertemperatur ist niedriger und bei äußeren Bedingungen, die nicht ausgesprochen anregend sind, schläft er schnell ein. Auch wenn er das Schlafbedürfnis absichtlich ignorieren kann, zeigen alle diese Ergebnisse, dass es dem Menschen biologisch auf den Leib geschrieben ist, den Tag in zwei Aktivitätszeiten mit einem Schläfchen dazwischen einzuteilen. Besonders deutlich wird das, wenn wir tatsächlich müde sind, etwa wenn wir wegen Schichtarbeit, Zeitzonenflügen, durchgemachten Nächten oder Schlafstörungen nachts zu wenig geschlafen haben, aber auch bei Krankheit oder besonderer Belastung.

Einige Daten und Fakten

Am häufigsten schlafen bei uns natürlich diejenigen Menschen am Mittag, denen es selbst Tagschlaffeinde gönnen würden: Kinder und Alte, aber auch Studenten und Arbeitslose. Im ersten halben Lebensjahr pendeln sich Kinder auf zwei Tagschlaf-Episoden ein, eine am Vormittag und die andere am frühen Nachmittag; bis zum ersten Geburtstag reduziert sich der Tagschlaf auf das ausgedehnte Nachmittagsschläfchen. Bis zur Pubertät nimmt die Nickerchen-Tendenz kontinuierlich ab (Kapitel 4), aber ab der Pubertät steigt sie wieder bis Anfang zwanzig.

Berufstätige Erwachsene schlafen mittags seltener. Da sie aber kaum die Wahl haben, sagt das nichts über ihr Bedürfnis nach einem Mittagsschlaf aus. Menschen über sechzig, die nicht mehr berufstätig und nicht gezwungen sind, mittags durchzumachen, schlafen dagegen zu mehr als zwei Dritteln ungeniert am Mittag und geben es auch zu. Bei unserer großen epidemiologischen Repräsentativstudie in Deutschland (Kapitel 9) fragten wir mehr als viertausend Personen aller Altersgruppen auch danach, ob sie gelegentlich mittags schlafen. Immerhin halten danach 22,2 Prozent aller Deutschen regelmäßig ein Nickerchen, zwei Mal jede Woche oder sogar häufiger. Männer tun es genauso oft wie Frauen, aber die Männer sagen zusätzlich, sie könnten es an jedem beliebigen Ort. Die große Mehrzahl der Mittagsschläfer war gesund, und neun von zehn berichteten, sich nach ihrem Schläfchen fit und erholt zu fühlen. Der Schluss ist klar: Wer mittags nicht schläft, kann es sich meist nicht leisten.

Aber tagsüber kurz zu schlafen hat auch etwas von einer Kunst, und die will gelernt sein. Nicht umsonst heißt ein sehr unterhaltsames Buch von William A. Anthony „The Art of Napping" – Die Kunst des Nickerchens. Praktisch sind die meisten Erwachsenen und viele Kinder nach einem Tagschläfchen zunächst ein wenig schlaftrunken. Bis zu einer Viertelstunde können sie schlecht gelaunt sein, langsamer reagieren oder Probleme mit Konzentration oder Gedächtnis haben. Ein wenig hängt dieser Effekt damit zusammen, wie lange man geschlafen hat, tritt er doch kaum auf, falls man das Nickerchen auf zehn bis dreißig Minuten beschränkt. Ein anderer Trick: ein Kaffee vor dem Schläfchen. Koffein wirkt nämlich erst nach dreißig Minuten, man kann es deshalb als eine Art biologischen Wecker einsetzen und auf diese Weise auch noch die Schlaftrunkenheit vermeiden. Grundsätzlich aber gilt: Genehmigen Sie sich auch beim Mittagsschlaf Zeit zum Aufwachen. Es kann sich ohnehin nur um Minuten handeln. In der Regel sind es drei.

Erwachsene, die tagsüber schlafen, unterscheiden sich übrigens in keinem einzigen Persönlichkeitszug von solchen, die das nicht tun. Notorische Mittagsschläfer haben aber offenbar die Fähigkeit, sich auf ihr Nickerchen vorzubereiten – ihre Körpertemperatur sinkt vorher ein wenig. Sie werden im wahrsten Sinne des Wortes „cool".

Die Segnungen des Nickerchens

Es ist eine Sache nachzuweisen, dass der Mittagsschlaf zu unserem biologischen Programm gehört. Eine ganz andere Frage ist, ob er einfach nur Vergnügen bereitet wie Schokolade-Essen oder ob er nachweislich zu etwas nütze ist. Nur in diesem Falle hätte man die langfristige Chance, die Siesta von ihrem schlechten Ruf zu befreien, der sie mit Faulheit oder Laszivität gleichsetzt. Frage also: Überbrückt sie nur eine leistungsarme Zeit? Verhindert sie, dass wir unvorhergesehen und plötzlich einschlafen? Oder steigt gar die Leistungsfähigkeit nach einem Schläfchen?

Das kann man nicht im Bunker herausfinden, sondern nur „live", und tatsächlich haben Chronobiologen in den letzten Jahren häufig mit Tagschlaf experimentiert. Es liegt nahe, dabei mit zwei Personengruppen zu arbeiten, die chronobiologisch besonders belastet sind, nämlich Schichtarbeitern einschließlich LKW-Fahrern und Flugpersonal, bei dem es besonders um Jet-Lag geht (Kapitel 13 und 14).

Zu den Vorreitern gehörten die NASA und die amerikanische Behörde für Flugsicherheit. Gerade Langstrecken-Piloten leiden ständig unter Jet-Lag und damit Schlafmangel (Kapitel 13), und nachweislich schlafen sie mitunter ein, wenn auch meist nur für kurze Zeit. Wie man inzwischen weiß, sind solche Mikroschlaf-Episoden vermutlich für eine ganze Reihe gefährlicher Flugsituationen verantwortlich.

So berichtet Martin Moore-Ede eine der bekanntesten Geschichten; sie stammt aus dem Jahr 1983. Damals flog eine Maschine mit drei Besatzungsmitgiedern im Westen der USA einfach weiter über den Pazifik, statt in Los Angeles zu landen. Den Fluglotsen in Los Angeles kam das merkwürdig vor, und sie machten sich im Cockpit massiv bemerkbar. Daraufhin wendete das Flugzeug und landete wie vorgesehen. Alle drei Besatzungsmitglieder hatten geschlafen.

Die NASA gab dazu ein Experiment in Auftrag, an dem eine dreiköpfige Cockpit-Besatzung teilnahm. Bei einigen Flügen galt die übliche Regel „Schlafen verboten, es wird ohne Unterlass gearbeitet", während bei anderen jeweils einer der Piloten eine Pause für ein Schläfchen bekam. Wer gerade „frei" hatte, schlief nach gut fünf Minuten ein und wachte erst nach fast einer halben Stunde wieder auf. Nach dem Schläfchen waren die Piloten voll leistungsfähig und um ein Drittel aufmerksamer und reaktionsschneller als zuvor, selbst wenn ihre Kollegen gerade todmüde wirkten. Das ist besonders wichtig, weil Müdigkeit in der Regel „ansteckend" wirkt. Piloten mit Schlafverbot reagierten durchweg langsamer, waren nicht immer voll aufmerksam, und drifteten immer wieder unkontrolliert in Mikroschlaf-Perioden ab.

Andere Forscher untersuchten den Tages-Kurzschlaf in weniger prekären Situationen, etwa John M. Taub in Virginia, Roger Godbout und Jacques Montplaisir in Montreal, David Dinges in Pennsylvanien oder Karl Hecht an der Berliner Humboldt-Universität. Unabhängig voneinander stellten alle fest, dass Versuchspersonen nach einem Nickerchen bei ihrer Arbeit schneller reagieren, aufmerksamer und konzentrierter arbeiten und besser gelaunt sind als Kollegen ohne Mittagsschlaf, und zwar nachhaltig. Das gilt sogar für ein Schläfchen am frühen Abend direkt vor der Nachtschicht: In diesem Fall machen die Leute in der Nachtschicht weniger Fehler und arbeiten produktiver.

Selbst dem Gedächtnis hilft ein Nickerchen auf die Sprünge: Andrew Tilley im australischen Queensland ließ Versuchspersonen eine Liste sinnloser Silben auswendig lernen. Danach durften einige von ihnen kurz schlafen. Sie konnten das Gelernte hinterher besser wiedergeben als die anderen nach der gleichen Zeit ohne Schlaf.

Eine neue Siesta-Kultur?

Während die deutschen LKW-Fahrer auch 1999 wieder einmal – es ist zu fürchten: vergeblich – Respekt vor ihren gesetzlich vorgeschriebenen Pausen einforderten, gestehen inzwischen schon einige Fluglinien in USA und Europa ihren Piloten und dem Kabinenpersonal auf Langstreckenflügen abwechselnd „kontrollierte Nickerchen" zu. LKW-Fahrer können davon nur träumen. Immer wieder findet man die gleiche Geschichte in der Zeitung: Bei einer Polizeikontrolle verschluckt ein Fahrer seinen Fahrtenschreiber, weil der die – angeblich unvermeidlichen – Verstöße gegen die Pausenvorschriften beweisen würde. Dabei ist nachgewiesen, dass Übermüdung die häufigste Ursache für schwere Verkehrsunfälle ist (Kapitel 14).

Japan, das ja weniger ideologische Probleme mit dem Mittagsschlaf hat als wir, ist auch hier Vorreiter. Schon mehrere Firmen in Japan stellen ihren Angestellten verdunkelte „Relax-Center" zur Verfügung, und es gibt sogar „Nap-Shops": Zelte in großen Räumen, die man stundenweise für ein Nickerchen mieten kann.

Auch in Europa und Nord-Amerika denken manche Unternehmen allmählich um: IBM, Apple, Elektroriesen und Erdölkonzerne erlauben Mittagsschläfchen, und selbst die französische Atomenergie-Kommission bietet ihren Mitarbeitern seit 1990 Ruheräume. Auch die Lokführer und Zugschaffner der US-Unternehmen Union Pacific und Burlington Northern dürfen heute tagsüber schlummern, falls der Zug steht. Selbst die US-Armee hat Schlüsse aus der Erkenntnis gezogen, dass ein Nickerchen im Alltag die Leistung steigert. Sie bietet Kurse in der Kunst des Tagschlafs, meist unter der Bezeichnung „alertness management".

In Deutschland ist es der Füllfederhersteller Montblanc, der lieber ausgeruhte Mitarbeiter hat – die leisten nämlich mehr. Seit kurzem haben sogar die Angestellten der Regensburger Universitäts-Pizzeria einen Ruheraum, damit sie ihre südliche Siesta-Kultur auch im kälteren und dunkleren Deutschland pflegen können. – Vielleicht gehören ja Liegesessel bald zur Bürogrundausstattung. Die Stadtverwaltung in Vechta ist schon auf dem besten Weg dazu. Mittagsschlaf ist erwünscht, Isoliermatten werden spendiert. Auch wenn der sächsische Beamtenbund protestiert, Beamte würden bei der Arbeit nicht schlafen – hat ja auch keiner behauptet.

Vor vier Jahren haben sich die bekennenden Mittagsschläfer dieser Erde zusammengeschlossen, und als Individualisten haben sie gleich das Internet zu ihrem Forum gewählt. World Nap Organization (WNO) heißt ihre Vereinigung, und wer ihr beitritt, steht offen zu seinen Nickerchen, kümmert sich nicht um dessen gesellschaftliche Geringschätzung, klärt andere über die gesundheitlichen Vorzüge der Siesta auf – und forscht darüber, soweit möglich.

Stehen Sie zu Ihrem Mittagsschlaf!

Mittagsschlaf kommt praktisch im gesamten Tierreich vor, und unter den Menschen schlafen fast alle mittags, falls sie die Gelegenheit – und den Mut – dazu haben. Auf jeden Fall schlafen tagsüber viel mehr Menschen, als man gemeinhin glaubt, weil es viele eben heimlich tun. Die beste Zeit dafür liegt am frühen Nachmittag, wenn wir uns biologisch ohnehin in einem Tief befinden, dann, wenn bei Untersuchungen im Schlaflabor die meisten Versuchspersonen in Rekordzeit einschlafen, und zwar besonders schnell, wenn sie in der Nacht zuvor zu wenig geschlafen haben – gleich, aus welchem Grund. Schließlich verbessert Mittagsschlaf die geistige und körperliche Leistungsfähigkeit und verhindert typische Mittags-Fehler und Mittags-Unfälle. Wenn Ihnen ein Mittagsschlaf gut tut – und das ist zumindest im Sommer wahrscheinlich: Bemühen Sie sich darum, ihn zu bekommen und genieren Sie sich nicht dafür. Die World Nap Organization hat nicht Unrecht.

Kapitel 11
Schlafentzug – warum schlafen wir eigentlich?

Wenn wir abends müde werden, gehen wir schlafen und empfinden das als normal. Wir können sogar tagsüber schlafen, falls wir uns gerade im chronobiologischen Tief befinden, ob wir subjektiv müde sind oder nicht. Doch – müssen wir auch schlafen?

Überhaupt nicht zu schlafen, ist für die meisten Menschen ein Alptraum. Für Menschen wie Thomas Edison dagegen, der nachts aus Überzeugung kurz und zusätzlich heimlich mittags schlief, war es der Wunschtraum: Was könnten Menschen alles zusätzlich arbeiten, wenn sie weniger schlafen würden! Eine typisch „moderne" Idee. Älter ist eine andere Idee: wach zu bleiben, um sich selbst zu überwinden. Wie, wenn wir die Müdigkeit besiegten? Bewiese das nicht besondere geistige Stärke? Die Jünger des Jesus von Nazareth jedenfalls hatten zu wenig davon. In der bekannten Nacht im Garten von Gethsemane schliefen sie einfach ein.

Frage also: Macht der Schlaf nur Vergnügen oder ist er wirklich wichtig, womöglich lebenswichtig? Würden wir ohne ihn sterben? Oder ist er doch nur eine Form der Faulheit, die wir im Prinzip „überwinden" könnten? Schließlich sind wir ja in der Lage, unser Schlafbedürfnis durchaus flexibel zu handhaben.

Die Diskussion ist nicht neu, und das Thema hatte schon immer viele Aspekte, die der französische Aufklärer Michel de Montaigne (1533 bis 1592) so zusammenfasste: „Es ist Sache der Ärzte zu urteilen, ob der Schlaf so notwendig ist, dass unser Leben davon abhängt. Wir wissen allerdings, dass König Perseus von Makedonien in der römischen Gefangenschaft starb, nachdem man ihn am Schlaf gehindert hatte. Plinius jedoch berichtet über Menschen, die lange ohne Schlaf lebten."

Zwischen Marter und Erleuchtung

Die alten Römer hielten nicht nur ihren hochrangigen makedonischen Gefangenen gewaltsam wach, sondern auch viele andere. Seit alter Zeit gehört Schlafentzug zum Arsenal staatlicher Folterer, und im Römischen Reich hieß er *Tormentum Vigiliae* – Folter des Wachseins: Wie jede Folter hatte auch diese den Zweck, Geständnisse zu erzwingen. Das Mittelalter dagegen verhängte die *Tortura Insomniae*, die Marter der Schlaflosigkeit; ihr offizielles Ziel war, Dämonen auszutreiben.

„Amnesty international" gibt noch keine Entwarnung – auch heute wird in vielen Ländern dieser Erde gefoltert, um Menschen zu „Geständnissen" zu zwingen, und oft genug gehört zur Folter auch der Schlafentzug. Wo, ist leicht im Internet nachzulesen.

Andererseits verzichten Menschen unter bestimmten Umständen freiwillig und mit einem ganz bestimmten Ziel kurzfristig auf Schlaf. Das tun sie etwa im Rahmen von Initiationsriten bei Naturvölkern, die meistens einen symbolischen Tod und eine symbolische Wiedergeburt einschließen und dafür häufig Schlafentzug nutzen. Der kann mehrere Nächte dauern – bei den australischen Aborigines sind es drei. Das Ziel können Prüfungen und Heldentaten sein; so blieb Gilgamesch, der mythische mesopotamische König, auf seiner Suche nach Unsterblichkeit sechs Tage und Nächte wach. Es können aber auch regelmäßig wiederkehrende Übungen mit kürzeren Schlafentzügen sein, und die sehen alle Religionen vor. In den meisten religiösen Traditionen ist das Wachsein als solches ein Wert an sich, und die Gnosis ging so weit, Schlaf mit Unwissenheit gleichzusetzen und beide als „Rausch" zu bezeichnen. Das „Erwachen" war für sie der zu erreichende Zustand, in dem erst die Seele ihre wahre, himmlische Identität erkennt.

Nun zeigt freiwilliges Wachbleiben immer, dass sich der oder die Wachende selbst zu überwinden vermag. Auf der anderen Seite kann bereits eine durchwachte Nacht zu veränderten Bewusstseinszuständen führen und mystisch-religiöse Erfahrungen fördern oder beschleunigen.

Es sind vor allem die „Eingeweihten" aller Religionen, die nachts mitunter wachen. Christliche Mönche und Nonnen wohnen Gottesdiensten bei, die ganze Nächte lang andauern, oder sie beenden ihre Andacht nach Mitternacht und beginnen um vier Uhr morgens von neuem. Vor christlichen Hochfesten gibt es aber auch für katholische Laien die Vigil; dann sind die Kirchen durchgehend geöffnet. Im pakistanischen Bhit im unteren Industal pflegen Sufi-Musiker seit hunderten von Jahren eine Tradition im Angedenken an den Sufi-Mystiker Shah Abdul Latif (1689 bis 1752): Sie musizieren von Sonnenuntergang bis Sonnenaufgang in der Moschee, um in höhere geistige Sphären zu gelangen und sich mit Allah oder auch dem Heiligen an sich zu verbinden. Auch buddhistische Meditierende reduzieren ihren Schlaf, um ihr „Erwachen" zu fördern. Höhepunkte sind Nächte, in denen sie bis zum Morgen meditieren, etwa vor Buddhas Erleuchtungstag oder zum Neuen Jahr – auf Japanisch heißt das *yaza*, Nachtmeditation.

Freiwilliger Schlafentzug für die Wissenschaft

Wissenschaftlich untersuchen kann man Schlafentzug nur mit Menschen, die dazu besonders motiviert sind und sich eine längere Zeit ohne Schlaf auch zutrauen. Der Weltrekord besteht seit 1965 und wurde nie wieder erreicht. Damals blieb der Kalifornier Randy Gardner unter Aufsicht des amerikanischen Schlafforschers William Dement elf Tage lang durchgehend wach, also mehr als zweihundertfünfzig Stunden. Randy Gardner bewies, dass ein Mensch sein biologisches Schlafbedürfnis erstaunlich lange überwinden kann, wenn er dies unbedingt will und von außen intensiv unterstützt wird. Dennoch fiel es Randy Gardner ausgesprochen schwer, sich wach zu halten; vor allem nachts fühlte er sich todmüde und seine Augen schmerzten. Schließlich bekam er Gedächtnisprobleme, und auch seine Wahrnehmung arbeitete nicht mehr präzise: Er sah und hörte nicht mehr alles und sah stattdessen Dinge, die es gar nicht gab. Psychisch wurde er immer reizbarer und misstrauischer.

Seit Beginn der naturwissenschaftlichen Schlafforschung gibt es Wissenschaftler, die den tieferen biologischen Sinn des Schlafes herausfinden wollen, und genau deshalb verhindern sie den Schlaf und prüfen, was dann geschieht. Das bedeutet „Schlafentzug". Manche Forscher arbeiten dafür mit Tieren, um ja kein Risiko am Menschen einzugehen. Die meisten aber suchen gesunde Menschen, die bereit sind, eine gewisse Zeit lang nicht zu schlafen und sich dabei untersuchen zu lassen. Immerhin wissen wir alle, dass die eine oder andere durchwachte Nacht ganz offensichtlich nicht wirklich schadet.

Als erste veröffentlichten die US-Amerikaner Patrick und Gilbert von der Universität Iowa wissenschaftliche Beobachtungen zum Schlafentzug, und zwar im Jahre 1896. Ihre drei gesunden Versuchspersonen waren neunzig Stunden lang ununterbrochen wach gewesen – also fast vier Tage. Ihr Hauptergebnis war: Schlafentzug macht extrem müde.

Fast achtzig Jahre später untersuchte der amerikanische Psychiater Anthony Kales erstmals mit den üblichen naturwissenschaftlichen Standards, wie Schlafentzug wirkt. Seine vier Versuchspersonen schliefen jeweils zweihundertfünf Stunden lang nicht, und Kales dokumentierte ihr Befinden und Verhalten genauestens. Seitdem folgten viele weitere Studien; alle Ergebnisse, über die wir in diesem Kapitel berichten, gehen auf diese Untersuchungen zurück.

Neben dem totalen Schlafentzug untersuchte man häufig, welche Folgen es hat, wenn Menschen über längere Zeit weniger schlafen als normal. Das nennt man Schlafrestriktion oder Schlafreduktion. Eine Woche lang nur fünfeinhalb Stunden zu schlafen verkraften Versuchspersonen einigermaßen gut – wohlgemerkt Freiwillige, deren optimale Schlafzeit nicht unbedingt sieben bis acht Stunden beträgt. Viereinhalb Stunden – weniger als die chronobiologisch untere Grenze des Normalen – hält jedoch kaum jemand länger als eine Woche durch. Bei drei Stunden Schlaf pro Nacht fällt das Leistungsvermögen bereits innerhalb der ersten Woche drastisch ab.

Müdigkeit und Schläfrigkeit

Vor allem um die Müdigkeit nach Schlafentzug so zu messen, dass man sie bei verschiedenen Menschen vergleichen kann, entwickelte man den Multiplen Schlaflatenz-Test MSLT (Kapitel 10). Doch genau beim MSLT stellte sich heraus, dass man müde sein kann, ohne einzuschlafen, und dass man einschlafen kann, ohne müde zu sein. Kürzlich untersuchten wir in Regensburg über hundert Versuchspersonen mit Hilfe dieses Tests und verglichen die Ergebnisse mit einem Leistungstest. Einige der Versuchspersonen waren topfit, die anderen waren ziemlich müde. Das sagte aber nichts über das Ergebnis im MSLT aus: Es gab eine Gruppe, die schnell einschlafen konnte, und eine andere, die gar nicht einschlafen konnte. Erstaunlicherweise waren in beiden Gruppen sowohl Personen, die eigentlich topfit waren, als auch solche, die müde waren. Das ist ähnlich wie nach einem sehr langen, anstrengenden Arbeitstag, an dem wir uns müde und erschöpft fühlen, körperlich wie geistig verausgabt, aber dennoch nicht sofort einschlafen können. Wir sind zu „aufgekratzt".

Die Schlafforschung unterscheidet deshalb zwischen *Müdigkeit* und *Schläfrigkeit*. Versuchspersonen sind dann *müde*, wenn sie subjektiv erschöpft sind und auch in Leistungstests unkonzentriert und wenig ausdauernd arbeiten. *Schläfrig* sind sie dagegen ganz pragmatisch dann, wenn sie schnell einschlafen können. Ob wir zu einem Zeitpunkt schläfrig sind oder nicht, kann damit zusammenhängen, dass wir subjektiv müde sind. Es kann aber auch anders sein und primär an den Umgebungsbedingungen hängen: Zu bestimmten Zeiten am Tag werden Menschen in einer monotonen Situation auch dann schläfrig, wenn sie subjektiv überhaupt nicht müde sind. Auslöser: die Innere Uhr. Die zeigt nicht nur am Abend „Schlaf" an, sondern den ganzen Tag über immer dann, wenn die „Schlafpforten" geöffnet sind; besonders weit sind sie unter langweiligen äußeren Bedingungen geöffnet. In solchen Fällen schlafen wir dann tatsächlich ein, falls wir geistig abschalten. Genau das können Schlafgestörte nur schwer: Sie sind zwar tagsüber subjektiv ständig müde, können aber sowohl tags als auch nachts nur schwer einschlafen. Es ergeht ihnen ständig wie uns nach einem anstrengenden Arbeitstag; sie sind erschöpft, aber nicht schläfrig.

Einen solchen Erschöpfungs-Zustand kann man auch experimentell herstellen. In Andechs lebten einige Versuchspersonen unter Schlafrestriktion: Im Rhythmus von vier Stunden durften sie jeweils nur anderthalb Stunden schlafen. Nach den ersten acht Stunden, die in der Nacht lagen, hatten sie somit nur drei Stunden Schlaf angesammelt. Am zweiten Tag ging es in diesem Rhythmus weiter, und so waren sie permanent müde. Auch tagsüber schliefen sie zu den vorgesehenen Zeitpunkten im Vier-Stunden-Takt rasch ein. Einzige Ausnahme: der frühe Abend. Da erlebten viele zum ersten Mal einen Zustand, den Schlafgestörte gut kennen. Sie waren müde und zerschlagen, konnten aber nicht einschlafen – die „Schlafpforten" waren um diese Zeit geschlossen.

Bei allen Experimenten mit vollständigem Schlafentzug wurden die – wohlgemerkt: freiwilligen – Versuchspersonen fünf Tage lang immer müder, dann pendelte sich die Müdigkeit auf diesem hohen Niveau ein. „Pendeln" ist wörtlich zu verstehen: Die Müdigkeit bleibt nie gleich, sondern ändert sich mit der Tageszeit. Jede Versuchsperson im Schlafentzug fühlt sich vormittags wacher und am frühen Nachmittag wieder müder, und hier ist müde gleich schläfrig. Der 24-Stunden-Rhythmus, den Innere Uhr und äußere Zeitgeber gemeinsam vorgeben, wirkt also selbst nach Schlafentzug.

Körperliche Folgen

Zu wenig Schlaf macht alt. Zu diesem Schluss kamen Wissenschaftler aus Chicago um Eve van Cauter. Elf junge Männer schliefen drei Nächte lang normale acht Stunden und in den folgenden sechs Nächten nur jeweils vier. Im Anschluss daran durften sie zur Erholung sieben Nächte lang so lange schlafen, wie sie wollten, maximal zwölf Stunden. Die Schlafverkürzung hatte deutliche Folgen: Der Kohlehydrat-Stoffwechsel funktionierte schlechter, die Glukose-Konzentration im Blut stieg an, und abends wurde mehr Kortisol ausgeschüttet als normal. Die Ausschüttung der Schilddrüsenhormone wurde nicht mehr im normalen Rhythmus gesteuert. Diese Veränderungen ähneln denen im Alter und denen im Frühstadium der Zuckerkrankheit. Doch sie gehen vorüber – nach einer „Erholungs"-nacht hatten sich Blutbild und Hormonregulation der Versuchspersonen von Eve van Cauter wieder normalisiert.

Allgemein führt Schlafentzug von mehreren Tagen dazu, dass die Augen der Versuchspersonen schmerzen und brennen und es ihnen schwer fällt, einen Gegenstand zu fixieren. Sie sehen die Gegenstände oft doppelt und können deshalb ihre Umgebung nur mit besonderer Konzentration korrekt wahrnehmen oder gar lesen. Ihre Schmerzschwelle ist erheblich niedriger als sonst, und in Armen und Beinen kommt es zu Gefühlsstörungen, bis diese zu zittern und zu schmerzen beginnen. Herzschlag und Atmung werden unregelmäßiger und der Blutdruck fällt.

Mit Folgen dieser Art muss grundsätzlich auch rechnen, wer längerfristig sein optimales Schlafquantum nicht erreicht – ob freiwillig oder gezwungen. Welche Schlafdauer als optimal gelten kann, ist zwar individuell verschieden (Kapitel 9), aber selbst Kurzschläfer kommen auf fünf Stunden. Schlafen wir ein oder auch zwei Nächte weniger, als unser Optimum es vorsieht, können wir das gut kompensieren. Auf Dauer jedoch macht zu wenig Schlaf schlicht und einfach krank.

Auch die Ergebnisse von Tierexperimenten geben Hinweise auf die Folgen des Schlafentzugs – und damit den Sinn des Schlafes. Der Chicagoer Schlafforscher Allan Rechtschaffen berichtete 1983 von seinen Versuchen mit zwei Gruppen von Ratten. Beide Gruppen lebten unter den gleichen Bedingungen. Einziger Unterschied: Während die Kontrollgruppe frei schlafen durfte, wurde die Versuchsgruppe vollständig am Schlafen gehindert. Zehn Tage lang verhielten sich die Tiere der beiden Gruppen völlig gleich. Dann jedoch änderten die Ratten mit Schlafentzug ihr Verhalten abrupt. Sie fraßen immer mehr, verloren gleichzeitig an Gewicht und konnten ihre Körpertemperatur nicht mehr auf der normalen Höhe halten. Später entwickelten sie Tumore und Infektionskrankheiten, und nach vier Wochen starben sie. Offenbar war durch den Schlafentzug der Stoffwechsel entgleist; das Immunsystem der Tiere war nachhaltig geschwächt und sie konnten ihr energetisches Gleichgewicht nicht mehr aufrechterhalten.

Ein anderes Experiment machte der holländische Wissenschaftler Serge Daan. Er schob brütenden Vogelpärchen zusätzliche Eier unter, so dass sie nach dem Schlüpfen mehr Junge zu versorgen hatten als sonst. Sie mussten also viel mehr Futter suchen und konnten so weniger schlafen. Die Folge: sie starben früher.

In der wissenschaftlichen Literatur gibt es keinen Bericht über Tote nach Schlafentzug, auch nicht durch Schlafstörungen. Selbstverständlich konnte auch noch nie ein Schlafforscher die wirklichen Folgen von Schlafentzugs-Folter untersuchen. Dennoch erscheint es bei den beschriebenen körperlichen Folgen zu kurzen Schlafs beim Menschen und den Ergebnissen bei Tieren gar nicht mehr ausgeschlossen, was Montaigne aus den klassischen Schriften über den letzten Makedonen-König Perseus zitiert: dass auch Menschen sterben könnten, wenn sie nicht mehr schlafen dürfen.

Psychische Folgen

Wie wir psychisch auf Schlafentzug reagieren, hängt von verschiedenen Faktoren ab: ob er freiwillig oder erzwungen ist, ob uns jemand seelisch-moralisch unterstützt und wie viele Nächte wir wach bleiben. Dennoch ist die erste Folge immer Schläfrigkeit. Vor allem wenn die ultradianen „Schlafpforten" geöffnet sind, schlafen die Betroffenen nach Schlafentzug unvermittelt kurz ein. Während anregender Tätigkeiten ereignen sich solche *Mikroschlaf-Episoden* seltener, bei monotonen und langweiligen Aufgaben dagegen häufig: im Labor bei Aufgaben am Monitor – vor allem bei schlechter Beleuchtung – und im „richtigen Leben", wenn man Auto fährt oder Maschinen überwacht. Das Problem: Unmittelbar bevor man einschläft, fällt die Wahrnehmung kurz aus, so dass man gar nicht bemerkt, wie man in eine Mikroschlaf-Episode abdriftet. Das Auto fährt weiter.

Schlafentzug kann die Stimmung mitunter auch positiv beeinflussen. Wir kennen es wohl alle: „Machen" wir eine einzelne Nacht „durch", sind wir irgendwann hungrig, müde und missmutig. Das ist spätestens zum Zeitpunkt des Temperatur-Minimums. Einige Stunden später werden wir aber wieder wacher, sind ein wenig aufgedreht und sogar recht guter Laune.

Diese positive Wirkung des Schlafentzugs auf die Stimmung nutzt man bei der Behandlung schwerer Depressionen. Die Patienten bleiben entweder eine ganze Nacht wach oder stehen nach vier Stunden Schlaf wieder auf. Auch wenn es Depressiven genauso schwer fällt, nachts wach zu bleiben wie anderen Menschen, wird dieser Aufwand oft mit Erfolg belohnt: dann nämlich, wenn sie die Tage nach dem therapeutischen Schlafentzug als ganz „normal" erleben. Leider hält die Wirkung oft nicht lange vor, und man muss die Prozedur häufig wiederholen, ohne dass sie deshalb je leicht fallen würde.

Warum kann Schlafentzug positive Folgen haben? Der Antwort auf diese Frage kann man ein wenig näherkommen, wenn man untersucht, was bei zu viel Schlaf geschieht. Schlafen Menschen nämlich mindestens zwei Stunden länger, als es für sie optimal ist, werden viele lethargisch und lustlos, können sich weniger Dinge merken, reagieren langsamer und fühlen sich rundum zerschlagen. Das lässt sich abstellen, indem man seinen Schlaf auf die optimale Zeit begrenzt.

Längerer totaler Schlafentzug dagegen wirkt sich immer negativ auf die gesamte psychische Verfassung aus, gleich, ob wir mehr als eine Nacht gar nicht schlafen oder mehrere Nächte kürzer, als es unsere individuelle Innere Uhr vorsieht. Alle Experimente kommen zu ähnlichen Ergebnissen wie William Dement bei Randy Gardner: wenn Menschen zu wenig schlafen, werden sie schreckhaft und reizbar, verhalten sich gleichzeitig distanzlos und misstrauisch, ihre Stimmung fällt in den Keller und ihre Wahrnehmung wird unzuverlässig. Man will eigentlich nur noch schlafen und interessiert sich sonst nicht mehr für viel, und jedes Nachdenken kostet ungeheure Mühe. Je länger der Schlafentzug dauert, umso ausgeprägter sind die Folgen. Bereits nach sechzig Stunden totalen Schlafentzugs – also noch nicht einmal drei Tagen – folgen vermehrt Halluzinationen und Sinnestäuschungen; dann hält man ein Seil für eine Schlange, einen Schatten für einen Mörder oder einen Motor für das Kreisen des Hubschraubers, dessen Besatzung einen zu verhaften gedenkt. Bedenkt man all das, liegt es auf der Hand, dass Menschen nach Schlafentzug über zu wenig Willenskraft und gezielte Denkfähigkeit verfügen, um dem Druck eines solchen Verhörs standzuhalten – sie gestehen leicht, was immer man von ihnen verlangt. Solche „Geständnisse" taugen als Beweis so viel, als hätten sie die Folterknechte frei erfunden.

Die psychischen Veränderungen nach Schlafentzug sind nicht durch bloßen Augenschein zu erfassen. Bei Schlafentzugs-Experimenten müssen daher die Teilnehmer nicht nur Fragebögen ausfüllen, sondern sich auch verschiedenen Leistungstests unterziehen. Dazu gehören Reaktionszeit-Messungen, Rechenaufgaben, Gedächtnis- und Aufmerksamkeitsprüfungen und Vigilanztests. Letztere sind meist Aufgaben am Bildschirm, die nur ab und zu eine Reaktion verlangen, und das stellt geistig keine besonderen Anforderungen – genau wie auf der nächtlichen Autobahn oder in Kontrolltürmen großer Industrie-Anlagen. Demnach reagieren Menschen nach Schlafentzug langsamer, sind weniger aufmerksam und ihr Gedächtnis ist etwas schlechter als nach einer Nacht mit ausreichend Schlaf; wie immer wird die Leistung nicht konstant schlechter, sondern verläuft entlang der Tagesrhythmen.

Ein Team von australischen Forschern um Drew Dawson brachte die Folgen des Schlafentzugs auf den Punkt. Die Arbeitsgruppe verglich Versuchspersonen nach Schlafentzug von 24 Stunden mit anderen, die so viel Alkohol getrunken hatten, dass ihr Alkoholgehalt im Blut ein Promille betrug. Beide Gruppen zeigten identische Leistungen bei Aufgaben zur Koordinations- und Reaktionsfähigkeit, und zwar deutlich schlechtere, als sie Menschen normalerweise erbringen. Insofern hat es die deutsche Sprache schon immer gewusst: Ein Schlaf„trunkener" hat etwas von Betrunken-Sein.

Wozu also der Schlaf?

Der Schlaf reduziert Wahrnehmung und Bewusstsein und setzt zeitweilig die Temperaturkontrolle außer Kraft. Allein und außerhalb eines Hauses waren schlafende Menschen ihren tierischen „Feinden" immer hilflos ausgeliefert. Warum beschert uns die Chronobiologie dieses biologische Risiko?

Der plausibelste Grund scheint tatsächlich so etwas wie Regeneration zu sein. Rein physisch teilen sich im NREM-, und dort vor allem im Tiefschlaf mehr Zellen als sonst, der Körper produziert mehr Proteine und den größten Teil seiner täglichen Menge an Wachstumshormonen. Das alles kann man als körperlichen Reparatur-Prozess bezeichnen. Der muss in der Tat unabhängig davon stattfinden, ob wir uns zuvor angestrengt haben oder nicht. Gleichzeitig haben unsere Wahrnehmungsorgane eine „Auszeit", vor allem die Augen; speziell sie scheinen sich im Schlaf zu regenerieren, immerhin folgt auf Schlafentzug regelmäßig Augenbrennen.

Mit dem REM-Schlaf bringt man eine Regeneration des Zentralen Nervensystems und damit der Psyche in Verbindung, nicht zuletzt wegen der intensiven Traumerlebnisse. Im REM-Stadium ist die Muskulatur völlig schlaff und das Gehirn doppelt so stark durchblutet wie sonst. Das weist darauf hin, dass es im REM-Schlaf tatsächlich um das Hirn geht. Der Pariser Schlafforscher Michel Jouvet meint, im REM-Schlaf werde immer wieder Verhalten geübt, das man ansonsten gerade selten einsetzt. Inzwischen gibt es auch immer mehr Belege für die Vermutung, die Francis Crick[19] und Graene Mitchison 1983 publiziert haben: Demnach legt das Hirn im REM-Schlaf die wichtigen Sinneseindrücke und Informationen des Tages geordnet ab und löscht die überflüssigen. Dadurch kann es neue Sinneseindrücke aufmerksam und konzentriert aufnehmen, verarbeiten und speichern. Während eines Schlafentzugs ist das alles nicht möglich – auch das kann erklären, warum Menschen dann die oben beschriebenen typischen psychischen Ausfälle zeigen.

Entwicklungsgeschichtlich passt das zu der Theorie, der REM-Schlaf diene zur Entwicklung des Gehirns beim Kleinkind, vor allem aber beim Fötus, dessen Schlaf ja zu achtzig Prozent aus REM besteht. Demnach „übt" das Gehirn im REM, indem es bestimmte Schaltkreise immer wieder aktiviert. Möglicherweise kann das Ungeborene auf diese Weise Instinktverhalten üben, etwa Atmen, Schlucken und Saugen.

Demnach müssten wir auch schlafen, um bestimmte Organe zu schonen und ihnen eine Pause zu verschaffen, um uns körperlich und seelisch zu regenerieren, und um unsere Gedächtnisinhalte gut zu organisieren. Das macht kein Mensch aus reiner Vernunft, selbst wenn es sich anbietet, bei Dunkelheit und Kälte weniger aktiv zu sein. Das muss die Natur selbst organisieren. Deshalb ist es sehr sinnvoll, dass unsere inneren Systeme irgendwann auf Ruhe schalten, und besonders, dass sie es nachts tun. Dieses „timing" erledigt unsere Innere Uhr.

Untersuchungen des Münchner Schlafforschers Thomas Pollmächer belegen, dass Menschen mehr und tiefer schlafen, wenn man sie in ein künstliches Fieber versetzt: Ist der Körper krank, braucht das Immunsystem offensichtlich mehr Schlaf. Auf der anderen Seite werden Menschen mittelbar krank, wenn sie zu wenig oder gar nicht schlafen. Tiere können dann nicht einmal ihr Immunsystem am Laufen halten. Es gibt keinen wirklichen Grund, warum das beim Menschen anders sein sollte. Schlafmangel macht uns nicht nur langfristig krankheitsanfälliger; kurzfristig führt er dazu, dass wir jederzeit tagsüber ungewollt einschlafen können, mehrere Sekunden zuvor nichts mehr wahrnehmen und einfach auf gar nichts reagieren. Nicht zu selten passiert das im Auto. Dann kann Schlafmangel unmittelbar tödlich sein.

Kapitel 12
Es werde Licht – Sonne, Lampen und Gesundheit

„Tag der schwarzen Sonne" nannte man den 11. August 1999, den Tag, an dem die letzte totale Sonnenfinsternis des alten Jahrtausends von Neufundland bis Mittelasien wanderte. Millionen Menschen in Europa, der Türkei und Asien beobachteten fasziniert, wie sich mitten am Tag der Mond vor die Sonne schob. Sie erlebten, wie es plötzlich kühl und finster wurde, als sei in Sekundenschnelle die Abenddämmerung hereingebrochen. Zwei Minuten lang war durch die alufolienartige Schutzbrille nur die „Korona" zu sehen, der Lichtkranz um die Sonne, ein Schauspiel, das selbst abgebrühte Astronomen begeisterte, weil sie es erstmals in natura sehen konnten. Aber alle wussten, dass der Mond vor der Sonne stand, alle kannten den Ablauf, alle waren darüber informiert, dass sie spezielle Schutzbrillen benötigten, und allen war bekannt, dass nach zwei Stunden der Mond die Sonne passiert hätte und alles wieder so wäre wie immer.

Wer das nicht weiß und von einer Sonnenfinsternis plötzlich überrascht wird, wer ohne Schutzbrille beobachtet, wie die Sonne in Zeitlupe Sichelform annimmt und dann verschwindet, am nächsten Tag aber blinde Flecken vor den Augen hat, dem kann eine totale Sonnenfinsternis durchaus Angst einjagen. Und dann läge es durchaus nahe, dieses Geschehen magisch zu interpretieren oder gar als Androhung höherer Mächte, die Sonne könnte als Strafe für irgendeine menschliche Schandtat überhaupt nicht mehr auftauchen.

Die heilige Sonne

Mag sein, dass unter anderem das Erlebnis einer Sonnenfinsternis hinter einem Sonnen-Ritual auf der Sinai-Halbinsel steckt. Seit mehreren tausend Jahren finden sich dort Nacht für Nacht hunderte von Menschen ein, die auf den 2285 Meter hohen Djebel Musa (Berg Moses) steigen – Menschen aller Altersstufen, Männer und Frauen aus aller Herren Länder und jeder Religion. Sie wollen im ersten Morgengrauen vom heiligen Gipfel aus die aufgehende Sonne begrüßen, damit sie auch an diesem Tage die Erde erhelle und erwärme.

Ganz sicher nicht zufällig ist die Sinai-Halbinsel Ort dieses Rituals, liegt sie doch sowohl auf dem Weg des Moses und der Israeliten ins Gelobte Land als auch unmittelbar im ägyptischen Einflussbereich. Wie in allen alten Hochkulturen wurde auch in der ägyptischen die Sonne als Gottheit verehrt. Aber erst der Pharao Amenophis IV.-Echn-Aton, der von 1365 bis 1348 vor unserer Zeitrechnung regierte, machte die Sonne – *Aton* – zur einzigen Gottheit. Als vermutlich erster Regent der Weltgeschichte dachte er monotheistisch und setzte den Monotheismus in seinem Volk durch. Ab dem fünften Jahr seiner Regentschaft nannte sich Amenophis IV. deshalb Echn-Aton – dem *Aton gefällig*.

Aus Echn-Atons Monotheismus leitet Sigmund Freud die jüdische Religion ab[20] und damit alle späteren monotheistischen Religionen, die auf der jüdischen gründen. Das beträfe auch unsere abendländisch-christliche Religion, die ihrerseits ihren Religionsstifter als Personifikation des Lichts sieht. Tatsächlich geht auf den ägyptisch erzogenen Moses die biblische Schöpfungsgeschichte zurück, und der erste gesprochene Schöpfungsakt Gottes ist die Erschaffung des Lichts. Unübertroffen illustriert das Joseph Haydns Oratorium „Die Schöpfung", das leise, in gedämpftem Moll und trüben Dissonanzen, die „wüste und leere" Erde und auch noch die erste Schöpfungsanweisung Gottes beschreibt. Nach dem ersten „Es ward" dagegen schaltet die Partitur um, um bei dem Wort „Licht" im strahlendsten C-Dur die Schöpfung zu preisen:

So huldigt auch das Abendland der Sonne selbst – und das ist bei unseren düsteren Wintern alles andere als verwunderlich.

Winterdepression

Gerade hierzulande und weiter nördlich sind die Menschen im Winter messbar schlechter gestimmt als im Sommer (Kapitel 1). Inzwischen weiß man, was die schlechtere Stimmung primär verursacht: der Mangel an Licht. Schließlich ist der Winter nicht nur die kalte, sondern auch die dunkle Jahreszeit, da die Tage sehr viel kürzer und weniger hell sind als im Sommer (Kapitel 2). Nicht umsonst setzen gerade die Völker des Nordens der winterlichen Dunkelheit ihre von Kerzen erhellten Wintersonnwend-Rituale entgegen, und nicht umsonst wurden deren Kerzen in die christliche Weihnacht übernommen, die bis heute nur nördlich der Alpen mit der uns bekannten Inbrunst gefeiert wird.[21]

Es gibt jedoch Menschen, die im Winter nicht nur leicht getrübter Stimmung sind, sondern regelrecht depressiv werden. Seit gut dreihundert Jahren beobachten die Psychiater die *Winterdepression*: Der erste dokumentierte Fall war die englische Adlige Anne Grenville, die von 1642 bis 1691 lebte; jedes Jahr im Winter war sie depressiv und im Sommer drehte sie auf bis zur Manie. Auch der englische Dichter John Milton (1608 bis 1674) scheint unter Depressionen im Winter gelitten zu haben, berichtet er doch, alle seine Gedichte seien im Frühjahr und Sommer entstanden, während ihm das Schreiben in Herbst und Winter sehr viel schwerer gefallen sei. Doch England ist nicht auf die Winterdepression abonniert; auch der französische Psychiater Philippe Pinel berichtete 1806 über einzelne Patienten, die regelmäßig im Sommer manisch wurden und im darauffolgenden Winter depressiv.

Der Berliner Psychiater Wilhelm Griesinger beschrieb die Winterdepression 1845: „Andere Beobachter und wir selbst haben Fälle gesehen, wo zu einer gewissen Jahreszeit, zum

Beispiel im Winter, tiefe Schwermuth sich einstellte, und diese im Frühling in Manie übergeht, welche im Herbst allmählich wieder zur Melancholie herabsinkt." Und der Münchner Psychiatrie-Professor Emil Kraepelin (1865 bis 1926) fasste sie so zusammen: „Mehrfach sah ich dabei die Verstimmung im Herbst einsetzen, um im Frühling, ‚wenn der Saft in die Bäume schießt', in Erregung überzugehen, in gewissem Sinne den Stimmungsschwankungen entsprechend, die auch den gesunden Menschen im Wechsel der Jahreszeiten überkommen."

Für längere Zeit geriet die Winterdepression dann aus dem Blickfeld der Medizin, und erst vor wenigen Jahren griff die internationale Psychiatrie das Thema erneut auf. Der amerikanische Psychiater Alfred J. Lewy von der Oregon Health Sciences University war ein echter Bücherwurm, der sich intensiv mit europäischer Literatur und Geschichte befasste. Womöglich fiel ihm deshalb auf, als sein alter Patient Herbert Kern im Jahr 1980 wieder einmal in einem depressiven Zustand bei ihm vorsprach, dass er das nicht zum ersten Mal im Herbst tat. Lewy prüfte, was er je über Kern notiert hatte, und stellte fest: Kern war nicht nur oft, sondern immer im Herbst gekommen. Und immer im Frühjahr war der Spuk vorbei.

Lewy publizierte die Geschichte, und diesmal ging die psychiatrische Wissenschaft der Sache gründlicher nach. Sie fand heraus, dass tatsächlich einige Depressionen schlicht und einfach von der Jahreszeit abhängen, genauer: vom Mangel an Licht. Menschen mit einer *„Saisonal Abhängigen Depression"* sind regelmäßig im Spätherbst traurig und gedrückter Stimmung, ihr Antrieb und ihre Leistungsfähigkeit sacken mitunter dramatisch ab; im Gegensatz zu anderen Depressiven schlafen sie besonders viel und nehmen an Gewicht zu. Im Frühjahr ist dann alles wieder normal. Viele Winterdepressive gehen nicht zum Psychiater und schleppen sich irgendwie durch das Winterdunkel, während andere fast handlungsunfähig, also schwer depressiv werden. Auf Englisch heißt die Krankheit *Seasonal Affective Disorder* und trägt die sinnige Abkürzung *SAD* (engl. „traurig"). Offiziell gibt es die Diagnose seit fünfzehn Jahren.

Bei uns leidet statistisch gesehen jeder zehnte Erwachsene unter Winterdepression, in Alaska fast jeder dritte, im südlichen Florida dagegen nur einer von fünfundzwanzig. Winterdepression hat also fraglos mit der geographischen Lage zu tun – und damit mit dem Licht. Aber noch ein zweites spielt mit: wie wir das vorhandene Licht nutzen. Eine Schweizer Arbeitsgruppe unter der Leitung von Anna Wirz-Justice konnte nämlich nachweisen, dass Menschen besonders häufig an SAD erkranken, die sich allgemein weniger dem Tageslicht aussetzen. Man kann also vorbeugen – so viel wie möglich in die Sonne und ans Licht. Diese Erkenntnis ist nicht ganz neu.

Das heilende Sonnenlicht

Im Jahre 1904 empfahl Anna Fischer-Dükelmann in ihrem populär-medizinischen Buch „Die Frau als Hausärztin": „Also darum Wärme und Sonne, ihr Frauen, Luft und Bewegung, und ein anderes Geschlecht wird erstehen!", und ein altes deutsches Sprichwort sagt: „Wo die Sonne scheint, kommt der Arzt nicht hin."

Schon vor Jahrtausenden galt die Sonne nicht nur als göttlich, sondern als gesundheitsförderlich; womöglich hing ja beides auch zusammen. So empfahl bereits vor 2200 Jahren der Arzt Aretaeus, dass „Lethargiker in das Licht gelegt und den Strahlen der Sonne exponiert werden sollen", weil ihre Krankheit „die Düsternis" sei – in moderner Sprache handelte es sich um Depressionen. Ähnliches findet sich bei anderen berühmten Heilkundigen des Altertums, etwa bei Hippokrates, dem griechischen Autor des ärztlichen Eides (um 300 vor Christus), bei Galenos (129 bis 199 christlicher Zeitrechnung), dem Leibarzt des römischen Kaisers Marc Aurel, aber auch bei Avicenna (Ibn Sina, 980 bis 1037), dem berühmtesten spanisch-arabischen Arzt des Mittelalters.

Über die alten Ideen zur Heilkraft der Sonne setzte sich die im achtzehnten Jahrhundert aufkommende naturwissenschaftlich orientierte Medizin nicht hinweg. Auch sie empfahl Sonnenbäder gegen Tuberkulose und Hauterkrankungen, gegen Nasen- und Ohrenleiden, gegen Fettsucht oder Erschöpfung. Zu den Sonnenfreunden gehörte neben Christoph Wilhelm Hufeland (1762 bis 1836), dem Goethe und Schiller ihre Gesundheit anvertrauten, auch Daniel Schreber (1808 bis 1861), der zwar die „Schwarze Pädagogik" begründete, aber auch die „Schreber"gärten als licht- und vitaminreiche Gesundbrunnen des einfachen Volkes.

Doch weiterhin nutzte man die Heilkraft der Sonne primär gegen Depressionen. Im Jahre 1796 richtete die Universität Göttingen sogar einen Wettbewerb aus, in dem medizinische Studien zum Thema „Licht" eingereicht werden konnten – und das war damals noch identisch mit der Sonne. Auf den zweiten Platz kam eine Arbeit von Ernst Horn (1774 bis 1848); er hatte psychisch Kranke verstärkt dem Sonnenlicht ausgesetzt und dabei nachgewiesen, dass es denjenigen unter ihnen danach besser ging, die gleichzeitig unter Antriebsschwäche litten – einem der wichtigsten Depressionssymptome.

Die physikalische Natur des Lichts

Licht besteht aus elektromagnetischen Wellen verschiedener Wellenlängen im *Nanometer*-Bereich (nm; 1 nm=10^{-9} m). Sehen – also mit unseren Augen wahrnehmen – können wir nur die Anteile des Lichts, deren Wellenlänge zwischen 380 und 780 Nanometern liegen. Die langsameren Anteile des Lichts sind das Infrarot-Licht (IR, zwischen 760 und 1000 nm), die schnelleren die ultravioletten (UV-)Strahlen; davon gibt es drei Arten, nämlich UV-C (von 200 bis 280 nm), UV-B (von 280 bis 315 nm) und UV-A (von 315 bis 400 nm). Alle UV-Strahlen schaden der Netzhaut im Auge, weshalb wir einen Reflex haben, niemals direkt in die helle Sonne zu schauen.[22]

Künstliche Lichtquellen hin oder her: Das Licht auf der Erde stammt primär von der Sonne. Die strahlt unterschiedlich lange und unterschiedlich hell, je nach geographischer Lage, Tageszeit und Einfallswinkel; an einem Sommermittag ist ihr Licht am intensivsten und an einem trüben Winterabend oder -morgen am wenigsten intensiv. Wie viel Licht an einem bestimmten Ort der Erdoberfläche wirklich ankommt, hat darüber hinaus damit zu tun, wie viel Wasser, Staub, Ozon, Sauer- oder Wasserstoff das Licht auf seinem Weg begegnet. Die Erde selbst und jeder Gegenstand auf ihr nimmt das Licht auf, absorbiert es.

Das gilt auch für die menschliche Haut. Sie absorbiert Licht, entzieht dem Strahlungsfeld Energie und verändert sich dadurch selbst. Dabei reagiert sie unterschiedlich auf die verschiedenen Anteile des Sonnenlichts. Die infrarote Strahlung der Sonne wärmt die Haut, UV-A bräunt sie, UV-B ist für den Sonnenbrand verantwortlich und UV-C desinfiziert. Allerdings hat UV-C eine besonders hohe Energie; sie kann im Zellkern und in der unteren Zellschicht der Haut auch Zerstörungen anrichten, die bis zum Hautkrebs reichen können. Faktisch durchdringt jedoch nur ein kleiner Teil der UV-C-Strahlen die Ozonschicht der Erde. Nur im Gebiet des seit einigen Jahren über den Polen entstandenen Ozonlochs ist es mehr, weshalb man sich dort der Sonne nicht länger ungeschützt aussetzen soll. – Verzichten können wir auf die ultravioletten Sonnenanteile übrigens nicht: ohne UV-Strahlen kann der Körper kein Vitamin D bilden, und Vitamin-D-Mangel bei Kindern führt zu Rachitis.

Die beiden wichtigsten physikalischen Maße für das Licht sind *Lux* und *Lumen.* Der Lichtstrom, der von einer Lichtquelle ausgeht, wird in *Lumen* (lm) gemessen. Die Beleuchtungsstärke ist die Helligkeit einer bestimmten Fläche, also der Lichtstrom pro Flächeneineinheit. Die Beleuchtungsstärke wird in *Lux* gemessen (1 lx= 1 lm/m^2); sie beträgt in normal beleuchteten Räumen etwa 100 Lux und in vorschriftsmäßig beleuchteten Büros mit Fensterplätzen 300 bis 400 Lux. In Großraumbüros sind nach dem Bundesarbeitsschutz-Gesetz 1000 Lux vorgeschrieben. Das Sonnenlicht ist wesentlich heller: Selbst an einem wolkigen Wintertag hat es 1500 Lux, an einem hellen Sommermittag dagegen 100 000 Lux (mehrfach in Regensburg um fünfzehn Uhr gemessen).

Lichttherapie – eine alte Idee wird perfektioniert

Ob bei den *lethargischen* Patienten des Aretaeus oder den antriebslosen des Ernst Horn: es war das Sonnenlicht, das ihre depressive Verfassung besserte. Noch heute haben die Winterkolonien der Nordländer auf Gran Canaria und in Südspanien sicherlich einen Nebeneffekt: den Leuten geht es dort psychisch besser, weil dort mehr Sonne ist. Sie behandeln sich quasi selbst. Und es ist sicher nicht primär die Wärme der Sonne, die ihre Stimmung hebt; mindestens so wichtig ist ihr Licht.

Systematisch untersucht man die Wirkung der *Lichttherapie* noch nicht lange. Der erste theoretisch begründete Versuch dürfte aus dem Jahr 1946 stammen, als ein Soldat zu dem deutschen Arzt Heinrich Marx kam. Der Soldat klagte über winterliche Depressionen, die auftraten, seit er während des Zweiten Weltkriegs im nördlichen Teil von Skandinavien stationiert gewesen war. Damals wusste man schon einiges darüber, wie die von der Hirnanhangdrüse Hypophyse gesteuerten Hormone die Stimmung beeinflussen und wie das Licht die Bildung dieser Hormone steuert. Marx bedachte den winterlichen Lichtmangel im Norden Europas, vermutete, die Hypophyse des Soldaten habe deshalb zu wenig Hormone abgegeben, und legte ihn unter eine Höhensonne. Tatsächlich ging es dem Soldaten hinterher besser und Marx schloss, seine „Lichttherapie" habe gewirkt, weil das Auge genügend Licht zur Hypophyse geleitet habe. Diese Erklärung war neu, hatte man doch bis dahin vermutet, das Licht wirke irgendwie über die Haut, die von der Sonne beschienen wurde. Aber Marx' Ansatz blieb ein Einzelfall, und erst Professor Lewy bestätigte an seinem Patienten Herbert Kern nicht nur die Existenz der Winterdepression. Er behandelte ihn auch systematisch mit Licht und stieß damit eine Entwicklung an, die zur Perfektionierung einer alten Therapieform führte.

Heute bedeutet *Lichttherapie*, dass sich jemand über eine bestimmte Zeit einem künstlichen Licht von mindestens 2.500 Lux aussetzt. Da die Netzhaut im Auge bestimmte Lichtanteile nicht verträgt – weshalb man eben auch eine Sonnenfinsternis nicht mit bloßem Auge anschauen darf –, filtert man bei der Therapie-Speziallampe UV- und Blaulicht-Anteile heraus. Die Speziallampen gibt es mit Lichtstärken von 2500 bis 10000 Lux. Vor eine 10 000-Lux-Lampe setzt man sich ungefähr vierzig Minuten am Tag, am besten morgens, aber es funktioniert auch zu anderen Tageszeiten. Dabei soll prinzipiell Licht in die Augen fallen, aber man muss nicht direkt in die Lampe schauen. Bei den von Experten geprüften und empfohlenen Lichttherapiegeräten kann man die Behandlung beliebig oft wiederholen. Nebenwirkungen sind nicht bekannt.

Am häufigsten setzt man die Lampe als Mittel gegen Winterdepressionen ein. Dazu gibt es inzwischen auch zwei größere Studien, die im Oktober-Heft 1998 der „Archives of General Psychiatry" publiziert sind und den üblichen Anforderungen an Arzneimittelstudien entsprechen.[23] Beide Untersuchungen zeigen, dass Lichttherapie den Patienten mit Winterdepression deutlich besser hilft als ein glaubwürdiges Plazebo.

Darüber hinaus untersuchte man, ob Licht einer Gruppe von Winterdepressiven besser helfen könnte als die üblichen Arzneimittel gegen Depression, sogenannte Antidepressiva. Und tatsächlich waren die Patienten nach fünf Wochen Lichttherapie psychisch gesünder als ihre Leidensgenossen, die mit herkömmlichen Antidepressiva behandelt wurden.

Seit man wieder einen Blick für das heilende Licht hat, stieß man „nebenbei" auch auf die natürliche Wirkung der Sonne. So untersuchte eine kanadische Arbeitsgruppe den Genesungsprozess depressiver Patienten in einer Klinik. Zusätzlich verglich man die Patienten nach der Himmelsrichtung ihrer Krankenzimmer; dabei stellte sich heraus, dass Patienten aus Südzimmern erheblich schneller als geheilt nach Hause entlassen werden konnten als solche aus Nordzimmern.

Diese Art „natürlicher" Lichttherapie korrespondiert gut mit einer anderen: Depressive Patienten gingen einfach jeden Morgen systematisch eine Stunde spazieren; nach einigen

Wochen waren sie besser gestimmt als ihre Mitpatienten, die ausschließlich medikamentös behandelt wurden.

Inzwischen sind Dutzende kontrollierter Studien veröffentlicht – teils in nationalen, teils in internationalen Zeitschriften –, die belegen, dass die Lichttherapie das beste Mittel gegen Winterdepression ist. Seit Anfang der neunziger Jahre gilt die Lichttherapie in Amerika deshalb als Mittel der Wahl bei Winterdepression, sowohl von psychiatrisch-wissenschaftlicher als auch von gesundheitspolitischer Seite. Dagegen gibt es vor allem bei uns in Europa erstaunlicherweise noch immer Psychiater, die die Lichttherapie nicht akzeptieren, obwohl sie mittlerweile an vielen Universitätskliniken praktiziert wird.

Im Schlafmedizinischen Zentrum der Universität Regensburg führen wir seit 1993 Lichttherapien durch und dokumentieren die Ergebnisse; sie sind genauso eindeutig wie alle anderen. Dabei benutzen wir das helle Licht nicht nur bei Patienten mit Winterdepression, sondern versorgen auch Personen mit der Lampe, die unter Schlafstörungen leiden oder unter Essstörungen wie Bulimie. Auch hier wirkt die Lichttherapie. Viele stationäre Patienten sind sogar so begeistert von ihrer Ersatz-Sonne, dass sie sich außerhalb ihrer Therapie-Zeiten heimlich vor die Lampe setzen.

Das helle Licht lindert nicht nur echte Erkrankungen wie Winterdepression oder Schlafstörungen. Nachweislich aktiviert es sogar Gesunde und hellt ihre winterliche Stimmung auf – nicht von ungefähr kennt die deutsche Sprache „trübe" und „aufgehellte" Stimmungen. Helles Licht steigert demnach unser Wohlbefinden wie unsere Leistungsfähigkeit. Wenn man so will, holen wir uns mit der Speziallampe ein Sommergefühl in die Winterstube. Dies nutzen auch die Nordländer in ihren langen Wintern aus: In Helsinki können die dunkelheitsgeplagten Finnen Cafés aufsuchen, wo an jedem Tisch ein Lichttherapiegerät benutzt werden kann – ein Renner in der dunklen Jahreszeit.

Auch in der Arbeitswelt gewinnen die Ergebnisse zur Wirkung des Lichts immer mehr an Bedeutung. In den USA schon üblich, wird jetzt auch in Deutschland helles Licht am Arbeitsplatz eingesetzt und scheint sich zu bewähren. Ein Stahlwerk in Dillingen ist Vorreiter, und allmählich beginnen auch Architekten, für Arbeitsräume helles Licht einzuplanen.

Das Licht in der Kniekehle

Am 16. Januar 1998 erschien in der renommierten naturwissenschaftlichen Zeitschrift „Science" ein Artikel des New Yorker Chronobiologen Scott Campbell mit der Überschrift „Extraocular circadian phototransduction in humans". Dieser Artikel erregte weltweit Aufsehen und verwirrte die Zunft der Chronobiologen nachhaltig. Campbell hatte seinen Versuchspersonen ein Kissen in der Kniekehle befestigt. Das Kissen strahlte Licht aus, das Campbell unter der Decke beliebig ein- und ausschalten konnte, ohne dass dies für die Versuchsperson zu verfolgen war.

Die Wirkung verblüffte zunächst Scott Campbell selbst und nach der Publikation auch alle anderen Chronobiologen. Das Licht in der Kniekehle setzte nämlich die Melatoninkonzentration im Blut drastisch herab, es verschob den zirkadianen Verlauf der Körpertemperatur, und wenn es während des Schlafs brannte, veränderte es auch die Schlafstruktur. Derartige Wirkungen kennt man sonst auch von hellem Licht. Aber bis dahin war man davon ausgegangen, dass es direkt ins Auge fallen muss, damit die Information zum zirkadianen Taktgeber SCN gelangen kann (Kapitel 8). Diese Ergebnisse waren ein einziges Rätsel und stifteten die Chronobiologen zu intensiven Disputen an.

Nun gibt es bereits seit längerem die These, Licht könne unmittelbar die im Blut vorhandene Melatoninkonzentration verändern. Im Prinzip wäre das die einzige Erklärungsmöglichkeit für Campbells Ergebnisse, hat doch auch sonst die Zeitgeberwirkung des Lichts ziemlich sicher mit Melatonin zu tun. Gerade in der Kniekehle liegen die Blutgefäße sehr dicht an der Hautoberfläche. Helles Licht könnte sie also dort besonders leicht erreichen, den Melatoninspiegel beeinflussen und damit alle anderen beschriebenen Veränderungen bewirken.

Nach dieser Interpretation wirkt das helle Licht zwar primär und direkt über die Augen, in zweiter Linie aber auch indirekt über die Haut und das Blut unter der Hautoberfläche. Das würde heißen, dass auch eine Art Lichtbad der Haut die Stimmung aufhellen und die Menschen aktivieren kann. Da man ja auch beim „Lichtbaden" das Auge für gewöhnlich nicht ausschaltet, wäre die Wirkung doppelt. Das könnte nicht nur die winterliche Flucht der Nordländer auf die Kanaren erklären, sondern auch die sommerlichen Menschenmassen am Strand und unsere abenteuerlichen Pseudo-Bekleidungen unter südlicher wie eigener Sonne, die der Ästhetik Hohn sprechen. Die Haut so weit wie möglich der Sonne auszusetzen wäre damit eine der ältesten antidepressiven Therapien, eine Art intuitiver Selbstbehandlung.

# Kapitel 13

Wenn Rhythmen gestört werden – Schichtarbeit, Jet Lag und Sommerzeit

Das zwanzigste Jahrhundert war das erste, in dem die Menschen uneingeschränkt elektrischen Strom nutzen und es sich damit nachts richtig hell machen konnten. Damit war es das erste, in dem nicht nur eine sehr kleine Oberschicht, sondern sehr viele Menschen von ihrer Inneren Uhr abweichen und die Nacht zum Tage machen konnten – manche zum Vergnügen, manche zur Arbeit.

Nachtarbeit in der Geschichte

Bereits im antiken Rom war die Nacht nicht gleichbedeutend mit Untätigkeit, selbst außerhalb von großen Festen, die in allen Kulturen nachts stattfanden. So hüteten die Priesterinnen der Göttin Vesta das heilige Feuer ohne eine Sekunde Pause. Als Symbol für den Fortbestand des Römischen Reiches durfte es niemals ausgehen. Die Vestalinnen waren aber nicht die einzigen, die in Rom und den übrigen Städten des Imperiums nachts tätig waren. Regelmäßig wurden die Waren für die Märkte nachts transportiert. Ein Gesetz aus Caesars Zeiten schrieb diesen Nachtverkehr ausdrücklich vor, damit man die engen Straßen tagsüber besser nutzen konnte. Die nächtlichen Transporte waren übrigens ziemlich laut: Man verwendete eisenbeschlagene Holzkarren, die über das Straßenpflaster klapperten. Diesem Lärm war natürlich nur das einfache Volk nachts auch passiv ausgesetzt.

Militär und Transportwesen waren Branchen, in denen traditionell Nachtarbeit geleistet wurde: In der Seefahrt hielt eine Nachtwache das Schiff auf Kurs, und bei Unwettern war nachts die ganze Mannschaft auf Deck. Eilkuriere überbrachten ihre Botschaften Tag und Nacht, und in Kriegen schützten Nachtwachen das Heerlager vor nächtlichen Angriffen. Noch heute ist die Wache beim Militär ein Job für die Wehrpflichtigen.

Geburt und Tod ereigneten sich immer schon vorwiegend nachts, so dass die Gebärenden samt Umgebung sehr oft, die Hebammen und religiösen Heilkundigen oft genug nachts wach blieben. Seit der Erfindung des Feuers wechselten sich die Frauen damit ab, das Herdfeuer ununterbrochen Tag und Nacht in Gang zu halten; es wäre mühsamer gewesen, täglich allein mit trockenen Blättern, Feuersteinen oder Holzstöckchen ein neues zu entfachen.[24]

Umgekehrt waren jedoch die ständig brennenden Feuer in den Holzhäusern eine ständige Gefahrenquelle, die auch tatsächlich immer wieder ganze Straßenzüge in Brand setzten. Unter anderem deshalb gab es die Nachtwächter, die sich mindestens alle befestigten Städte bis ins zwanzigste Jahrhundert hinein leisteten: Als Feuermelder mussten sie die ganze Stadt intensiv im Blick haben. Nebenbei dienten sie lange als eine Art Nacht-Polizei und taten das, womit man sie heute noch verbindet: Als lebende Zeitansage riefen sie jede Stunde aus.

Schichtarbeit heute

Aufs Ganze gesehen mussten allerdings immer nur wenige Menschen nachts aktiv sein. Das änderte sich erheblich mit der Industrialisierung. Schließlich können Maschinen ununterbrochen laufen – und wenn sie das tun, steigt der Profit. Damit griff für die Menschen das um sich, was Friedrich Engels „das schändliche System der Nachtarbeit" nannte – weit über die Bereiche hinaus, wo es immer schon Nachtarbeit gegeben hatte.

Im Jahre 1998 arbeiteten 4,6 Millionen der insgesamt 36,8 Millionen Erwerbstätigen in Deutschland mindestens gelegentlich nachts,[25] darunter 791 000 ständig; mehr als 12 Millionen mussten abends arbeiten, 2,4 Millionen davon ständig.

Zusätzlich arbeiteten 4,25 Millionen in Wechselschicht, die teilweise Nachtschicht enthält, darunter 2,29 Millionen ständig. Insgesamt arbeiteten 1998 damit 5,5 Millionen oder knapp fünfzehn Prozent der Erwerbstätigen *ständig* entgegen den Vorgaben ihrer Inneren Uhr. – Diese Zahlen enthalten nicht die Aushilfstätigkeiten, etwa wenn Studentinnen nachts kellnern, Azubis als Diskjockey etwas dazuverdienen oder Rentner frühmorgens die Zeitung austragen; und auch wer nachts eigene Kinder oder Eltern versorgt, ist hier nicht mitgerechnet.

Jede Erwerbsarbeit außer Haus, die zu ungewöhnlichen Zeiten geleistet wird, fällt unter den Überbegriff „Schichtarbeit". Schichtarbeit umfasst Arbeit zu konstant „ungewöhnlicher" Tageszeit wie Dauer-Nachtschicht, aber auch Arbeit zu wechselnden Tageszeiten. Zwei-Schicht-Systeme umfassen entweder Früh- und Spätschicht – gleich, wie häufig gewechselt wird –, Tag- und Nachtschicht oder eine geteilte Schicht mit Früh- und Abendarbeit an einem Tag. Drei-Schicht-Systeme fordern Früh-, Spät- und Nachtschicht, die nach verschiedenen Zeitmodellen aufeinanderfolgen.

Schichtarbeit und Gesundheit

Äußere Zeitgeber synchronisieren die Innere Uhr auf den 24-Stunden-Tag, und die wichtigsten sind Tageslicht und soziale Kontakte (Kapitel 7). Ob nun jemand einen klassischen Acht-Stunden-Tag hat oder Schicht arbeitet – die Sonne geht für beide zur gleichen Zeit auf und unter, und auch das soziale Leben spielt sich primär tagsüber ab, egal, wann jemand arbeitet. Das fällt besonders bei Menschen ins Gewicht, die Kinder haben, und da immer noch am meisten bei den Müttern. Wer sich während der Schichtarbeit also nicht als eine Art Zombie weitab jeder menschlichen Gesellschaft in eine Höhle mit künstlichem Tageslicht begeben mag, behält den normalen Takt der Inneren Uhr bei.

Doch obwohl die Innere Uhr der Nachtschichtler genauso tickt wie die ihrer Umwelt, bleibt ihnen nichts anderes übrig, als tagsüber zu schlafen, während ihre gesamte Umwelt auf „Tag" und damit Aktivität steht – auch sie selbst. So leben sie doppelt gegen ihre Innere Uhr: Sie arbeiten, wenn ihr Organismus auf Schlaf geschaltet ist, und müssen schlafen, wenn dieser eigentlich aktiv sein will – manchmal sogar während der Zeiten, in denen die „Schlafpforten" (Kapitel 10) fest verschlossen sind.

Chronobiologisch ist es deshalb folgerichtig, dass der Schlaf vor allem der Nachtarbeiter – in abgeschwächter Form bei Schichtarbeit jeder Art – subjektiv schlechter ist als der normale Nachtschlaf und dass ihn die Betroffenen als weniger erholsam erleben. Nach EEG-Kriterien unterscheidet sich der Schlaf zur chronobiologisch falschen Zeit von dem in der Nacht: er ist kürzer und enthält erheblich weniger Tiefschlaf. Deshalb kann Tagschlaf den Schlaf zu rechten Nacht-Zeit nur ergänzen und niemals vollwertig ersetzen. Es gewöhnt sich auch niemand wirklich daran: Je länger ein Mensch kontinuierlich Schichtarbeit leistet und nicht dann schlafen kann, wenn seine Innere Uhr es verlangt, umso schlechter wird seine Schlafqualität, selbst wenn er einmal nachts schläft. Der Rhythmus als solcher kehrt sich eben nicht einfach um, auch nicht nach vielen Jahren: Der chronobiologische Rhythmus der Schichtarbeiter ist nie im richtigen Takt. Insofern leiden die meisten Schichtarbeiter unter chronischem Schlafmangel. Am schwierigsten sind dabei Wechselschicht-Systeme; an Dauer-Nachtschicht kann man sich noch leichter anpassen.

Langfristig führt Schichtarbeit zu gravierenden körperlichen und psychischen Problemen, am häufigsten zu Herz-Kreislauf- Störungen und Beschwerden des Verdauungssystems. In mehreren Umfragen ergab sich immer dasselbe: Etwa achtzig Prozent der Nachtarbeiter leiden unter Magenbeschwerden, innerer Unruhe, Nervosität und vorzeitiger Ermüdung. Eine dänische Arbeitsgruppe analysierte siebzehn Studien, in denen die Gesundheit von Schichtarbeitern untersucht worden war. Demnach haben Schichtarbeiter ein vierzig Prozent höheres Risiko, eine Herzerkrankung zu bekommen als andere Menschen. Einer japanischen Studie zufolge ist das Risiko für Bluthochdruck bei Arbeitern in Wechselschicht viermal so hoch wie bei Arbeitern in Tagschicht. Frauen, die Nachtschicht leisten, haben sehr oft Zyklusstörungen. Eine schwedische Arbeitsgruppe verglich außerdem die Schwangerschaften von Nachtarbeiterinnen mit denen von Tagarbeiterinnen. Bei Schichtarbeit war ihr Risiko, ein untergewichtiges Kind zu gebären, doppelt so hoch, und das einer Frühgeburt sechsmal so hoch. In Deutschland dürfen Schwangere nachts ab 21:30 Uhr nicht mehr zur Arbeit eingeteilt werden, sobald sie die gynäkologisch festgestellte Schwangerschaft gemeldet haben, auch nicht im Gesundheitswesen.

Besonders häufig führt Schichtarbeit allerdings zu Schlafstörungen: bis zu fünfundneunzig Prozent der Wechsel-Schichtler mit Nachtschicht und bis zu fünfundfünfzig Prozent der dauernd nachts Tätigen klagen darüber. Und die Schlafstörungen sind nicht vorbei, wenn sie die Schichtarbeit beenden: bei siebzig bis neunzig Prozent dauern sie noch weit in die Zeit hinein, wo sie längst keine Schichtarbeit mehr leisten.

Chronobiologische Erkenntnisse helfen dabei, Schichtpläne so zu gestalten, dass sich die negativen Folgen der Schichtarbeit in Grenzen halten. Da Menschen eine durchwachte Nacht problemlos in der folgenden Nacht kompensieren können, sieht der ideale Schichtplan nur vereinzelte Nachtschichten vor. Das ist allerdings vor allem aus Planungsgründen kaum möglich. Als zweitbeste Variante empfiehlt die Chronobiologie deshalb maximal drei Nachtschichten hintereinander. So lange versucht das zirkadiane System gar nicht erst wirklich, sich umzustellen – was ja dann letztlich ohnehin erfolglos bliebe.

Ein schnell rotierendes Schichtsystem mit wenigen Tagen in der gleichen Schicht ist chronobiologisch besser zu bewältigen als ein langsam rotierendes, etwa eines im Wochenrhythmus. Wechselschichten sollten immer nach vorne rotieren, also die Reihenfolge Frühschicht – Spätschicht – Nachtschicht einhalten. Dann muss man nämlich keine zusätzliche Verkürzung des inneren Rhythmus verkraften, an die sich der

Organismus ja nur ganz besonders schwer anpasst. Generell sollten auch jüngere Menschen nur wenige Jahre Schichtarbeit leisten, damit ihre Rhythmen die Chance haben, wieder in den normalen Takt zurückzukehren.

Schichtarbeit im Einzelfall – ja oder nein?

Schichtarbeit ist insgesamt ungesund, und man sollte durchaus darüber streiten, ob ökonomische Gründe ausreichen, eindeutig gesundheitsschädliche Arbeitszeiten zu begründen. Aber es gibt nun mal Arbeitsfelder, in denen man auf Schichtarbeit nicht verzichten kann. Nun kommen manche Menschen trotzdem einigermaßen damit zurecht, andere ganz besonders schlecht. Bei einer ganzen Reihe von Erkrankungen empfehlen Arbeitsmediziner allerdings von vorneherein, auf Schichtarbeit zu verzichten. Dazu gehören Erkrankungen des Magen-Darm-Traktes, der Leber und der Schilddrüse, Herz-Kreislauf-Erkrankungen und Zuckerkrankheit, Epilepsie und psychiatrische Erkrankungen. Auch wer bereits unter chronischen Schlafstörungen leidet, sollte nicht „auf Schicht" gehen, weil der Schlaf davon nur noch schlechter wird. Sobald die Flexibilität des zirkadianen Systems nachlässt – also im Schnitt ab vierzig Jahren – wird Schichtarbeit immer problematischer; dann sollte man lieber tagsüber arbeiten.

Doch nicht einmal alle jüngeren Menschen reagieren gleich auf Schichtarbeit. So gewöhnen sich Morgentypen oder „Lerchen" viel schlechter daran als Abendtypen oder (Nacht-) „Eulen", die morgens lange schlafen können, ohnehin erst abends richtig wach werden und dann sehr spät schlafen gehen (Kapitel 9). Generell tun sich Personen leichter, denen Unregelmäßigkeiten im Leben und anderer Stress weniger ausmachen.

Da Schichtarbeit für gewöhnlich besonders gut bezahlt ist, melden sich dafür auch Menschen, die sie eigentlich nicht gut vertragen können. Man sollte in die Entscheidung „Schichtarbeit – ja oder nein?" deshalb grundsätzlich gesundheitliche

Gesichtspunkte einbeziehen – und die soziale Situation. Schichtarbeit verkürzt gemeinsame freie Zeit und behindert dadurch den Aufbau einer stabilen Partnerschaft; schließlich ist es dann viel aufwendiger, sich persönlich auseinanderzusetzen und gemeinsame Freizeitaktivitäten zu pflegen. Folgerichtig sind die Scheidungsraten von Schichtarbeitern deutlich höher als die normal Arbeitender. Das trifft besonders die Kinder. Sie haben außerdem die chronobiologischen Folgen der Schichtarbeit mit zu verkraften: dass ihre Eltern müde und gereizt sind und alles andere als gelassen.

Auf Schicht – was kann man selbst tun?

Sehr schlechte Schichtpläne kann man nur schwer ausgleichen. Sind die Schichtpläne aber angemessen – wie oben beschrieben –, können auch Schichtarbeiter selbst und ihre Familien einiges tun, damit ihr Organismus die Anforderungen besser bewältigt.

Zunächst sollten sie ihre Ernährung auf den veränderten Rhythmus abstimmen. Vor Beginn der Nachtschicht sollte man gut essen und dann während der Nacht zwei leichte warme Mahlzeiten zu sich nehmen, die letzte gegen vier Uhr morgens. Dann stört man den nachfolgenden Erholungsschlaf am Morgen nicht durch einen zu vollen Magen. Sich die Nacht über mit Kaffee und schwarzem Tee wach zu halten, ist nicht sinnvoll, da das Koffein den Erholungsschlaf stört. Zumindest in der zweiten Hälfte der Nachtwache sollte man darauf verzichten – außer, man wacht nur eine Nacht.

Für einen einigermaßen erholsamen Tagschlaf ist vor allem eine Umgebung wichtig, die ihn überhaupt gestattet. Es sollte nicht zu warm sein und so dunkel wie möglich; das erreicht man mit einer Schlafmaske oder durch dicke Vorhänge. Vor allem aber sollte es ruhig sein: Der Schlaf zur chronobiologisch falschen Zeit ist flacher als nachts und dadurch leichter störbar; wird er gestört, ist er noch weniger erholsam als ohnehin schon. Das setzt zunächst eine rücksichtsvolle Umgebung voraus – Familie und Nachbarn. Darüber hinaus kann man Ohrstöpsel benutzen, Fenster und Türen akustisch isolieren und alles, was klingeln kann, leise stellen.

Da die meisten Schlafmittel abhängig machen oder mindestens nach einiger Zeit nicht mehr wirken, sind sie als Einschlafhilfe außerhalb der Nacht genauso unbrauchbar wie Alkohol.[26] Wer nach dem Schichtdienst Schlafschwierigkeiten hat, sollte lieber auf Verfahren zurückgreifen, die auch sonst bei Schlafstörungen empfohlen werden. Dazu gehören Entspannungsübungen, Spazierengehen, beruhigende Tees und ein festes Ritual für das Schlafengehen. Eine der wichtigsten Empfehlungen für Schlafgestörte können Schichtarbeiter jedoch leider nicht einhalten: täglich zur gleichen Tageszeit schlafen gehen.

Den Erholungsschlaf nach Nachtschichten kann man auch in zwei Etappen teilen, etwa in vier Stunden morgens und zwei bis drei Stunden abends; schließlich benötigt der Mensch sein Schlafquantum nicht unbedingt an einem Stück, und die schlaftechnisch optimale Zeit um das Temperaturminimum steht ohnehin nicht zur Verfügung. Benutzt man während der Nachtschicht eine helle Lichttherapie-Lampe, so kann diese den Zeitpunkt des Temperaturminimums und damit des stärksten Schlafbedürfnisses wirksam in den Vormittag verschieben. Das verbessert nicht nur den Erholungsschlaf, sondern auch die Leistungsfähigkeit während der Nachtschicht.

Die jüngste Rhythmus-Störung: der Jet-Lag

Jules Verne brauchte für seine „Reise um die Welt" achtzig Tage im Ballon, verbrachte also auf seiner Luftfahrt nach Osten gut drei Tage in jeder Zeitzone. Damit war jeder seiner Tage etwas kürzer als 24 Stunden, aber es gibt keinen Hinweis darauf, dass ihn das gestört hätte. Heutige Ballone sind schneller: Im Sommer 1999 umrundeten Bertrand Piccard und Brian Jones die Erde in ihrem „Breitling Orbiter" in einundzwanzig Tagen und stellten damit einen neuen Weltrekord auf. Sie überquerten mehr als eine Zeitzone täglich, und zwar Richtung Osten – und diese Geschwindigkeit bescherte ihnen lauter Tage von weniger als 23 Stunden. Das ist anstrengend für die Innere Uhr – immer wieder muss sie sich nicht um die übliche eine, sondern um zwei Stunden anpassen.

Heute überfliegen Langstrecken-Jets bereits in wenigen Stunden mehrere Zeitzonen. Dieses Tempo stört den biologischen Rhythmus der Reisenden erheblich. *Jet-Lag* heißt das Phänomen, wörtlich: „jet-bedingter Zeitabstand". Hat man mehr als zwei Zeitzonen überflogen, stellen sich fast immer die typischen Jet-Lag-Symptome ein: Man schläft schlecht ein, ist dann mitten in der Nacht hellwach und dafür tagsüber müde, die Verdauung funktioniert nicht wie gewohnt. Man fühlt sich zerschlagen, antriebsarm und gereizt und ist so unkonzentriert, dass es schwer fällt, Auto zu fahren, anspruchsvolle Gespräche zu führen oder schwierige Texte zu lesen. Man ist vergesslicher und überprüft zum Beispiel mehrfach, ob das Hotelzimmer abgeschlossen ist. Wenn Gastgeber oder Hotel zu Tisch bitten, hat man keinen Appetit und dafür Kopfschmerzen. All das heißt Jet-Lag – doch es geht vorüber.

Ursache des Jet-Lag ist der Abstand (lag) zwischen der Zeit bei der Landung und der biologischen Zeit, die der Organismus vom Abflugort mitgebracht hat. Überqueren wir etwa sechs Zeitzonen nach Osten – Richtung Asien –, so finden wir uns ziemlich übergangslos in einer Umwelt wieder, deren Zeit unserer eigenen Inneren Uhr um sechs Stunden vorauseilt. Bei einem gleich weiten Flug nach Westen – Richtung Amerika – ist es entsprechend umgekehrt. Im Unterschied zur Situation bei der Schichtarbeit bleibt die neue Umwelt allerdings zeitlich konstant, so lange man sich dort befindet. Helligkeit, Essen, soziale Kontakte – kurz: alle äußeren Zeitgeber – wirken gleichmäßig und in die gleiche Richtung, und sie passen zur neuen Aktivitätszeit. Damit ist es der Inneren Uhr möglich, sich umzustellen. Sie tut das allerdings nicht sofort, ist sie doch darauf eingerichtet, gelegentliche Zeitschwankungen abzufedern. Sie wartet ein wenig ab. Selbst wer seinen Schlaf-Wach-Rhythmus der Zeit am Zielort sofort anzupassen versucht und sich an die dortige Nachtzeit hält, wird erleben, dass seine Innere Uhr zögert. Aber schließlich stellt sie sich um. Die Faustregel ist: Pro Zeitzone muss man einen halben bis einen Tag einplanen.

Da nun die Innere Uhr einen Rhythmus von 25 Stunden hat, fällt es dem Organismus leichter, sich auf eine Verlängerung des Tages einzustellen als auf eine Verkürzung. Deshalb reagiert die Innere Uhr nach Ostflügen langsamer als nach Westflügen. Überfliegen wir mehr als zwölf Zeitzonen, kann die Innere Uhr auch Ostflüge als „Verlängerung" empfinden und sich schneller daran anpassen.

Nicht alle Menschen leiden gleichermaßen unter Jet-Lag. Aber kaum jemand ist ganz frei davon, nicht einmal die Flugzeugbesatzungen; gerade mal vier Prozent unter ihnen kommen gut damit zurecht. Am wenigsten Jet-Lag-Symptome haben kleine Kinder, Menschen, die in ihren Alltag keine so feste Routine eingebaut haben, und solche, die normalerweise tief und ungestört durchschlafen. Generell leiden Personen nur kürzer unter Jet-Lag, die gesund, fit und ausgeruht sind.

Astronauten erleben keinen Jet-Lag, schließlich ist ihre Zeit nicht an die Erdumdrehung gebunden. In ihrer Kapsel leben sie in einem künstlichen 24-Stunden-Rhythmus aus zwei Dritteln Helligkeit und einem Drittel Dunkelheit. Justiert wird diese Zeit an ihrem Startort auf der Erde, und der Hell-Dunkel-Wechsel in ihrer Kapsel simuliert dessen Ortszeit.

Mittel gegen Jet-Lag

Jet-Lag ist eine Art chronobiologischer Ausnahmezustand. Man begegnet ihm am besten mit chronobiologischen Mitteln, auch wenn manche Ärzte für wenige Tage kurz- bis mittellang wirkende Schlafmittel verschreiben[27] und im Ausland gerne Melatonin genommen wird, um die Rhythmen ein wenig auch von innen zu verschieben. Da aber noch nicht wirklich klar ist, welche Nebenwirkungen Melatonin hat, ist man in Deutschland damit vorsichtiger (Kapitel 8).

Jet-Lag kann man nicht verhindern. Aber Sie können selbst einiges tun, um ihn abzumildern. Chronobiologisch haben wir dem 24-Stunden-Tag gegenüber ein gewisses Maß an Freiheit. Deshalb können Sie Ihren Rhythmus bereits in der Woche vor dem Zeitzonen-Flug sanft in die Zeit-Richtung verschieben, die am Zielort herrscht. Falls Sie zum Beispiel in die USA fliegen: Essen Sie jeden Tag ein wenig später, gehen Sie später schlafen und stehen Sie später auf. Wenn Sie außerdem gesund sind und dafür sorgen, dass Sie ausgeschlafen sind, wird der Jet-Lag sehr viel sanfter sein.

Während des Fluges sollten Sie viel trinken, aber keinen Alkohol, am besten Mineralwasser, weil die Kabinenluft den Organismus austrocknet und das die Jet-Lag-Symptome verstärkt. Wer im Flugzeug weniger isst, fühlt sich wohler, und wer es schafft, dort zu schlafen, hat einen Mittagsschlaf-Effekt, der ebenfalls den Jet-Lag mildert. Schlafmaske und Ohrstöpsel gibt es meist im Flugzeug. Meiden Sie deshalb auch koffeinhaltige Getränke – sie stören Ihr Mittagsschläfchen. Bewegen Sie sich möglichst viel, gehen Sie auf und ab, machen Sie Dehnungsübungen im Sitzen und ziehen Sie die Schuhe aus – all das regt die Durchblutung an und verringert Jet-Lag-Symptome.

Nach der Ankunft müssen Sie Ihre Innere Uhr so schnell wie möglich auf die neue Ortszeit justieren. Halten Sie sich mit Ihrer Tagesplanung strikt an die neue Tageszeit, nehmen Sie intensiv am sozialen Leben teil, seien Sie tagsüber körperlich so aktiv wie möglich – und halten Sie sich so lange wie möglich im Freien auf, damit das Tageslicht ungehindert als Zeitgeber wirken kann.

Damit genehmigen Sie sich bereits eine natürliche „Lichttherapie". Sonnenlicht und Lichttherapie können ja die Innere Uhr vergleichsweise schnell verschieben; sie sind deshalb zweifellos die effektivste Behandlung des Jet-Lag. Einige Hotels in der Nähe von US-Flughäfen haben übrigens ihre Zimmer bereits mit Lichttherapiegeräten ausgestattet.

Wer allerdings nur wenige Tage am Zielort bleibt, sollte erst gar nicht versuchen, sich umzustellen; dann erspart man sich zumindest teilweise die umgekehrte Prozedur nach der Rückkehr. In den USA sollten Sie sich dann wichtige Termine auf den Vormittag oder den frühen Morgen legen, in Indien dagegen auf den Nachmittag oder Abend.

Die Sommerzeit als Mini-Jet-Lag

Zweimal im Jahr erleben wir alle einen Tag mit „falscher" Länge (Kapitel 2): Der Tag nach der Zeitumstellung im Frühjahr hat 23, der Tag nach der Zeitumstellung im Herbst 25 Stunden.

Chronobiologisch erfahren wir also einmal im Jahr etwas, was unserer Inneren Uhr sehr gelegen kommen müsste: Der Tag der Rück-Umstellung auf die Mitteleuropäische Zeit dauert auch äußerlich 25 Stunden, entspricht ihr also optimal. Die Umstellung auf die Sommerzeit dagegen produziert einen künstlichen Tag von nur 23 Stunden, verkürzt also den Tag entgegen unserem inneren Rhythmus noch mehr als der normale Sonnentag, genauso wie eine Reise nach Osten.

Während also viele Menschen den verlängerten Herbsttag genießen, fühlen sich im Frühjahr die meisten unausgeschlafen, sind vormittags müde, haben mittags noch keinen Appetit und können abends nicht gleich einschlafen, wenn sie rechnerisch ins Bett „müssen". Die meisten Menschen gewöhnen sich erst nach zwei Tagen an die neue Zeit, manche sogar noch später. Selbst Kühe brauchen Zeit zur Umstellung: Regelmäßig produzieren sie zu Beginn der Sommerzeit weniger Milch.

Es gibt auch weniger harmlose Folgen. So ereignen sich am ersten Montagmorgen der Sommerzeit acht Prozent mehr Verkehrsunfälle als an einem gewöhnlichen Montag. Umgekehrt ist es im Herbst; dann sind Unfälle um sieben Prozent seltener als sonst.

Genau genommen haben also die Menschen am Tag der Umstellung auf die Sommerzeit eine Art winzigen Jet-Lag von einer Stunde. Das ist zwar wenig, aber es ist nicht wie beim „richtigen" Jet-Lag, wo der veränderte Sonnenstand die Umstellung unterstützt. Deshalb wiegt der Sommerzeit-Lag schwerer, und es ist nicht ganz so einfach, sich an diese kleine Änderung anzupassen.

Vorbereiten kann man sich auf die Sommerzeit genauso wie auf einen Ost-West-Flug: indem man vorher sowohl die Mahlzeiten als auch den Schlaf ein paar Tage lang um etwa zehn Minuten vorverlegt. Dann ist man auch vor dem gefährlichsten Montagmorgen des Jahres wirklich ausgeschlafen. Am sinnvollsten wäre es allerdings, die Sommerzeit gleich ganz abzuschaffen (Kapitel 2).

Chronobiologische Schlafstörungen

Schichtarbeit und Zeitzonensprünge bringen eine Innere Uhr aus dem Takt, die an sich „richtig" läuft. Dennoch kommt es vor, dass die Innere Uhr auch in einer normalen 24-Stunden-Umwelt „falsch" geht, dass der zirkadiane Rhythmus ohne erkennbaren äußeren Grund gestört ist. Dann findet der Schlaf zu früh oder zu spät statt, auf jeden Fall zur falschen Zeit.

Wer unter dem *Syndrom der vorverlagerten Schlafphase* leidet, geht viel zu früh schlafen, etwa gegen neunzehn Uhr, weil er oder sie sich einfach nicht mehr wach halten kann. Wer das tut, erwacht für gewöhnlich sehr früh und kann nicht mehr einschlafen. Das Syndrom der vorverlagerten Schlafphase beruht auf einer chronobiologischen Besonderheit: Bei den betroffenen Menschen sind die zirkadianen Perioden der Körpertemperatur und der Kortisolausschüttung verkürzt. Das zieht alle anderen Rhythmen mit und erzwingt deshalb einen früheren Schlaf. Wir haben es mit einem Extremtyp der „Lerche" zu tun.

Das genaue Gegenteil ist das *Syndrom der verzögerten Schlafphase*. Menschen, die darunter leiden, können erst sehr spät in der Nacht einschlafen und schlafen dann bis weit in den Vormittag. Anschließend sind sie müde und einige Zeit nur begrenzt leistungsfähig. Menschen mit diesem Syndrom können als Extremtyp der „Eule" bezeichnet werden.

Daneben gibt es auch die chronobiologische Störung *unregelmäßiges Schlaf-Wach-Muster*. Die Betroffenen wachen nachts häufig auf, liegen dann lange wach und sind deshalb so müde, dass sie tagsüber mindestens zweimal schlafen. Chronobiologisch ist bei ihnen nicht einfach die Innere Uhr verschoben, sondern ihr Rhythmus ist nicht mehr wirklich zirkadian. Gelegentlich gibt es diese Form der Schlafstörung bei Personen, die ansonsten gesund sind. Sie ist aber sehr viel häufiger bei älteren depressiven Patienten und besonders häufig bei Alzheimer-Patienten.

Manche Menschen richten sich mit ihrer verzögerten und vorverlagerten Schlafphase in ihrem Alltag gut ein. Falls das nicht möglich ist, begegnet man derartigen chronobiologischen Schlafstörungen am besten ähnlich wie dem Jet-Lag am Zielort: mit einer hellen Lampe und mit einem strikt regelmäßigen Leben – Zeitgebern also, die den eigenen inneren Temperatur- und Schlafrhythmus erfolgreich an die Außenwelt anpassen können.

Kapitel 14
Unfälle – die Kosten der Müdigkeit in der Non-Stop-Gesellschaft

Maschinen brauchen keine Pausen, im Gegenteil. Maschinen sollen ausgelastet werden und non-stop laufen. Der Mensch dagegen als biologisches Wesen „läuft" keineswegs non-stop, sondern nach den Vorgaben seiner Inneren Uhr. Die schaltet vor allem gegen drei, vier Uhr morgens, aber auch am frühen Nachmittag auf „Schongang". Wenn wir uns anstrengen, können wir ihre Vorgaben überspielen. Das aber hat einen Preis: Wir sind nicht nur subjektiv müde, sondern leisten objektiv weniger und machen mehr Fehler. Je nachdem, wo welcher Fehler geschieht: er kann größere oder kleinere Unfälle hervorrufen.

Dennoch arbeiten wir, als gäbe es unsere Innere Uhr überhaupt nicht: Wir passen uns den Maschinen an. Gleichzeitig fordert unser privater und öffentlicher Lebensstil, dass andere Menschen gegen ihre Innere Uhr arbeiten: Nicht nur Krankenhäuser, Polizei und Rettungsdienste, Energiewesen und Transportwesen setzen voraus, dass Millionen Menschen rund um die Uhr verfügbar sind, sondern auch die gesamte Freizeitindustrie einschließlich Urlaubsflügen – ohne jeden äußeren Zwang.

Die wissenschaftlichen Ergebnisse, die nachweisen, wie Fehler, Tageszeit und Müdigkeit zusammenhängen, sind nicht neu. Aber sie haben bisher wenig Beachtung gefunden. Das mag daran liegen, dass Fehler durch Müdigkeit meist unkritisch als „menschliches Versagen" eingeordnet werden und damit als eher „schicksalhaft" und unbeeinflussbar gelten.

Was die kleinen Fehler durch Müdigkeit oder menschliches Versagen kosten, unterschätzt man meist, schließlich sind sie ja nur klein. Den Gedanken, dass ein falscher Handgriff eines übermüdeten Kontrolleurs eine Katastrophe auslösen kann, hält man in der Regel für weltfremd. Leider ist er lebensnäher, als uns lieb sein kann. Analysiert man nämlich größere Katastrophen genauer, so zeigt sich, dass bei deren Ursachen die Übermüdung eine unerwartet große Rolle spielt. Der Trend geht jedoch immer mehr dahin, kontinuierliche Leistung zu erwarten und zu erbringen, so dass Menschen immer auch in Zeiten arbeiten, zu denen sie müde sind. Das erhöht die Wahrscheinlichkeit, dass sie Fehler machen. Zum Beispiel beim Autofahren.

Einschlafen am Steuer

Bis vor kurzem gab es keine verlässlichen deutschen Zahlen zu den Ursachen von Verkehrsunfällen. Zwar nimmt die Polizei jeden Unfall protokollarisch auf. Dieses Unfallprotokoll enthält eine erste Vermutung der Polizisten dazu, was diesen Unfall wahrscheinlich verursacht hat. Diese Vermutung wird in der Regel nicht mehr überprüft, und so geht dieser Unfall genau mit dieser Ursachenvermutung in die offizielle Statistik ein.

Deshalb hat vor einigen Jahren der HUK-Verband sämtliche tödlichen Autounfälle auf den bayerischen Autobahnen im Jahr 1991 nachuntersucht. Das Schlafmedizinische Zentrum Regensburg wurde zur Analyse der Daten zugezogen. Es handelte sich um insgesamt 204 Unfälle mit 242 Toten, das waren etwa zwanzig Prozent aller Unfälle auf deutschen Autobahnen des Jahres 1991. Nach Polizei-Protokoll war gut jeder zwölfte dieser Autobahn-Unfälle durch Übermüdung verursacht.

Die Experten-Kommission aus Ingenieuren, Polizei und Versicherungs-Fachleuten kam auf das Dreifache. Sie stellte fest, dass fast ein Viertel, nämlich vierundzwanzig Prozent, aller schweren Autobahnunfälle dieses Jahres nur dadurch erklärbar war, dass der Fahrer eingeschlafen sein musste. Das schloss die Kommission zum Beispiel dann, wenn der Fahrer vor einem Auffahrunfall keinerlei Reaktionen gezeigt oder wenn sein Auto geradlinig die Autobahn verlassen hatte. Unter allen gewerteten Unfallursachen war keine häufiger als „Einschlafen am Steuer". Dann gab es noch Unfälle, deren Ursache die Kommission darin sah, dass der Fahrer „unaufmerksam" war; bedenkt man, wann Menschen unaufmerksam sind, so ist anzunehmen, dass auch hier Übermüdung eine entscheidende Rolle spielte. Zusammengenommen waren *Einschlafen* und *verminderte Aufmerksamkeit* für fast zwei Drittel aller untersuchten Unfälle verantwortlich.

Fahrer, die bereits mehrere Stunden am Steuer gesessen hatten und deren Beifahrer schliefen, waren besonders gefährdet, selbst am Steuer einzuschlafen und dadurch einen tödlichen Unfall zu verursachen. Die Gefahr war auch dann besonders groß, wenn die Verkehrsdichte gering war und die Strecke geradlinig verlief. Relativ viele Einschlafunfälle ereigneten sich an Baustellen und Ausfahrten; vermutlich liegt das daran, dass übermüdete Menschen oft falsch reagieren, wenn sich in ihrer Umgebung etwas plötzlich verändert.

Die Unfälle verteilten sich nicht gleichmäßig über den Tag. Die meisten ereigneten sich in den frühen Morgenstunden, und der zweite Gipfel lag nachmittags gegen vierzehn Uhr. Beide Zeitpunkte sind biologische Tiefs im Tagesverlauf. In den neuneinhalb Stunden der Nacht (von zweiundzwanzig bis 6:30 Uhr) ereigneten sich genauso viele Unfälle wie in den vierzehneinhalb Stunden des Tages. So ist die Unfalldichte pro Stunde in der Nacht höher – bei deutlich geringerem Verkehrsaufkommen.

Nicht jeder Wochentag ist gleich gefährlich – fast vierzig Prozent aller untersuchten tödlichen Autobahn-Unfälle ereigneten sich von Freitag bis Samstag, also am Wochenende und in der Freizeit. Die Verteilung im Jahresverlauf ist analog: Die meisten tödlichen Unfälle passieren nicht im objektiv gefährlicheren Winter, nicht bei Schnee, Eis und Nebel, sondern in den Ferienmonaten Mai bis Oktober. Der einsame Spitzenmonat tödlicher Unfälle ist der August, wo die Sicht gut und die Straßen eisfrei und meist trocken sind. Diese Jahresverteilung ist vor allem deshalb brisant, weil sie beweist, dass man nicht einmal alle nächtlichen Unfälle ausschließlich der Dunkelheit zuschreiben kann – im Winter ist es schließlich länger dunkel. Das lässt nur einen Schluss zu: Die Fahrer sind müde oder gar übermüdet.

Ältere Fahrer schliefen häufiger tagsüber ein und verursachten dann schwere Unfälle, die meisten gegen achtzehn Uhr. Jüngere Fahrer waren mehr für die Unfälle in der Nacht verantwortlich, am häufigsten gegen sechs Uhr morgens. Die Altersunterschiede können zwei Gründe haben: Zum einen ist die zirkadiane Rhythmik bei Jüngeren stärker ausgeprägt, während Ältere den fehlenden Nachtschlaf leichter tagsüber kompensieren können. Außerdem wachen sie ja morgens ohnehin früher auf, sind also morgens tendenziell wacher. Zum anderen fahren einfach mehr Jüngere nachts und gehen dabei vermeintlich heldenhaft darüber hinweg, dass ihr Organismus schlafen möchte. Auch die Nachtarbeiter fahren in den frühen Morgenstunden nach Hause.

Diese Analysen zeigen, wie stark die biologische Rhythmik einen unserer alltäglichsten Lebensbereiche beeinflusst. Sie illustrieren aber auch die Ergebnisse von chronobiologischen Untersuchungen und Schlafentzugsstudien, bei denen Versuchspersonen zu den „gefährlichen" Zeiten unter monotonen Außenbedingungen getestet wurden. Einem übermüdeten Menschen sind viele Dinge nicht mehr so wichtig wie sonst – und das betrifft sogar das eigene Überleben: Seine Aufmerksamkeit schweift ab, und kurz darauf überfällt ihn ein Mikroschlaf. Spätestens der verhindert zuverlässig, dass der Mensch im Gefahrenfall so schnell reagiert, wie es nötig wäre – und schon ist „es" passiert. Das Auto fuhr schließlich weiter.

Nicht nur unsere Autobahnen halten monotone Außenbedingungen bereit. Aber das, was man dort im Ernstfall tut, ist für andere Situationen repräsentativ – man kümmert sich nicht, man schweift ab und schläft ein. Gerade automatisierte und komfortable Arbeitsplätze zeichnen sich dadurch aus, dass die Arbeitsumgebung ebenso wie die zu verrichtende Tätigkeit selbst monoton sind. Die absolute Anzahl solcher Arbeitsplätze nimmt zu. Solche Arbeitsbedingungen mögen bequem sein, sie verstärken aber die fatale Wirkung der biologischen Tiefs. So entstehen gerade dadurch Unfälle und damit Kosten, dass wir teilweise in der Lage sind, auch bei monotonen Bedingungen über das biologische Tagestief hinweg zu funktionieren.

Was es kostet, dass wir die Rhythmen ignorieren

Wer müde ist, macht Fehler. In einer Agrargesellschaft stört das nur selten. In einer Industriegesellschaft wie der unseren dagegen kann ein falscher Handgriff Tote fordern. Eine hochkomplexe Maschinerie wie ein Tankschiff, eine Chemiefabrik oder ein Atomkraftwerk müssen ununterbrochen korrekt bedient werden; dort kann unter Umständen bereits ein kleiner Bedienungsfehler eine Katastrophe auslösen, die Millionen von Menschen betrifft. Und die Wahrscheinlichkeit für solche Fehler steigt mit jedem Schichtdienst-Arbeitsplatz.

Katastrophen – globale Kosten: Eine kleine Auswahl aus den Großunfällen der letzten Jahre:

- Der Unfall im Atomreaktor in Tschernobyl (Ukraine, April 1986) wurde durch Fehler des Kontrollpersonals verursacht. Es hatte seit dem Vormittag Wartungsarbeiten verrichtet und dann nachts falsch reagiert.
- Das Tankerunglück der „Exxon Valdez" (Alaska, März 1989) geschah nach langwierigen Bunkerarbeiten. Zum Zeitpunkt des Unglücks hatte die übermüdete Mannschaft das Ruder einem unerfahrenen Mann überlassen, der nicht kontrolliert wurde. Es war Nacht.
- Der gefährliche Störfall des Atomreaktors „Three Miles Island" (Harrisburg / USA, März 1979) wurde nach amtlichen Angaben durch „menschliches Versagen" ausgelöst. Es war vier Uhr morgens.
- Der Absturz der Raumfähre „Challenger" (Start von Cape Canaveral, Florida / USA, Januar 1986) wurde mitverursacht durch Fehlentscheidungen der Verantwortlichen, die

diese am frühen Morgen nach weniger als zwei Stunden Schlaf getroffen hatten.
- Die Fähre „Herald of Free Enterprise" kenterte im März 1987 vor der belgischen Küste. Eine Reihe von Ursachen trug zu diesem Unglück bei. Es bleibt aber festzuhalten, dass der für das Schließen der Bugklappe verantwortliche Bootsmann zum Zeitpunkt des Unglücks schlief.
- Das japanische Tankschiff „Matsukaze" lief am April 1988 um 3:15 Uhr in der Straße von Juan de Fuca vor Seattle auf Grund. Der amtliche Bericht der Küstenwache belegt, dass die Wache auf der Brücke eingeschlafen war.
- Am 1. November 1999 stürzte die Boeing 767 der Egypt Air, Flug MS 990, vor der amerikanischen Ostküste ab: 217 Tote. Was auch immer die Ursache war: Die Maschine gehörte zur selben Baureihe wie die Boeing der Lauda-Air, die 1991 wegen eines technischen Defekts abstürzte; damals gab es 233 Tote. Beide Maschinen wurden Ende September 1989 in der gleichen Fabrik gebaut. Wegen der damaligen Auftragslage musste mit so viel Hochdruck und Überstunden gearbeitet werden, dass es zu Unruhen unter den Arbeitern kam. Sie beklagten, „wegen Übermüdung ihre Arbeit nicht mehr gründlich machen zu können".
- Am 12. Dezember 1999 sank vor der bretonischen Küste der Tanker „Erika", zerbrach einen Tag später in zwei Teile und verursachte in der Folge eine Ölpest in der Bretagne. Abgesehen davon, dass das Schiff unter Billigflagge lief, mit allen bekannten, damit verbundenen Unfall-Risiken: Es sank etwa nachts um drei Uhr.

Leckgeschlagene und gesunkene Schiffe, Industrieunfälle, fehlgesteuerte Atomkraftwerke: Verfolgt man einfach systematisch die Zeitungsberichte über größere Unfälle, die nicht eindeutig auf technisches Versagen zurückzuführen sind, dann stellt man fest, dass sie zu einem überwiegenden Teil nachts stattfanden. Natürlich hat man die Kosten dieser Unfälle zu schätzen versucht, wenn sich auch je nach Art der Schätzung eine etwas andere Summe ergab.[28] Dennoch ist sicher, dass allein das Tankerunglück der „Exxon-Valdez" schon bis heute mehrere Milliarden US-Dollar kostete – und es kostet immer noch. Der Beinahe-GAU im Atomkraftwerk Tschernobyl verseuchte große Flächen Landes auf viele Jahre, die bis heute strahlen und noch immer weder landwirtschaftlich genutzt noch von Menschen besiedelt werden dürfen.[29] Rechnet man nur den Produktionsausfall und die Umsiedlungen, so führt das zu geschätzten Kosten in der Höhe von etwa dreihundert Milliarden US-Dollar – von den monetären und psychischen Kosten der Todes- und Krankheitsfälle ganz zu schweigen.

Kosten der einschlafbedingten Verkehrsunfälle: Der gesamtwirtschaftliche Verlust durch Unfälle im Straßenverkehr beträgt in Deutschland nach einer Schätzung der deutschen Unfallchirurgen auf ihrem Kongress 1997 in München etwa fünfzig Milliarden DM pro Jahr. Rechnet man auch nur bei zehn Prozent der Verkehrsunfälle mit Übermüdung als Ursache – was niedrig geschätzt ist –, so sind Kosten von fünf Milliarden DM anzunehmen. In den USA hat man errechnet, dass allein die LKW-Unfälle, die durch Übermüdung verursacht werden, jährlich fünf Milliarden Dollar kosten.

Kosten bei Unternehmen: Unfälle in der Industrie stören die Produktion und legen sie mitunter lahm. Oft ist die offizielle Unfallursache „menschliches Versagen", und das ist in ungefähr der Hälfte der Fälle faktisch Übermüdung. Schließlich können Menschen „ihre" Maschinen in der Regel korrekt bedienen. Machen sie dabei Fehler, war allzu oft „nur" ihre Aufmerksamkeit abgeschweift. Der Grund dafür ist normalerweise weder Faulheit noch Sabotage, sondern Müdigkeit, wenn nicht gar eine Mikroschlaf-Episode. Es gibt zwar keine genauen Zahlen, aber sehr gute Schätzungen. So werden in den USA zweiundfünfzig Prozent aller Unfälle in der Energieindustrie durch „menschliches Versagen" verursacht. Insgesamt kosten diese Unfälle in laufenden US-Betrieben immerhin ein bis zwei Milliarden Dollar pro Jahr.

Soziale und gesellschaftliche Kosten: Die wichtigsten sozial-gesellschaftlichen Kosten sind ausgesprochen schlecht zu beziffern. Dennoch ist klar: Nimmt die Schichtarbeit zu –

und in diesem Fall muss man auch Wochenend-Arbeit dazuzählen –, so zersplittert in der Folge das gesellschaftliche Leben, da Arbeitszeiten, Freizeiten und Ruhezeiten immer mehr individualisiert und damit unterschiedlich werden. Das verändert nicht nur die sozialen Kontakte, weil man sie präziser planen muss, es reduziert sie auch, da es immer weniger Zeit gibt, die zwei und vor allem mehrere Menschen gleichzeitig „frei" haben. So ändern sich gesellschaftliche Strukturen, und die sind durchaus mit unmittelbaren Kosten verbunden. Was aber schlimmer ist: Gewohnte Familienstrukturen können nur noch schwer aufrechterhalten werden. Einen klaren Hinweis darauf geben die höheren Scheidungsquoten bei Paaren, bei denen einer der Partner Schichtarbeit leistet.

Individuelle Kosten: Jede kontinuierliche Produktion geht einher mit ganz speziellen Anforderungen an die Menschen: Sie arbeiten im Schichtsystem, sie arbeiten sehr lange am Stück, ihre Aufgaben sind monoton, sie tragen eine hohe Verantwortung, ihre Ruhezeiten sind zu kurz oder liegen chronobiologisch zum falschen Zeitpunkt, oder beides. Die Verstöße gegen die Inneren Uhren verursachen nicht nur über Unfälle unmittelbare Kosten. In Form von organischen wie psychischen Folgekrankheiten ziehen sie auch mittelbare soziale Kosten nach sich (Kapitel 13), von dem individuellen Leid gar nicht zu reden. Gerade derart verursachte chronische Krankheiten können darüber hinaus auch weiterbestehen, wenn die ungesunde Arbeitsweise längst der Vergangenheit angehört.

Gesamtkosten: Auch im Gesundheitswesen führen Nachtschichten zu typischen Fehlern; das verlängert die Dauer der Krankheit und des Klinikaufenthaltes und verursacht teilweise Folge-Krankheiten. All das kostet Geld – doch diese Kosten wurden bisher nie in Cent und Euro umgerechnet. Die berechneten und berechenbaren Kosten der vielen kleinen Unfälle dagegen summieren sich zu erheblichen Beträgen, die man schätzen kann. Zählt man alle Unfallarten zusammen, so kommt man allein in Deutschland auf etwa zehn Milliarden Euro Folgekosten pro Jahr durch Übermüdung. Rechnet man sie auf die Weltbevölkerung hoch, so muss man davon ausgehen, dass Unfälle durch Einschlafen oder durch Unaufmerksamkeit wegen Übermüdung jährlich mit insgesamt achtzig Milliarden Dollar zu Buche schlagen. Addiert man zu den reinen Unfallkosten weitere Folgekosten wie Produktions- und Qualitätseinbußen, Gesundheitskosten und soziale Kosten hinzu, so erreicht die Schätzung vierhundert Milliarden Dollar, die jedes Jahr weltweit durch Übermüdung verursacht werden. Insofern bedarf es keiner komplizierten ökonomischen Analyse, um festzustellen, wie stark Übermüdung die Gesellschaft ökonomisch belastet. Die persönlichen und finanziellen Verluste durch Tote und Verletzte sind ohnehin nicht zu quantifizieren. Beides rechtfertigt nicht nur, Gegenmaßnahmen zu ergreifen. Es fordert sie.

Die Stockholmer Erklärung

Schlafende Menschen können keine Maschinen bedienen. Je komplizierter, schneller und größer die „alleinlaufenden" Maschinen sind, umso gefährlicher können Unfälle werden, die sie verursachen. Im September 1994 tagte in Stockholm eine internationale Konferenz zum Thema „Arbeitszeiten, Übermüdung und Unfälle". Die dort versammelten Wissenschaftler verabschiedeten zum Schluss eine Konsenserklärung. Sie soll hier im Wortlaut aufgeführt werden[30] – niemand kann sich auf die Wissenschaft berufen, wenn Verstöße gegen die Chronobiologie begründet werden.

„Die unterzeichnenden Wissenschaftler aus verschiedenen Nationen untersuchen allesamt, wie sich Arbeitszeiten, Nachtschichten und unzureichender Schlaf auf die menschliche Leistungsfähigkeit auswirken, und wie man das [daraus resultierende Wissen] für Sicherheitsvorkehrungen und Unfallverhütung nutzen kann. Wir alle sind von folgenden Punkten überzeugt:
1. Der Schlaf [des Menschen] ist ein zentrales und lebenswichtiges biologisches Grundbedürfnis.

2. Wird dieses Bedürfnis missachtet, etwa durch zu kurze Schlafdauer oder durch Nachtarbeit, so können die Folgen weiter reichen, als viele wahrhaben wollen. Die schädlichen Auswirkungen von chronischem Schlafentzug, ungenügendem oder gestörtem Schlaf addieren sich. Mit jedem Faktor riskiert man mehr Fehler und Unfälle.
3. Sehr lange Arbeitswege, finanzielle und soziale Anreize erhöhen ständig den Druck, länger am Stück zu arbeiten und die Arbeit selbst zu verdichten. Das kann die Müdigkeit weiter verschärfen, die ihrerseits die Arbeitsleistung beeinträchtigt.
4. Weltweit schlafen Nachtschichtarbeiter bei der Arbeit oder während der anschließenden Heimfahrt häufig ein; dadurch steigt die Unfallhäufigkeit.
5. Auf Fernstraßen und Stadtautobahnen ist die Gefahr einschlafbedingter Unfälle besonders hoch, insbesondere zwischen Mitternacht und sechs Uhr morgens sowie am frühen Nachmittag. Zwischen Mitternacht und sechs Uhr morgens steigt das Risiko für Straßenverkehrsunfälle mit tödlichem Ausgang deutlich an. In mehr als die Hälfte davon sind junge Männer unter dreißig Jahren verwickelt, selbst wenn Alkohol als Unfallursache bereits ausgeschlossen ist. Die derzeitige Unfallberichterstattung unterschätzt aller Wahrscheinlichkeit nach, wie häufig Verkehrsunfälle auf Einschlafen zurückzuführen sind.
6. Da Ermüdung die Leistungsfähigkeit deutlich beeinträchtigt, zieht sie vermutlich viel häufiger Industrie- und Verkehrsunfälle nach sich, als sich das in den offiziellen Untersuchungen und Statistiken niederschlägt.
7. Fehlende oder unzureichende Arbeitszeitregelungen gefährden in vielen Ländern die öffentliche Sicherheit. Das gilt vor allem für Branchen, in denen die Arbeit der Beschäftigten direkt auf die eigene Sicherheit zurückwirken kann, auf die öffentliche Sicherheit oder gar auf die Umwelt (zum Beispiel Verkehr, Chemie, Kernenergie)."

Es geht aber nicht nur um Katastrophen und Unfälle und auch nicht nur um die Nacht. Unser ganz normaler Arbeitsalltag ist gekennzeichnet durch unsere biologischen „Hochs" und „Tiefs". Zu bestimmten Tageszeiten machen wir mehr Fehler als zu anderen Zeiten, vor allem gegen dreizehn bis vierzehn Uhr. Ein Arbeitgeber erklärte uns einmal, er könne mittags das Fließband genauso gut abschalten, so viel Ausschuss werde da produziert. Aber selbst wenn wir keine Fehler machen – wir leisten zu diesen Zeiten weniger. Das sollten wir in unserer Lebensführung berücksichtigen.

Kapitel 15
Schlafend in die Katastrophe? – Nein danke!

Sie kommt, die Non-Stop-Gesellschaft. Seitdem es elektrisches Licht gibt, hat die Arbeit rund um die Uhr in der Industrie genauso kontinuierlich zugenommen wie das 24-Stunden-Freizeitangebot, das seinerseits wieder Arbeit ohne Pause voraussetzt. Die neuen Kommunikationsmedien gestatten es, ohne jede Zeitverzögerung rund um die Welt Waren und Informationen auszutauschen. Sie bieten tatsächlich ein „Immer und Überall". Wir sind am Arbeitsplatz und in der Freizeit über das Internet vernetzt. Das macht uns unabhängig von festen Zeiten für Arbeiten und Einkaufen, ja, vielfach auch von Tag und Nacht – und das hat unbestreitbare Vorteile. Unser biologisches Grundprogramm dagegen legt die Zeiten von Ruhe und Aktivität relativ genau fest. Die aktuelle Entwicklung der Ökonomie und des Umgangs mit der Zeit können wir dennoch nicht einfach ignorieren, und wir sollten es auch nicht. Wir müssen ihr aktiv begegnen.

Arbeitszeit-Regelungen

Bis vor kurzem trennte man klar zwischen Arbeitszeit und Freizeit. Zu festgelegten Zeiten konnte eine Firma über ihre Beschäftigen verfügen und zu anderen nicht; die Freizeit war selbstbestimmt. Inzwischen sind die Arbeitszeiten viel *flexibler* geworden, und, so heißt es, sie sollen noch flexibler werden. Flexibilität – was steckt hinter diesem schönen Wort?

Arbeitsverhältnisse mit traditionellen Arbeitszeiten – etwa täglich von acht bis fünf Uhr mit freiem Wochenende – sind schon heute selten. Bereits Ende der achtziger Jahre des zwanzigsten Jahrhunderts arbeitete nur noch ein Viertel der deutschen Bevölkerung so, wie es die *Normalarbeitszeit* vorsieht; alle anderen arbeiteten zu anderen Zeiten, früh, spät, nachts, samstags, sonntags, lange Zeit am Stück. Bisher wurde das nach der Uhrzeit gehandhabt. Oft genug ignorierte man dabei, dass unserem Organismus durch die Inneren Uhren Grenzen gesetzt sind. Das zieht nicht nur Unfälle, geringere Produktivität und subjektives Leid nach sich, sondern auch Katastrophen.

Deshalb erscheint es chronobiologisch und auch ökonomisch notwendig, den Arbeitszeitregelungen größere Aufmerksamkeit zu widmen als bisher. Arbeitszeiten sollten so weit wie möglich die biologischen Grundbedürfnisse berücksichtigen, zu denen vor allem gehört, während der biologischen Tiefs keine Höchstleistungen erbringen zu müssen. Das erfordert Arbeitsplatzbeschreibungen, die für diese Zeiten auch einmal weniger anspruchsvolle Aufgaben vorsehen, und es erfordert, dass man gegebenenfalls Ruhepausen einlegen darf. Schichtpläne sollten so gestaltet sein, dass die biologischen Tiefs möglichst lange vor dem Ende einer Schicht liegen; damit sind die besten Zeiten für Schichtwechsel der späte Abend oder die Mittagszeit. In den Kontrollstellen von Einrichtungen mit besonderen Risiken – etwa bei Atomkraftwerken oder in der Chemieindustrie – wäre es am sinnvollsten, die Schichtwechsel auf die Zeiten der biologischen Tiefs zu legen, und zwar so, dass die Schicht für die „riskanten" Zeiträume doppelt besetzt ist.

Grundsätzlich allerdings sollte man Nachtarbeit so weit wie möglich auf das begrenzen, was unumgänglich ist. Nächtliche Aktivität, ob als Arbeit oder als Freizeit, sollte nicht zur Regel werden, weil alles außer Schlafen gegen unsere Innere Uhr gerichtet ist, die um diese Zeit unsere Leistungsfähigkeit stark drosselt.

Die Lenkzeiten für LKW-Fahrer sind dabei besonders brisant. Die geltende Regelung ist durch die „Sozialverordnung der Europäischen Union über die Lenk- und Ruhezeiten im Güterfernverkehr" von 1985 festgelegt. Dort heißt es: „Ein

Fahrer muss nach viereinhalb Stunden am Lenkrad fünfundvierzig Minuten (eine Dreiviertelstunde) Pause machen und nach neun Stunden eine elfstündige Pause einlegen. Zweimal pro Woche darf die Lenkzeit zehn Stunden betragen, dreimal pro Woche darf die Ruhezeit auf neun Stunden verkürzt werden. Diese Zeiten müssen aber in der darauffolgenden Woche nachgeholt werden. Jede Standzeit – also Essen oder Wartezeit – darf als Ruhezeit angerechnet werden. Es muss jedoch ein achtstündiger Schlafblock dabei sein. Bei Fragmentierung der Ruhezeit wird sie auf zwölf Stunden erhöht."

Bei den LKW-Vorschriften ist nirgends auch nur in Ansätzen berücksichtigt, dass Menschen aufgrund ihres biologischen Rhythmus zu bestimmten Tageszeiten müde werden und zu anderen gar nicht schlafen können. Dabei ist es chronobiologisch ein erheblicher Unterschied, ob eine neunstündige Fahrt um acht Uhr morgens beginnt oder um acht Uhr abends (20 Uhr). Der erste Fall ist biologisch unbedenklich. Im zweiten Fall dagegen gerät der Fahrer nach sieben Stunden Fahrtzeit in sein biologisches Tief, hat aber noch zwei Stunden vor sich. In dieser Zeit ist das Risiko sehr hoch, dass er übermüdet ist, aber trotzdem weiterfahren muss.

Umgekehrt kann niemand acht Stunden schlafen, wenn der genehmigte „Schlafblock" etwa zwischen fünfzehn und dreiundzwanzig Uhr liegt. Wer um diese Zeit aufstehen muss, kann nicht ausgeschlafen sein. Generell macht die Fahrtzeiten-Regelung nicht einmal annäherungsweise einen Unterschied zwischen Tag und Nacht; für sie besteht die Woche aus einer festen Anzahl Stunden, auf die sich die LKW-Lenkzeiten verteilen lassen. Für den Fahrer, seine Sicherheit und die der übrigen Verkehrsteilnehmer ist es aber von erheblicher Bedeutung, zu welcher der Tageszeit er fährt – und zu welcher er schlafen soll.

In den USA bemüht man sich bereits, die Kosten durch Übermüdung zu senken. So hat die amerikanische Flugbehörde Federal Aviation Administration (FAA) Forschungsaufträge an Chronobiologen und Schlafexperten vergeben. Sie sollen einerseits analysieren, warum Piloten immer häufiger einschlafen – und dabei natürlich Fehler machen –, und andererseits Gegenmaßnahmen vorschlagen. Der US-amerikanische Verkehrssicherheitsrat (National Transportation Safety Board) möchte jetzt gezielt LKW-Unfälle verhüten und zieht dafür Schlafforscher zu Rate. Das amerikanische Gesundheitsministerium hat neue Schichtpläne für Beschäftigte in Krankenhäusern aufgestellt, mit denen es dazu beitragen will, die Müdigkeit des Personals zu verringern. Die amerikanische Atom-Behörde Nuclear Regulatory Commission fand im Atomkraftwerk „Peach Bottom" wiederholt das Kontrollpersonal nachts schlafend vor. Daraufhin legte sie das „Peach Bottom Nuclear Power Plant" kurzerhand für zwei Jahre still.

Es erscheint allerdings nicht sinnvoll, sich der Entwicklung zur 24-Stunden-Gesellschaft einfach entgegenzustemmen. Es geht vielmehr darum, trotz „Immer und Überall" und der notwendigen Flexibilität die chronobiologischen Bedürfnisse der einzelnen Menschen nicht zu ignorieren. Das erfordert sicher einen erhöhten Aufwand an zeitlicher Planung. Die allerdings ist – so viel Zeit sie selbst kostet – unausweichlich. Man sollte sie gemäß den biologischen Möglichkeiten optimieren.

Aufgaben der Wissenschaft

Chronobiologisch angemessene Arbeitszeit-Vorschriften lassen sich nur dann entwickeln und durchsetzen, wenn Regierung, Wirtschaft, Gewerkschaften, Öffentlichkeit und Wissenschaft gemeinsam neue Richtlinien gestalten und verantworten. Dafür kann man einige der vorhandenen Ergebnisse aus der Grundlagenwissenschaft nutzen. Zusätzlich sind aber sicher weitere wissenschaftliche Studien notwendig, die überprüfen, welche Modelle für welche Personen besonders angemessen sind. Die Ausgaben lohnen sich.

Darüber hinaus erscheint es notwendig, die Rolle der Übermüdung bei Verkehrsunfällen systematischer zu überprüfen. Das ist nur möglich, wenn es einheitliche Kriterien für Standardberichte gibt, die Einschlafen als Unfallursache genau definieren. Bisher muss man Zahlen dazu mühsam und nachträglich erheben. Sind sie dagegen von vornherein zweifelsfrei protokolliert, ist die Statistik zuverlässig und man kann sie einsetzen, um Aufklärung zu betreiben, und so Unfälle gezielter verhüten. Unabhängig davon gehört es zur öffentlichen Gesundheitsvorsorge, die Bedeutung des Schlafs und der zirkadianen Rhythmen genauso publik zu machen wie die negativen Folgen von Schlafmangel und die Symptome von Schlafstörungen.

Chronobiologie und Zeiteinteilung

Der Tag, die Woche und das Jahr sind unsere Zeitpfeiler, an denen wir uns orientieren; wie wir sie gestalten, steht bis zu einem gewissen Grad in unserer Macht, in weiten Teilen redet aber unsere Innere Uhr mit. Wann wir morgens aufstehen, bestimmt nicht nur der Wecker auf dem Nachttisch, sondern auch unser innerer „Wecker", die Innere Uhr.

Wachen wir morgens regelmäßig nur schwer auf, so könnte das daran liegen, dass der Wecker gerade in einem Tief unseres neunzig-minütigen biologischen Rhythmus läutet. Dann lohnt es sich, den äußeren Wecker einmal um fünfzehn bis dreißig Minuten vorzustellen. Schneller richtig wach werden wir auch, wenn wir uns helles Licht genehmigen. Vormittags sollten wir aktiv sein, nicht nur bei der Arbeit, sondern auch an freien Tagen. Während des Leistungstiefs am Mittag sollten wir uns der Ruhe hingeben, wann immer das möglich ist. Wie schon Churchill meinte, machen wir auf diese Weise aus einem Tag anderthalb. Nachmittags ist es wieder Zeit, aktiv zu sein, weil wir dann körperlich und geistig leistungsfähiger sind. Bevor wir abends schlafen gehen, sollten wir unbedingt eine Phase der Ruhe einlegen. Erst wenn wir am Ende des Tages unser biologisches System bewusst herunterfahren und so rein physikalisch ein bisschen „cool" werden, ist erholsamer

Schlaf möglich. Wir sind keine Maschinen und haben keinen Aus-Knopf.

Chronobiologisch angemessen arbeitet man zum Beispiel so: Der Arbeitsplatz ist so hell wie möglich ausgeleuchtet, weil helles Licht stimuliert und uns wach hält. Den Arbeitsablauf selbst orientiert man an der Leistungskurve des biologischen Rhythmus. Dabei kalkuliert man ein, ob man ein Morgen- oder ein Abendtyp ist, weil sich die Aktivitätszeiten je nach Typ um ein bis zwei Stunden verschieben. Zu Beginn des Arbeitstages verschafft man sich erst einen Überblick und dann Ordnung, besorgt notwendige Informationen und plant den Tag. Dann beginnt man mit den Aufgaben, die Kreativität und Energie erfordern, da der Höhepunkt der geistigen Leistungsfähigkeit gegen elf Uhr liegt. Ab zwölf Uhr lässt die Leistungsfähigkeit nach, und das Mittagstief meldet sich an; dann kann man Telefonate oder kurze Besprechungen ansetzen.

Die Mittagspause hält man regelmäßig ein und gönnt sich am besten nach der Mahlzeit – die nicht zu üppig ausfallen sollte -, mindestens dreißig Minuten Ruhepause, entspannt sich, schließt die Augen, schläft ein wenig und bringt sich anschließend mit etwas körperlicher Tätigkeit wieder in Schwung. Der frühe Nachmittag ist für Besprechungen und Konferenzen ideal. Wer um diese Zeit Vorträge halten will, muss mit schlafenden Zuhörern rechnen – es sei denn, der Vortrag ist außergewöhnlich spannend; schließlich sackt unsere Aufmerksamkeit unweigerlich ab, falls wir um diese Zeit keinen speziellen Anreiz bekommen. Ab fünfzehn Uhr können wir wieder mehr leisten, und das zweite Aktivitätshoch des Tages beginnt.

Freizeit, Pausen und Beschleunigung

Neue Ideen und kreative Einfälle kommen einem selten, wenn man auf Hochtouren läuft. Sie kommen, wenn wir innehalten. Wir müssen nicht nur über manche Dinge „mal eine Nacht schlafen"; über die meisten Fragen müssen wir einmal oder öfter in Ruhe nachdenken, und wenn es in den Minuten zwischen zwei Tätigkeiten ist, in den Pausen. Pausen wirken positiv, wenn wir sie auch als solche akzeptieren und sie nicht mit Aktionen vollstopfen. Es ist auch Pause, wenn wir etwas anderes tun als bei der alltäglichen Arbeit, aber wir brauchen es auch zwischendurch, einfach gar nichts zu tun. Gerade die Abwechslung zwischen Ruhe und Aktivität, zwischen Routine und Neuem erhält uns aktiv und leistungsfähig, solange wir dabei im Einklang mit unserem biologischen Rhythmus bleiben. Längere Pausen ermöglichen uns nicht nur auszuspannen. Wir benötigen sie dringend, auch um ruhig zurückzublicken und vorauszuplanen. Genau dazu dienen Wochenende und Jahresurlaub.

Gerade letzterer jedoch vertrüge einige chronobiologische Verbesserungen. Nicht wenige Menschen – vor allem jüngere Männer – legen den Beginn einer längeren Autofahrt in die Abend- oder Nachtstunden. Meist wollen sie damit die hohe Verkehrsdichte während des Tages vermeiden, einfach um schneller fahren zu können, manchmal sagen sie auch, sie wollten das Unfallrisiko senken. In solchen Fällen sitzt der Fahrer mit hoher Wahrscheinlichkeit während seines biologischen Tiefs um drei Uhr morgens am Steuer. Zusätzlich hat er oft genug an den Tagen zuvor die Reise vorbereitet und deshalb in der Nacht vor der Abfahrt schlecht geschlafen. So beginnt er die Nachtfahrt auch noch mit einem Schlafdefizit und erhöht damit drastisch die Wahrscheinlichkeit, später – während seines biologischen Tiefs – am Steuer einzuschlafen.

Am sinnvollsten ist es deshalb, nachts möglichst gar nicht Auto zu fahren. Wer es trotzdem unbedingt tun will, sollte sich gelegentlich eine Pause gönnen. Bereits ein kurzes Nickerchen von zehn bis dreißig Minuten im Auto auf dem Rastplatz kann Wunder wirken – wie bei den Piloten in Kapitel 13. Es muss aber dann stattfinden, wenn die Müdigkeit beginnt. Später, wenn der Fahrplan vermeintlich eine Pause zulässt, kann es zu spät sein.

Der Wiener Verkehrsplaner Hermann Knoflacher hat analysiert, wohin uns die Beschleunigung gerade im Verkehr führt: in eine Sackgasse. Dass die Geschwindigkeiten im Verkehrswesen ständig steigen, spart uns nämlich keine Sekunde Zeit. Wir opfern dafür aber Raum und soziale Netze. Schnellere Verkehrsverbindungen führen zu wesentlich mehr Verkehr – auch Zubringerverkehr; mehr Verkehr belastet nicht nur die Umwelt, sondern zieht auch mehr Unfälle nach sich. So richtig effizient ist das Beschleunigungssystem offenbar nicht.

Ein Inbegriff der Langsamkeit ist die Schnecke, und deshalb ist sie das „Wappentier" der Slow-Food-Bewegung. Die wendet sich ausdrücklich gegen die Beschleunigung beim Essen. Sie entstand – wie könnte es anders sein – in Italien, im Jahr 1986. Sie findet immer mehr Anhänger nicht nur in Europa, sondern auch in den USA, und schon im Namen setzt sie sich ausdrücklich gegen Fast Food ab. Die Slow-Food-Bewegung betrachtet Essen als eines unserer elementarsten biologischen Bedürfnisse, das man menschengemäß nicht im Schnelltempo mit globalem Einheitsbrei befriedigen kann. Sie plädiert für die regionale Küche mit gediegenen Zutaten, wo man sich Zeit für das Kochen wie für das Essen nimmt. Sie will ausdrücklich „dem menschlichen Rhythmus gegenüber dem Maschinentakt wieder Geltung verschaffen", und ihr erklärtes Ziel ist der Genuss. Und der ist undenkbar ohne innere Ruhe und äußere Zeit.

Heute sind die Möglichkeiten vielfältiger geworden, die Arbeitszeiten individuell zu gestalten. Das ist einerseits angenehm, andererseits durchbrechen wir damit eine Tradition, um die sich unser gesamtes soziales Leben angeordnet hat – feste Zeiten für Pausen, in denen Familie und Freunde gemeinsam „frei" haben. Schließlich kann man soziale Kontakte nicht kaufen, wir müssen sie pflegen, und dafür brauchen wir Zeit. Dass wir uns Zeit nehmen für ein Gespräch oder eine Geste dem Nachbarn gegenüber, gehört auch zu unseren urmenschlichen Instinkten. Es scheint, dass auch heute noch in mediterranen Kulturen der Mitmensch wichtiger ist als die Karriere; zumindest gilt es dort – im Gegensatz zu hier – als ausgesprochen unhöflich, ja geradezu beleidigend, sich für ein

Gespräch keine Zeit zu nehmen; als egoistisch und wichtigtuerisch sowieso. Bei uns dagegen wird kaum jemand rot, der „Ich habe keine Zeit" sagt; der Satz ist häufig zu hören, was nichts daran ändert, dass er unsinnig ist – selbstverständlich haben wir Zeit. Wer das sagt, hält sich meist für besonders wichtig, gibt aber in Wirklichkeit damit nur zu, mit der Zeit nicht umgehen zu können.

Eines der neuen Zauberworte heißt „Entschleunigung". Nicht umsonst wurde Sten Nadolnys „Entdeckung der Langsamkeit" ein Bestseller auch in Wirtschaftskreisen, und selbst der „Zeitmanagement-Papst" Lothar Seiwert empfiehlt neuerdings eine richtige „Schnell-Langsam-Balance"; sein jüngstes Buch heißt ausgerechnet: „Wenn Du es eilig hast, gehe langsam". Es hat sich herumgesprochen: Beachten wir unsere Rhythmen und vergessen auch die Pausen nicht, dann leben wir nicht nur angenehmer und gesünder, wir sind auch effektiver.

Uhrenzeit – Ereigniszeit – biologische Zeit

Wir leben in verschiedenen Zeiten. Die offensichtlichste ist die Sonnenzeit, aus der die Uhrzeit abgeleitet ist, und letztere bestimmt unser Leben weitgehend. Diese mechanische Zeit verordnet uns die Termine des Tages, trennt zwischen dem beruflichen und dem privaten Teil, zwischen Ruhe und Aktivität. Die Züge richten sich danach, die Öffnungszeiten der Ämter und die Sprechzeiten beim Arzt. Wir stehen auf, arbeiten, essen und schlafen, wie es die Uhr uns befiehlt. Auf diese Weise bestimmt das Pendel der Uhr oder das Umspringen der digitalen Zeitziffer lebenslang unseren Tagesablauf.

Doch gleichzeitig prägen Ereignisse unser Leben, und mitunter „stören" sie unseren uhren-mechanischen Tagesablauf. Wir bleiben länger auf einer Party als vorgesehen, weil es uns dort gefällt, wir können eine Arbeit in der vorgesehenen Zeit nicht zu Ende bringen, weil sich alte Freunde gemeldet und wir uns mit ihnen getroffen haben. Das schafft Konflikte: Wonach richten wir uns – nach der „Uhrenzeit" oder nach der „Ereigniszeit", wie Robert Levine sie nennt?

Menschen, die in der Ereigniszeit leben, lassen ihren Tagesablauf von den Ereignissen bestimmen. Sie stehen auf, wenn sie wach sind. Sie essen, wenn sie hungrig sind. Besprechungen dauern, bis niemand mehr etwas zu sagen hat. Züge fahren ab, wenn sie voll sind. Sie achten auf natürliche Zeitgeber und machen Verabredungen von Ereignissen in der natürlichen Umwelt abhängig; ist das Wetter schön, gehen sie eben länger spazieren. In der Ereigniszeit folgen die Ereignisse zwar auch zeitlich aufeinander, aber nicht die Uhrzeit bestimmt, was weiter geschieht, sondern die Ereignisse selbst.

In manchen Kulturen leben die Menschen ganz selbstverständlich in der Ereigniszeit; Levine führt als Beispiele vor allem Mexiko und Südamerika an. Aber auch in unserer Gesellschaft bemühen sich einige Zeitgenossen darum, möglichst nahe an der Ereigniszeit zu leben, und sie bezeichnen das als ihre Lebensphilosophie. Sie bestehen darauf, dass etwas „seine Zeit braucht" – wieviel, ist nicht immer vorhersehbar. In der Ereigniszeit kann man auch keine Zeit verschwenden, da auch „Nichts-Tun" ein Ereignis ist.

Moderne „Zeitforscher" wie Karlheinz Geißler betonen in ihren Büchern immer wieder, dass die Uhrzeit nur „eine Zeit neben vielen anderen ist". Das Diktat der Uhrenzeit scheint jedenfalls zu Ende zu gehen. Nach einer neuen Umfrage gehören die Deutschen nicht mehr zu den Pünktlichkeitsaposteln der Welt. Sie haben Recht. Schon Oscar Wilde wies darauf hin, dass uns Pünktlichkeit die beste Zeit stiehlt. Einfach zur Ereigniszeit zurückzukehren ist allerdings nicht möglich – und es genügt nicht.

Betrachtet man die Ergebnisse der Chronobiologie, so muss man neben Uhrzeit und Ereigniszeit mindestens eine dritte Kategorie der Zeit bedenken – die biologische Zeit. Genau genommen können nämlich weder die starre Uhr noch die Ereignisse allein den Ablauf unseres Lebens bestimmen. Es ist vielmehr unsere Innere Uhr, die uns vorgibt, wann die Zeit für eine Tätigkeit gekommen ist. Sie ist das innere Gegenstück zur mechanischen Uhrenzeit. Allerdings kann sie sich an äußere Ereignisse anpassen. Umgekehrt müssen wir bedenken, wie unsere Aktivitäten mit der Inneren Uhr synchronisiert sind. Moderne Technologien unterstützen unsere Flexibilität. Eine Balance zu finden zwischen der „biologischen Zeit", der „Ereigniszeit" und der „Uhrenzeit" wäre demnach ideal – die Möglichkeiten der Moderne nützen, nicht aber uns benützen lassen.

Weiterführende Literatur

Adam, Barbara: Die Nonstop-Gesellschaft und ihr Preis. Hirzel, Stuttgart, 1997)
Borbely, Alexander: Das Geheimnis des Schlafs. DVA Stuttgart (vergriffen). Im Netz unter http://www.pharma.uzh.ch/static/schlafbuch/TITEL.htm
Geißler, Karlheinz: Enthetzt Euch. Weniger Tempo – mehr Zeit. Hirzel, Stuttgart, 2013
Haen, Ekkehart, Zulley, Jürgen: Chronomedizin. Roderer, Regensburg, 1994
Hildebrandt, Gunther, Moser, Maximilian, Lehofer, Michael: Chronobiologie und Chronomedizin. Biologische Rhythmen Medizinische Konsequenzen. Human Research, Weiz, 2013
Kast-Zahn, Annette, Morgenroth, Hartmut: Jedes Kind kann schlafen lernen. Gräfe und Unzer, München, 2013
Knab, Barbara: So kommt Ihr Kind gut die Schule. 30 Tipps für Eltern. Kreuz, Stuttgart, 2013 (Schlaf und Chronobiologie bei Jugendlichen)
Lemmer, B: Chronopharmakologie. Wissenschaftliche Verlagsgesellschaft, Stuttgart, 2004
Randler, Christoph. Warum sind wir montags morgens immer so müde? Aspekte zur Chronobiologie und Chronopsychologie. Shaker, Aachen, 2009
Reinberg, Alexander, Smolensky, M. H. (Eds): Biological Rhythms and Medicine
Cellular, Metabolic, Physiopathologic, and Pharmacologic Aspects. Springer, New York, 2011 (Reprint von 1983)
Roenneberg, Till: Wie wir ticken. Die Bedeutung der Chronobiologie für das Leben. DuMont Buchverlag, Köln, 2012

Schulz, Hartmut, Geisler, Peter, Rodenbeck, Andrea: Kompendium Schlafmedizin. Ecomed, Landsberg, 2013

Spork, Peter: Chronobiologie – Leben mit der Zeit. Rororo, Reinbek, 2004

Wever, Rütger: The Circadian System of Man. Springer, New York, 2011 (Reprint von 1979)

Winfree, Arthur T: The Geometry of Biological Time. Springer, New York, 2010

Zulley, Jürgen: Mein Buch vom guten Schlaf. Endlich wieder richtig schlafen. Goldmann Verlag, München, 2010

Zulley, Jürgen, Knab, Barbara: Die kleine Schlafschule. Wege zum guten Schlaf. Neuausgabe, Herder, Freiburg, 2011

Im Internet

www.dags.de

www.dgsm.de

www.psychologie-blog.barbara-knab.de

www.zulley.de

Glossar

Alpha-Wellen:
Im *EEG* auftretende Wellenart mit 9 bis 12 Hertz (Schwingungen pro Sekunde); Alpha-Wellen treten im ruhigen und entspannten Wachzustand auf.

Autonom:
unabhängig

Beta-Wellen:
Im *EEG* auftretende Wellenart mit 14 bis 35 Hertz (Schwingungen pro Sekunde); sie treten im Wachzustand auf und deuten auf allgemeine Aktivierung der zentralnervösen Tätigkeit hin.

Biorhythmus:
Eine Lehre von Wilhelm Fließ, die von drei verschiedenen, nicht messbaren Rhythmen ausgeht, die seit der Geburt völlig unverändert verlaufen und den Menschen beeinflussen sollen. Idiosynkratischer Ansatz, der wissenschaftlich nicht belegt ist.

BRAC:
Basic-Rest-Activity-Cycle. Basaler Ruhe-Aktivitäts-Rhythmus. Ein 90-minütiger Rhythmus von Ruhe und Aktivität.

Chronobiologie:
Wissenschaft, die sich mit den periodischen Veränderungen der Lebensvorgänge befasst.

Delta-Wellen:
Im *EEG* auftretende Wellenart mit weniger als vier Schwingungen pro Sekunde; Tiefschlaf, auch Delta-Schlaf.

Desynchronisation:
Verlauf zweier oder mehrerer rhythmischer Vorgänge ohne zeitlichen Zusammenhang (Abkopplung).

Erzwungene Desynchronisation:
  Abkopplung durch externe Einwirkung.
Externe Desynchronisation:
  Abkopplung der Körperrhythmen von den Umweltrhythmen.
Fraktionierte Desynchronisation:
  Abkopplung einzelner Rhythmen bei unterschiedlichen Periodenwerten von der zugrundeliegenden zirkadianen Periodik.
Interne Desynchronisation:
  Abkopplung mehrerer Körperrhythmen.
Spontane Desynchronisation:
  Abkopplung ohne externe Einwirkung.
EEG:
  Elektroenzephalogramm. Aufzeichnungen der vom Gehirn erzeugten elektrischen Potentialschwankungen.
EMG:
  Elektromyogramm. Aufzeichnungen der elektrischen Nervensignale der Muskelspannung.
endogen:
  Von innen, aus dem Organismus heraus erzeugt. Das Gegenteil von *exogen*.
EOG:
  Elektrookulogramm. Aufzeichnung der elektrischen Nervensignale der Muskeln, die die Augenbewegung steuern.
exogen:
  Von einem oder mehreren äußeren Faktoren verursacht. Das Gegenteil von *endogen*.
Epidemiologie:
  Untersuchungen zur Auftretenshäufigkeit von Erkrankungen.
Freilauf:
  Versuchsbedingungen ohne jeglichen Einfluss von außen (ohne Zeitgeber) und bei völlig freier Wahl von Schlafen und Wachen. Der freilaufende Rhythmus folgt nur der endogenen Steuerung.

Frequenz:
Häufigkeit der Schwingungen pro Sekunde.
Gen(e):
Die im Zellkern befindlichen Informationen, die auf den Chromosomen gespeichert sind und für den Aufbau und die Kontrolle der Körpervorgänge sorgen.
Hirnstamm:
Der phylogenetische alte Teil des Zentralnervensystems, der zwischen dem verlängertem Rückenmark und der Großhirnrinde liegt.
homöostatisch:
Aufrechterhaltung eines bestimmten Zustandes durch einen Regelkreis, der kontinuierlich (nicht zyklisch) gesteuert wird.
Hormon:
Körpereigener Botenstoff, abgegeben von Drüsen, die biochemische Vorgänge steuern.
Hypersomnie:
Schlafstörung mit erhöhtem Schlafbedürfnis.
Hypnotikum:
Schlafmittel
Hyposomnie:
Schlafstörung mit zu wenig Schlaf.
infradian:
Biologischer Rhythmus, länger als ein Tag.
Insomnie:
„Schlaflosigkeit", allgemein gebräuchlich für *Hyposomnie*.
Jet-Lag:
Symptome nach einem Flug über mehrere Zeitzonen.
Kortex:
Großhirnrinde
Kortisol:
Hormon der Nebennierenrinde. Wichtig für die Aktivierung des gesamten Organismus.
Latenz:
Zeitdauer bis zum Eintreten eines Ereignisses.

Schlaflatenz:
: Zeitdauer vom Schlafenwollen bis zum tatsächlichen Einschlafen.

Melatonin:
: *Hormon* der *Zirbeldrüse*, wird nachts ausgeschüttet, wirkt schlafanstoßend und stimmungsdrückend.

Mikroschlaf:
: Kurzfristiger Wahrnehmungsausfall bei Übermüdung. Vorstufe des Einschlafens.

molekular:
: Auf der Ebene der Moleküle (ein Molekül ist ein aus mehreren Atomen bestehendes kleinstes Teilchen).

monophasisch:
: Einmaliges Auftreten innerhalb eines definierten Zeitraums (z. B. innerhalb eines Tages).

MSLT:
: Multipler-Schlaf-Latenz-Test. Verfahren zur Bestimmung der Einschlafbereitschaft über den Tag.

neurobehavioral:
: Lernprozesse im Nervensystem.

Neuron:
: Nervenzelle

Neurotransmitter:
: Substanz zwischen den Neuronen, die zur Übermittlung von Informationen erforderlich ist.

NREM:
: Die *Schlafstadien* 1 bis 4, alle Schlafstadien außer dem REM-Schlaf.

Oszillator:
: Steuerungmechanismus, der eine sich selbst erhaltende Schwingung erzeugt (Uhr).

oszillieren:
: schwingen

Periode:
: Zeitspanne, in der ein bestimmter Punkt (*Phase*) einer Schwingung wiederkehrt (auch: Periodenlänge).

Phase:
    Definierter Punkt (z.B. Minimum) einer Schwingung.
Phasenbeziehung:
    Zeitlicher Abstand zwischen bestimmten Phasenzeitpunkten verschiedener Rhythmen. Beschreibt die gegenseitige zeitliche Lage der verschiedenen Rhythmen. Z. B. kann ein Rhythmus einem anderen vorauseilen oder nachfolgen.
phasisch:
    Gelegentlich auftretend. Gegensatz zu *tonisch*.
Phylogenese:
    Stammesgeschichte
Physiologie:
    Wissenschaft über die Funktionen lebender Organismen und Zellen.
Polygraphie:
    Gleichzeitige Aufzeichnung mehrerer Körperfunktionen.
polyphasisch:
    Mehrfaches Auftreten innerhalb einer bestimmten Zeitspanne.
REM:
    Rapid-Eye-Movement. *Schlafstadium* mit schnellen Augenbewegungen.
Ribosomen:
    Zellelemente, mit deren Hilfe die Eiweißsynthese innerhalb einer Zelle stattfindet.
RNA:
    RiboNucleinAcid (engl. für Ribonukleinsäure; RNS). Die Boten-RNA ist eine Kopie der Erbinformation, die als Informationsvorlage für die Herstellung weiterer spezifischer Eiweißmoleküle dient.
Schlafeffizienz:
    Maß für die Schlafgüte: Verhältnis (in Prozent) der tatsächlichen Schlafdauer zu der im Bett verbrachten Zeit.
Schlaflatenz:
    Vgl. *Latenz*

Schlafstadium:
    Durch *EEG, EOG* und *EMG* definierter Schlafzustand. Unterteilung in die Stadien 1,2,3,4 und REM.
SCN:
    Nucleus Suprachiasmaticus. Zentraler Schrittmacher der zirkadianen Rhythmik. Kerngebiet im Hypothalamus.
Serotonin:
    Hormon, das unter anderem an der Schlafregulation und an der Bildung von *Melatonin* beteiligt ist.
Synchronisation:
    Verlauf zweier oder mehrerer rhythmischer Vorgänge mit festem zeitlichem Zusammenhang.
Externe Synchronisation:
    bezogen auf Körperrhythmen und Umweltrhythmen.
Interne Synchronisation:
    bezogen auf mehrere Körperrhythmen.
Theta-Wellen:
    Im EEG auftretende Wellenart mit 4 bis 7 Schwingungen pro Sekunde; treten in allen *Schlafstadien* auf.
Tiefschlaf:
    Schlafstadien 3 und 4
tonisch:
    gleichbleibend
Tonus:
    Muskelspannung
ultradian:
    Rhythmen mit einer *Periode* deutlich kürzer als 24 Stunden.
unimodal:
    Eingipflige Häufigkeitsverteilung
Vigilanz:
    Daueraufmerksamkeit
Zeitgeber:
    Periodisch sich verändernde Reize der Umwelt, die eine endogene biologische Rhythmik *synchronisieren* können.
zellulär:
    auf Zellebene

Zirbeldrüse:
: Drüse im Mittelhirn, die auch *Melatonin* ausschüttet, auch *Pinealorgan* oder *Epiphyse.*

zirkadian:
: Biologische Rhythmen mit einer *Perioden*länge von etwa 24 Stunden.

zirkalunar:
: Biologische Rhythmen mit einer *Perioden*länge von etwa einem Monat.

zirkannual:
: Biologische Rhythmen mit einer *Perioden*länge von etwa einem Jahr.

zirkasemidian:
: Biologische Rhythmen mit einer *Perioden*länge von etwa einem halben Tag.

zirkaseptan:
: Biologische Rhythmen mit einer *Perioden*länge von etwa sieben Tagen.

Anmerkungen

Kapitel 1
1. Der Schwede Carl von Linné (1707 bis 1778) ist vor allem bekannt dafür, dass er die Systematik der biologischen Nomenklatur einführte. Außerdem stellte er fest, dass sich bestimmte Blüten regelmäßig zu ganz bestimmten Tageszeiten öffnen. Setzt man diese verschiedenen Pflanzen in dasselbe Beet, kann man an ihren Öffnungszeiten die Tageszeit ablesen – das ist die „Pflanzenuhr".
2. Ob diese Erziehungsdoktrin auf der psychischen Ebene negative Folgen hat, soll hier nicht diskutiert werden. Wesentlich ist jedenfalls das Umfeld, in das die Haltung dem Schmerz gegenüber eingebettet ist.
3. Aus biologischer Sicht gibt es keine prinzipiellen Unterschiede zwischen Mensch und Tier, obwohl natürlich jede Spezies „speziell" ist. Dem entspricht der Ansatz in diesem Buch, das den Menschen biologisch als „Säugetier" betrachtet.

Kapitel 2
4. Das Wort „Uhr" kommt von lat. *hora*, Stunde und bezeichnet im Mittelalter noch den Zeitraum von sechzig Minuten. Das Wort „Stunde" gab es auch, es bedeutete aber noch wie im Germanischen „Zeitpunkt, Weile, Rast, Pause". Erst als sich im siebzehnten Jahrhundert Uhren allgemein durchsetzten, engte sich die Bedeutung des Begriffs auf Zeitmesser ein, und das Wort „Stunde" bekam seinen heutigen Sinn.
5. Die Auswahl erhebt keinen Anspruch auf Vollständigkeit.
6. Die Schiefstellung der Erde hat noch andere Implikationen, auf die wir aber hier nicht eingehen.

Kapitel 5
7 Wenn in den Ausführungen über die Andechser Versuche das Wort „wir" bzw. „unser" vorkommt, ist damit immer die Andechser Forschergruppe gemeint. Seit 1974 gehörte Jürgen Zulley dazu, der zuletzt die Bunkerversuche leitete und sie nach deren Beendigung in Andechs 1989 in Regensburg fortsetzt.
8 Original von 1974. Redigiert von den Verfassern.
9 Redigiert von den Verfassern.
10 Das ist ein Fragebogen zu Stimmung und psychischer Befindlichkeit.

Kapitel 6
11 Siehe Anmerkung 7.
12 Trotz gewisser Ähnlichkeiten nicht zu verwechseln mit „freilaufenden Hühnern" oder dem „Freilauf" beim Fahrrad.

Kapitel 7
13 Vorschrift des Arbeitsschutzgesetzes.
14 Autonom heißen alle Körperfunktionen, die durch das sog. autonome Nervensystem gesteuert werden; das heißt deshalb so, weil wir es nicht ohne weiteres willentlich beeinflussen können. Dazu gehören Temperatur, Verdauung, Herzschlag, Hormonausschüttungen usw.

Kapitel 8
15 Die Drosophila oder Fruchtfliege hat besonders gut erkennbare Gene und pflanzt sich auch schnell fort.
16 Endorphine = *end*ogene *M*orphine, also Morphine, die das Hirn selbst produziert.

Kapitel 9
17 In den nachfolgenden Versuchen veranlasste Jürgen Zulley, dass sich mehrere Sitzwachen abwechselten.

Kapitel 10
[18] Geschäfte sind auch bei uns auf dem Lande über Mittag meist geschlossen. Allerdings würde kein Ladenbesitzer hier so einfach zugeben, dass er sich in dieser Zeit aufs Ohr legt.

Kapitel 11
[19] Francis Crick bekam 1953 den Nobelpreis für die Beschreibung der DNS bzw. DNA, der „Doppelhelix", auf der sich die gesamte Erbinformation befindet.

Kapitel 12
[20] Sigmund Freud: Der Mann Moses und die monotheistische Religion. Fischer TB, 1975.
[21] Und natürlich in Amerika, aber das ist ein anderes Kapitel.
[22] Lediglich bei einer Sonnenfinsternis brauchen wir eigens einen Hinweis darauf: Die Korona sendet UV-Licht aus und ist deshalb genauso gefährlich wie die direkte Sonne, sie ist aber trotzdem so wenig hell, dass unsere reflexhaften Schutzmechanismen versagen.
[23] D. h. sie sind plazebo-kontrolliert (ein Teil der Versuchspersonen bekommt das echte Mittel, die anderen ein Plazebo, ein unwirksames Präparat, von lat. *placebo*, „ich werde gefallen") und doppel-blind (weder die Versuchsperson noch der Arzt/die Ärztin wissen, ob sie das Präparat oder das Plazebo bekommen bzw. verabreichen). – In den erwähnten Studien hatte man als Plazebo einen ausgeschalteten negativen Ionen-Generator benutzt.

Kapitel 13
[24] Das für uns zum Feuermachen nicht wegzudenkende Papier zum Beispiel wurde zwar in China hundert Jahre vor der christlichen Zeitrechnung erfunden, in Europa wurde es aber erst im zwölften Jahrhundert bekannt.
[25] Mikrozensus 1998, Auskunft des Statistischen Bundesamtes.

[26] Geeignet sind allerdings ohnehin nur kurz wirkende Nicht-Benzodiazepin-Hypnotika, die die Wirkstoffe Zolpidem, Zopiclon oder Zaleplon enthalten.
[27] Siehe Anmerkung 26.

Kapitel 14
[28] Die Zahlenangaben in US-Dollar stammen wie alle auf die USA bezogenen Daten aus dem Buch von Moore-Ede, Die Nonstop Gesellschaft, Heyne 1993.
[29] Dass es dennoch Menschen gibt, die dort wohnen, hat mit der Zuträglichkeit nichts zu tun.
[30] Übersetzung aus Journal of Sleep Research Vol. 3 (1994).

Dank

Kein Buch dieser Erde entstand nur im Kopf oder nur im Computer der offiziellen Autoren. Auch dieses nicht.

Wir danken allen, die unmittelbar dazu beigetragen haben, dass es dieses Buch gibt: Michaela Christl, Ekkehard Haen, Katharina Hahn, Ingrid Knab, Agnes Kolbeck, Rudolf Moog, Max Radlmayr, Maria Reithmeier, Till Roenneberg, Barbara Schingnitz, Irene Tobler, Ferenc Tracik und Stephanie Zulley.

Ein besonderer Dank gilt Christoph Hahn, der das gesamte Manuskript kritisch gegengelesen hat. Seine inhaltlichen und stilistischen Anmerkungen und Änderungsvorschläge haben die Qualität erheblich verbessert.

Schließlich danken wir Rudolf Walter, Cheflektor im Verlag Herder, der dieses Buchprojekt angeregt und bis zur Fertigstellung des Manuskripts kompetent begleitet hat. Ohne ihn wäre es sicherlich noch längst nicht abgeschlossen.

Barbara Knab
Jürgen Zulley

Personenregister

Achermann 109
Adenauer 132
Akerstedt 109
Altschule 103
Anthony 138
Aretaeus 160, 163
Aschoff 21 f., 61 ff., 74, 85 f., 89 f., 92, 101, 134
Aserinsky 115 f.
Aurel 102, 160
Autenrieth 15
Avicenna 160

Berger 112
Bernhard 15
Borbély 108 f.
Brahms 133
Brueghel 131
Burdach 14 f., 23

Caesar 168
Campbell 166
Carskadon 55
Carus 13
Cauter 149
Chirac 132
Churchill 120, 132, 197
Clinton 133
Crick 154

Daan 108, 150
Dali 133
Dawson 152
Degen 130
Dement 115 f., 145, 152

Descartes 102 f.
Dinges 140

Echn-Aton 157
Edison 120, 132, 143
Einstein 120, 133
Engels 169

Fischer-Dükelmann 160
Folkard 109
Forsgren 16
Franklin 133
Freud 157
Friedrichs 13

Galenos 102, 160
Gardner 145, 152
Geißler 202
Genscher 132
Gilbert 146
Gilgamesch 144
Godbout 140
Goethe 120, 161
Grenville 158
Griesinger 158
Grote 17

Haen 21, 217
Halberg 22
Haydn 157
Hecht 140
Helmholtz 15
Hildebrandt 21 ff., 62
Hippokrates 160
Horn 161, 163

Hufeland 161
Hugo 133

Jesus 143
Johanson 15
Johnson 133
Jones 175
Jores 16
Jouvet 154

Kales 146
Karl der Große 132
Kennedy 133
Kern 159, 163
Kitay 103
Kleitman 22, 111, 115 ff.
Knoflacher 199
Kohl 132
Kraepelin 159
Kripke 122

La Salle 31
Lavie 136
Lemmer 21
Lerner 103
Levine 202
Lewy 159, 163
Lichtenberg 15, 98
Linné 14
Loomis 112, 114 ff.
Lorenz 63

Maddis 121
Mann 133
Marx 163
Milton 133, 158
Minors 83
Mitchison 154
Mohammed 130
Montaigne 143, 150
Montplaisir 140
Moore-Ede 139
Müller 16

Nadolny 201
Napoleon 120, 132
Newton 133

Oswald 121

Patrick 146
Perseus 143, 150
Piccard 175
Pinel 158
Pittendrigh 22
Plinius 143
Pollmächer 154

Reagan 133
Rechtschaffen 150
Roenneberg 109, 217

Schiller 161
Schreber 161
Schulz 111
Seiwert 201
Siffre 61
Soldatos 131

Taub 140
Thatcher 132
Tilley 140
Tobler 41, 217
Truman 133

Verne 175
Vinci 133

Waterhouse 83
Webb 120
Wever 22, 61 f., 74, 89 f., 108
Wilde 202
Wirz-Justice 160

Zhu Zhen-Heng 31

219

Sachregister

Abendtyp 95, 127 f., 173, 198
Alkohol 21, 153, 175, 191
Alpha-Wellen 107, 114
Ältere 57 ff., 96, 107, 119, 130, 181, 185
Amphibien 41 ff.
Andechs 21, 60 ff., 67, 72 ff., 85 ff., 101, 111, 123 f., 134 ff., 148, 214
Antidepressiva 164
Arbeitsplatz 166, 186, 193 f., 198
Arbeitszeit 127, 173, 189 ff.
Astronauten 177
Atmung 14, 22, 47, 149
Atomkraftwerk 186 ff., 194 ff.

Beleuchtungsstärke 162
Benzodiazepin 216
Beta-Wellen 114
Bettruhe 74, 83 f.
Blutdruck 18, 23 f., 136, 149
Blutzucker 24
BRAC 115 ff., 206
Bulimie 165
„bürgerliche Nacht" 111, 119, 126 ff., 134

Cat Nap 134
Chronochaos 82
Chronopathologie 17
Chronopharmakologie 21
constant routine 83, 84

Delta-Wellen 42, 114 ff., 206
Depression (siehe auch unter Winterdepression) 151, 158 ff.
Desynchronisation 77 f., 87, 135, 206 f.
Dösen 42, 45

Einschlafen 107, 114 ff., 125, 135, 139, 142, 147 f., 155, 179 f., 183 f., 190 f., 196 f., 209
Endorphin 105 f., 214
Entschleunigung 201
Epiphyse 102 ff., 210
Ereigniszeit 201 ff.
Erwachsene 17, 42, 51 f., 56 ff., 84, 115 ff., 130, 137 f., 160
Eule 45, 127 f., 173, 181

Fahrtzeit 195
Fieber 14, 23, 32, 75, 155
Fisch 41 ff.
Flexibilität 56, 96, 173, 193, 196, 203
Fötus 51, 154
Freilauf 22, 62, 67, 73 ff., 78, 80, 82, 85, 89, 92, 111, 135, 207
Freizeit 36, 95, 174, 182, 184, 189, 193 f., 198

Galle 16
Geburt 47, 50 ff., 96, 113, 137, 144, 169, 172, 206
„Geisterstunde" 76, 126, 136
Genetik 98
Glykogen 16

Herz 18, 22, 24, 44, 51, 57, 113, 130, 149, 171, 173
Hund 42, 58
Hypophyse 163

Immunsystem 23, 105, 150, 155
infradian 23, 57, 208
Insekten 39, 40, 41, 43
Internet 34, 36 f., 60, 142, 144, 193
Isolation 22, 61 ff., 72 f., 78 ff., 90, 101, 123 f., 126, 134 f.

Jahreszeit 13, 23 ff., 32, 33 f., 38 ff., 44, 103 f., 106, 122, 158 f., 165
Jet-Lag 36, 139, 175 ff., 208
Jugendliche 54 ff.

Katastrophe 183, 186, 191 ff.
Katze 42 ff., 133 f.
Kind 19, 31, 42, 50, 52 ff., 83 f, 106, 118, 137 f., 154, 162, 172, 177
Körpertemperatur 16 ff., 23 f., 38 f., 43, 55 ff., 64, 75 ff., 81, 87 f., 93, 95, 105 f., 125 ff., 135, 137 f., 150, 166, 180
Kortisol 51, 53, 58, 100, 149, 180, 208
Kreislauf 15, 24, 136, 171, 173
Kurzschlaf 47, 120 f., 140
Kurzschläfer 45 f., 120 f., 127, 132 f., 149

Langsamkeit 200 f.
Langschläfer 45, 120 f., 133
Langstreckenflüge 141
Leber 16, 109, 173
Lerche 128, 173, 180
Lichttherapie 163 ff., 175 f.
LKW-Fahrer 139 ff., 194

Melatonin 24, 56, 92 f., 103 ff., 166 f., 177 f., 210 f.
menschliches Versagen 182, 186, 188
Mikroschlaf 139 f., 150 f., 185, 188, 209
Mittagsschlaf 30, 55, 71, 81 f., 129 ff., 138 ff., 178
Mittagstief 135, 198
Mitteleuropäische Zeit 35, 179
molekular 209
monophasisch 22, 209
Morgentyp 25, 95, 128, 173
MSLT 55, 135, 147, 209
Müdigkeit 56, 69, 107, 125 f., 140, 143, 147 f., 182, 188, 191, 196, 199

nachtaktiv 48, 104
Nachtarbeit 94, 115, 168 f., 171 f., 185, 191, 194
Nachteule 127 f.
Nachtschicht 18, 96, 140, 170 ff., 174 f., 189 ff.
Nachtwächter 169
Neugeborene 52 ff.
Niere 16, 23
Non-Stop 182, 193
Nucleus Suprachiasmaticus 59, 101, 110

Ortszeit 28, 35, 177 f.
Ostflug 94
Oszillator 102, 108, 209

Periodenänderung 110
Periodenlänge 76
Phasenbeziehung 76 f., 210
Phasenverschiebung 105, 110
Pilot 139 f., 199
Polarnacht 15, 33
polyphasisch 46, 48
Pubertät 54, 56, 106, 137

221

Regensburg 21, 34, 93, 119, 141, 147, 162, 165, 183
Rektaltemperatur 17
Religion 29, 33, 144 f., 157
REM-Schlaf 39, 51, 116 ff., 154, 209
Reptilien 41 ff.
Ruhepause 194, 198

SAD 159, 160
saisonal 38, 159
Sanduhr 29
Säugetier 38 ff., 117, 213
Säugling 52 ff., 115, 118
Schichtarbeit 18, 57, 96, 109, 137, 139, 168 ff., 180, 188 ff.
Schichtpläne 172, 174, 194, 196
Schichtsystem 172, 189
Schichtwechsel 194
Schlafdauer 15, 43, 45 f., 52, 54, 56, 71, 119, 121 f., 126 f., 149, 191, 210
Schlafdefizit 56, 126, 199
Schlafentzug 143 ff., 185, 191
Schlafforschung 22, 111 f., 115, 134 f., 146 f.
Schlaflabor 115, 119, 121, 142
Schlafmangel 139, 155, 171, 197
Schlafmittel 106 f., 175, 177, 208
Schlafpforten 148, 150, 171
Schlafqualität 56, 171
Schlafreduktion, -restriktion 146, 148
Schläfrigkeit 147, 151
Schlafstadien 112, 115 f., 121, 209
Schlafstörung 56, 58 f., 78, 118 f., 121, 137, 148, 150, 165, 172 f., 175, 180 f., 197, 208
Schmerz 17, 19, 20 f., 32, 149
Schmerzschwelle 19

Schmerztoleranz 19
Schrittmacher 59, 100 ff., 109
Schwangerschaft 50 f., 172
SCN 101 ff., 166, 211
Serotonin 105, 211
Siesta 81 f., 129, 131, 133, 139, 140 ff.
Sinai 131, 157
sleep gates 136
Slow-Food 200
Sommerzeit 36, 94, 130, 168, 179 f.
Sonnenfinsternis 156 f., 164
Sonnenuhr 28, 34
Stoffwechsel 39 f., 46, 149 f.
Sufi 145
Synchronisation 50, 53, 76, 211

tagaktiv 48, 104
Tagschlaf 55, 80, 82, 129, 137, 139, 141, 171, 174
Temperaturminimum 76 ff., 105 f, 126, 175
Theta-Wellen 107, 114, 116
Tiefschlaf 20, 32, 114, 116 ff., 121, 153, 171, 206, 211

Übermüdung 141, 183 f., 187 ff., 195 f., 209
Uhrenzeit 201 ff.
ultradian 23, 53, 57, 83 f., 109, 136
Unfälle 141 f., 179, 182 ff., 194, 196 f., 200
Urlaub 96, 127, 182, 199
UV-Strahlen 161 f.

verzögerte Schlafphase 180
Vögel 38 ff., 63, 133
vorverlagerte Schlafphase 180 ff.

Wachstumshormon 153
Wasseruhr 29
Wechselschicht 170 ff.

Wecker 123, 126 f., 138, 197
Weckschwelle 41
Weihnachten 33, 93
Westflug 94 f.
Winterdepression 158 ff., 163 ff.
Winterschlaf 25, 39
Wochenende 36, 55, 96, 184, 193, 199

Yang 31
Yin 31

Zaleplon 216
Zeiteinteilung 197
Zeitgeber 17, 61, 85 ff., 99, 101, 127, 148, 166, 170, 176, 178, 181, 202, 207, 211
Zeitzone 28, 35 f., 94, 96, 137, 175 ff., 180, 208
Zirbeldrüse 102 ff., 209
zirkalunar 23, 212
zirkasemidian 83, 212
zirkaseptan 23, 212
Zolpidem 216
Zopiclon 216

Ratgeber im Mabuse-Verlag

Elisabeth Stechl,
Elisabeth Steinhagen-Thiessen,
Catarina Knüvener

Demenz – mit dem Vergessen leben

Ein Ratgeber für Betroffene

2. Aufl. 2009, 135 S., 15,90 Euro
ISBN 978-3-940529-44-2

Dieser Ratgeber richtet sich an Menschen mit Demenz im Frühstadium, an Angehörige und alle Menschen, die verstehen möchten, wie sich eine demenzielle Erkrankung für die Betroffenen anfühlt. Die Autorinnen zeigen, wo und wie sich das Leben mit Demenz leichter machen lässt.

„Eine interessante und wertvolle Lektüre." (Alzheimer Info)

Jürgen Zulley, Barbara Knab

Wach und fit

Mehr Energie, Leistungsfähigkeit und Ausgeglichenheit

157 S., 12,90 Euro
ISBN 978-3-940529-33-6

Erste Hilfen, Band 2

Die Tageszeit, die Tätigkeit in der Zeit zuvor, die Schlafqualität der vorangegangenen Nacht und diverse Wirkstoffe beeinflussen, wie wach und fit wir zu einem bestimmten Zeitpunkt sind. Das bewährte AutorInnenduo gibt Rat, wie man tagsüber wacher und aktiver sein kann.

Mabuse-Verlag
Postfach 900647 b • 60446 Frankfurt am Main
Tel.: 069 – 70 79 96-16 • Fax: 069 – 70 41 52
info@mabuse-verlag.de • www.mabuse-verlag.de